Cuaderno de Ejercicios

Nivel Superior

Coordinadora del Nivel Superior
M.ª Jesús Torrens Álvarez

Autoras
Ana Blanco Canales
M.ª Carmen Fernández López
M.ª Jesús Torrens Álvarez

Con la colaboración de
M.ª Ángeles Álvarez Martínez

UNIVERSIDAD DE
ALCALÁ

ANAYA ñ ELE

Equipo de la Universidad de Alcalá
    Dirección: M.ª Ángeles Álvarez Martínez

    Programación y esquemas gramaticales: M.ª Ángeles Álvarez Martínez
        Ana Blanco Canales
        M.ª Jesús Torrens Álvarez

    Coordinación del Nivel Superior: M.ª Jesús Torrens Álvarez

    Autoras: Ana Blanco Canales
        M.ª Carmen Fernández López
        M.ª Jesús Torrens Álvarez
    Con la colaboración de M.ª Ángeles Álvarez Martínez

3.ª edición: 2007

© Del texto: Cursos Internacionales S. L. (Alcalingua S. R. L.), de la Universidad de Alcalá, 2001
© De los dibujos y gráficos: Grupo Anaya, S.A., 2001
© De esta edición: Grupo Anaya, S.A., 2001, Juan Ignacio Luca de Tena, 15 - 28027 Madrid

Depósito legal: M-50.346-2006
ISBN: 978-84-667-6372-1
Printed in Spain
Imprime: Huertas I. G., S. A.

Equipo editorial
    Edición: Milagros Bodas, Sonia de Pedro
    Ilustración: El Gancho (Tomás Hijo, José Zazo y Alberto Pieruz)
    Cubiertas: Taller Universo: M. Á. Pacheco, J. Serrano
    Maquetación: Ángel Guerrero y Luis María Bilbao
    Corrección: Consuelo Delgado, Carolina Frías, Esther García, Maite Izquierdo
    Edición gráfica: Nuria González

Fotografías: Archivo Anaya (Boe, O.; Chamero, J.; Leiva, A.; Muñoz, J. C.; Ortega, A.; Redondo, C.; Steel, M.; Vizuete, E.; Zuazo, H.); Breitfeld, Claus; Fototeca 9 x 12; Prisma; Stock Photos

Las normas ortográficas seguidas en este libro son las establecidas por la Real Academia Española en su última edición de la *Ortografía,* del año 1999.

Instituto
Cervantes

Este Método se ha realizado de acuerdo con el *Plan Curricular* del Instituto Cervantes, en virtud del Convenio suscrito el 14 de junio de 2001.
La marca del Instituto Cervantes y su logotipo son propiedad exclusiva del Instituto Cervantes.

PRESENTACIÓN

Este método es producto de la labor de un equipo de lingüistas y profesores de español como lengua extranjera de la Universidad de Alcalá, elaborado y puesto en práctica durante años con nuestros alumnos. Reunimos, en el conjunto de libros, que constituye el método SUEÑA, los materiales que hemos diseñado para la enseñanza de nuestra lengua, desde el Nivel Inicial hasta el Nivel Superior. Con ello, ponemos a disposición de todos los profesores y estudiantes de español como segunda lengua unos materiales y una experiencia que nos han sido de gran utilidad con nuestros alumnos, con la confianza de que puedan prestarles también a ellos un buen servicio.

Para el desarrollo del método hemos partido de una programación detallada para todos los niveles, que se ha ido elaborando cuidadosamente al hilo de nuestra experiencia docente y de las investigaciones que, en este campo, hemos llevado a cabo en nuestro centro.

El método SUEÑA está inscrito en las directrices generales del Instituto Cervantes, y por ello obtuvo el reconocimiento de esta institución en su momento. Sin embargo, después se publicó el *Marco común europeo de referencia para la enseñanza / aprendizaje de lenguas* (MCER), y las directrices europeas han cambiado. De los 4 niveles iniciales se ha pasado a 6 niveles básicos (A1, A2, B1, B2, C1 y C2). Por ello, los niveles de SUEÑA se han adaptado a los establecidos por el Marco.

El Cuaderno de Ejercicios de SUEÑA 4, que corresponde al cuarto nivel del método, se ha concebido como un material complementario para la clase, ya que ofrece al profesor y al estudiante ejercicios y actividades que pueden desarrollarse en el aula o constituir tarea para casa.

Está dividido en 10 lecciones en las que se trabajan los mismos contenidos del Libro del Alumno, bien como refuerzo de lo aprendido en clase o bien como ampliación de las cuestiones tratadas.

Los ejercicios propuestos se integran, cuando se considera necesario, con un icono en el Libro del Alumno. En el Libro del Profesor se recomienda qué ejercicios pueden desarrollarse en clase.

El Cuaderno de Ejercicios plantea diversas actividades, juegos y pasatiempos con los que se puede aprender y practicar el español de forma amena y divertida. Cierran el libro las soluciones a todos los ejercicios.

1 Completa las siguientes frases con *por* o *para*.

1. Siempre iba a los congresos de su especialidad ..... ampliar los conocimientos de la carrera.
2. Tienes que comprar una lámpara ..... la habitación de los niños.
3. He ido a cambiar el polo rojo ..... un pantalón porque lo necesito más.
4. Tengo mucho que preparar ..... el viaje del próximo fin de semana.
5. Al final me vendió el reloj ..... 21 euros, mucho menos de su valor real.
6. ..... nosotros lo más importante ahora es que te recuperes pronto.
7. No caben muchos alumnos en esta clase ..... lo grande que es. Está muy mal distribuida.
8. Lo he hecho ..... ella, porque me ha convencido.
9. ..... una tortilla francesa solo se necesitan huevos, sal y aceite.
10. Nos enteramos de todo ..... la vecina del quinto.
11. En este armario solo hay espacio ..... tres o cuatro jerséis más.
12. Te daría hasta mi casa ..... conseguir su número de teléfono.
13. Siempre te había tenido ..... una persona inteligente, pero ahora…
14. Todos los días iba a casa de su abuelo ..... llevarle el pan.
15. Cinco ..... cinco son veinticinco, ¿no?

2 Utiliza la expresión adecuada.

- ▶ Por encima
- ▶ Por ejemplo
- ▶ Para colmo
- ▶ Por lo general
- ▶ Por lo menos
- ▶ Por entonces
- ▶ Por fin
- ▶ Por último
- ▶ Para terminar
- ▶ Por lo visto

1. ...., las tardes de invierno son más frías.
2. .... tiene ya treinta años esta casa.
3. Así que ya lo sabes. Y, ..., no te permito que llegues tarde a casa
4. Y, ..., quisiera agradecer a todos el interés con que han escuchado mis palabras.
5. ...., no vive con su marido desde hace varios meses.
6. .... ya hemos terminado el curso, ¡qué ganas teníamos!
7. Todo esto lo hemos visto ....; no hemos profundizado en estos temas.
8. Y, ..., se me estropeó el coche a dos kilómetros del puesto de socorro más cercano.
9. ...., yo era muy pequeño, no recuerdo nada de aquella época.
10. En este libro se analizan los grandes escenarios, ..., los de la ópera.

3 Completa las siguientes frases con *por* o *para*.

1. ..... lo que has entregado, mejor que no te hubieras presentado al examen ..... él.
2. El paquete del lazo azul es ..... ti, ábrelo.
3. ..... asistir al teatro es necesario abonar 18 € más ..... persona.
4. Últimamente hay mucha gente que estudia ..... abogado en esta ciudad.
5. La propuesta de hacer una salida de emergencia en el edificio fue aprobada ..... todos.
6. Por favor, cierra la ventana, ... los ruidos, no ..... el frío.
7. He reservado una mesa ..... veinte ..... el jueves a las ocho.
8. ..... ser tan guapo, no tiene mucho éxito con las mujeres.
9. Sr. Álvarez, lo llaman ..... teléfono.
10. Tengo visita dentro de media hora y la casa todavía está ..... limpiar.
11. Hoy parece que el profesor no está ..... bromas.
12. Hazme un favor, preséntate tú ..... mí, que no me apetece ir.
13. Lo tiene todo ..... hacer, no sé en qué ha perdido tanto tiempo.
14. Me han dado un vale ..... una camiseta.
15. El último número de la revista ya está ..... la imprenta.

4 Completa este texto con las preposiciones correspondientes.

En ese momento Nicolás se acordó ..... Amanda y sacó la cuenta de que no la había visto deambular ..... la casa ..... hacía tres semanas y que no había asistido ..... el fracasado intento de elevarse ..... globo, ni ..... la inauguración ..... la industria doméstica de pan ..... pollo. Fue ..... preguntar a Clara, pero su madre tampoco sabía nada ..... la joven y estaba comenzando ..... olvidarla, debido ..... que había tenido que acomodar su memoria ..... el hecho ineludible ..... que su casa era un pasadero de gente, como ella decía, no le alcanzaba el alma ..... lamentar a todos los ausentes. Nicolás decidió entonces ir ..... buscarla, porque se dio cuenta ..... que le estaban haciendo falta la presencia ..... la mariposa inquieta ..... Amanda y sus abrazos sofocados y silenciosos ..... los cuartos vacíos de la gran casa ..... la esquina, donde retozaban como cachorros cada vez que Clara aflojaba la vigilancia y Miguel se distraía jugando o se quedaba dormido ..... algún rincón.

Isabel Allende, *La casa de los espíritus.*

5 Fíjate en el siguiente cuadro y completa las oraciones con la forma correspondiente.

CON O SIN MOVIMIENTO	CON MOVIMIENTO *	SIN MOVIMIENTO
fuera (de) *Está fuera.* *Sal fuera inmediatamente.* **dentro (de)** *Se quedaron dentro varios niños.* *Pasaron dentro para saludar a los demás invitados.* *Todos permanecimos dentro del local.* **donde** *Iremos donde queráis.* *Los encontramos donde siempre.* **arriba*** *Los demás se quedaron arriba.* *Los niños subieron arriba, hasta la buhardilla.*	**afuera** *Id afuera, que estorbáis.* *Debéis salir afuera, vamos a cerrar.* **adentro** *Si tenéis frío podemos ir adentro.* **adonde** *Iremos al lugar adonde nos mandéis.* **adelante / hacia delante** *Sigue adelante.* *Sigamos hacia delante.* **atrás** *Volvamos de nuevo atrás.* **abajo** (a veces sin movimiento, con un sentido absoluto) *Carlos te espera abajo.*	**ante** + sustantivo / **delante (de)** *La manifestación fue ante el Ministerio.* *La manifestación fue delante del Ministerio.* *No pudimos colocarlo por delante.* **tras** + sustantivo / **detrás (de)** *Los colocamos tras la puerta para que no se vieran.* *Nos sentamos por detrás.* *Están detrás de tus padres.* **bajo** + sustantivo / **debajo (de)** *El boli está bajo la silla.* *El boli está debajo de la silla.* * (no pueden ir precedidas de *a*)

1. El profesor le mandó que saliera .... la clase para que no molestara más a los compañeros.
2. Nos encontramos mucho mejor al salir ...., hacía demasiado calor .... el local.
3. No los veíamos por ningún sitio, y es que me los había dejado ....
4. Al terminar la película todos nos quedamos .... el cine, sentados, impresionados por el final.
5. Cuando cerraron el edificio varias personas se quedaron .... y tuvieron que llamar a la policía para que abriera las puertas.
6. Las mesas se colocarán ...., pero si llueve podemos trasladarlas .... rápidamente.
7. Hemos quedado .... siempre, pero date prisa.
8. Hoy te dejo que elijas tú, hoy vamos .... quieras.
9. "Si no habéis entendido bien el texto, volved .... y comenzad a leer desde el segundo párrafo."
10. La moneda está en el suelo, ... la mesa.
11. Es necesario que sigamos ...., no podemos descansar todavía. Además, los que van .... no nos esperan.
12. Se suelen sentar ...., porque no ven bien la pizarra. Pero tú siéntate .... si lo prefieres.
13. Hemos quedado .... la catedral.

6 Completa con la forma del verbo correspondiente y con una preposición cuando sea necesario.

acordar / acordarse

1. El Consejo Escolar ..... organizar una huelga para conseguir jornada continua en los colegios.

2. Nunca ..... el día de su cumpleaños y eso le crea muchos problemas.

admirar / admirarse

3. Pasa muchas horas ..... obras de arte en los museos.

4. ..... tu comportamiento de estas últimas semanas, ¿te ha pasado algo?

aprovechar / aprovecharse

5. Todavía puedes ..... el abrigo del año pasado, está nuevo.

6. Es un fresco, ... nosotros.

creer / creerse

7. Todos ..... que no está lo suficientemente preparado, pero nos lo callamos.

8. ..... (él) imprescindible y todos sabemos que imprescindible no es nadie.

dormir / dormirse

9. Los niños deben ..... once horas diarias para rendir lo suficiente en el colegio.

10. Todos los días ..... y llega tarde.

encontrar / encontrarse

11. Ayúdame a ..... los papeles de Hacienda, por favor.

12. Hoy no ..... (yo) bien, otro día saldremos a correr.

13. ..... (yo) los padres de M.ª Mar y estuvimos hablando un rato.

fiar / fiarse

14. No ..... (tú) el nuevo inquilino, tiene costumbres muy raras.

15. En esa panadería ..... a los mejores clientes, por eso tiene siempre tanta gente.

fijar / fijarse

16. Ya ..... (nosotros) la fecha de la boda: será para el 26 de septiembre.

17. ..... (tú) cómo lo hace e imítalo.

jugar / jugarse

18. ..... con tus amiguitos mientras yo voy a la farmacia.

19. Se pasa las tardes ..... todo su dinero a las cartas.

resolver / resolverse

20. Los problemas de este libro no los ..... ni el profesor de matemáticas.

21. Cuando ..... (él) comprarlo se había acabado la oferta.

temer / temerse

22. No ..... salir herido del combate, solo quiere ganar.

23. Después de la discusión de ayer, ... que no vendrá a cenar.

---

7 Ahora, construye tú otras oraciones con estos pares de verbos.

- limitar / limitarse
- llamar / llamarse
- negar / negarse
- ocupar / ocuparse
- parecer / parecerse
- pasar / pasarse
- portar / portarse
- prestar / prestarse
- quedar / quedarse

8 Completa el siguiente texto con las preposiciones correspondientes.

El guerrero, delirando, fue conducido ..... sus compañeros ..... la sala ..... operaciones, víctima ..... un fuerte golpe ..... macana –maza ..... guerra– ..... la cabeza, que ni el casco ni el forro de algodón lograron amortiguar. ..... un plato, ... el suelo, aún quedaban cenizas ..... harina ..... maíz y una rara fragancia invadía la habitación. Uno de los soldados despejó las dudas ..... sus compañeros: le habían asegurado que aquello servía ..... purificar y desinfectar el recinto.

Los soldados depositaron cuidadosamente el cuerpo semiinconsciente del herido ..... unas pieles ..... llama, ... el suelo.

José María Fernández Díaz, "Prácticas quirúrgicas en el antiguo Perú", *Historia 16*.

9 Anota a continuación cómo se expresa la localización en el texto anterior.

10 Vamos a seguir con la misma historia. Completa el texto con las preposiciones que faltan.

«(…) Entró entonces el cchuksihampic ….. su hijo, al que ordenó traer hojas ….. coca y varias hierbas nada más ver el estado ….. el enfermo. A uno ….. los soldados le pidió una jarra ….. chicha, bebida alcohólica ….. maíz. Mientras el soldado salía ….. el aposento, llegaba el hijo ….. el cchuksihampic ….. las hierbas y la coca. Los soldados abandonaron la habitación y el cchuksihampic principió a mascar las hierbas y la coca al tiempo que despojaba ….. el guerrero ….. el casco y el forro ….. algodón.

Los ojos ….. el enfermo estaban desorbitados y el forro ….. algodón se había teñido parcialmente ….. rojo. Cuando las hierbas y la coca adquirieron una contextura pastosa, el cchuksihampic se las depositó ….. la mano y comenzó ….. extenderlas ….. la herida. Llegó entonces el soldado ….. la chicha y, obedeciendo ….. el cchuksihampic, dejó la jarra ….. el suelo y salió ….. la habitación. Acabada ….. extender la pasta, el cchuksihampic acercó el jarro ….. chicha a los labios ….. el guerrero. Este bebió ….. avidez hasta quedar completamente embriagado. El cchuksihampic le ofreció unas cuantas hojas ….. coca y más chicha. El guerrero se adormeció: no hacía falta someterlo a hipnosis.

Mientras quitaba la pasta que había aplicado ….. la herida, el cchuksihampic pidió el sirkak a su hijo. Este le mostró una caja ….. los instrumentos quirúrgicos: unos tumis –cuchillos semicirculares en forma de T invertida, fabricados ….. una durísima aleación (champi) ….. oro, plata y cobre–, sierras ….. obsidiana y sílex, cinceles, cuchillos, pinzas, raspaderas, escalpelos de obsidiana ….. mango ….. madera, cucharillas o curetas de diente ….. cachalote para sacar fragmentos de hueso, agujas para suturas, hilo, finísimas gasas, vendas y algodón.

El cirujano examinó la tumefacta herida. Había que trepanar.»

11 Utiliza las siguientes expresiones para completar las frases.

✓ sobre todo
✓ asimismo
✓ enfrente
✓ además
✓ aparte
✓ o sea
✓ a partes iguales
✓ en medio
✓ in fraganti
✓ alrededor
✓ adrede
✓ a veces
✓ a través de
✓ a propósito
✓ deprisa

1. Lo pillaron ……………… cuando intentaba robar en la joyería.

2. Juan vive muy lejos; ……………, no quería venir hasta aquí por no encontrárselo.

3. ¿Te has fijado en que Pepe siempre está ……………… de alguna pelea?

4. Habrá que dar una vuelta ……………… del pueblo, porque tiene unos paisajes preciosos.

5. Creo que rompió el jarrón ………………

6. ……………… tiene ganas de tirar la toalla y dejarlo todo.

7. Debéis dividir el pastel ………………

8. Los ha elegido ……………… por su colorido y vistosidad.

9. Dejad ……………… las revistas que os vayáis a llevar.

10. Situaron las cámaras de televisión ……………… de mi casa.

11. Los visitó el viernes pasado ……………… porque sabía que se encontraría allí con Elvira.

12. El pulpo nadaba ……………… para escapar de la red.

13. Nos ha planteado una subida de sueldo, ……………, que quiere que nos quedemos en la empresa.

14. Los excursionistas iban ……………… los trigales mientras buscaban el camino de la gruta.

15. ……………, debemos también enfrentarnos a la realidad cotidiana.

12 **Haz una sola frase con estas que te damos (como signo de puntuación en su interior, solo puedes utilizar la coma). Seguro que hay más de una solución posible.**

1
Recibí una carta de Silvia ayer.
Silvia está muy contenta.
Los nuevos compañeros de Silvia son encantadores con ella.
Se alegra de haber cambiado de trabajo.

2
He comprado un coche de segunda mano.
El antiguo dueño del coche es de confianza.
Es un amigo de Lorenzo.
Me ha hecho un buen precio.

3
Ayer habíamos quedado con Felisa y Ángeles.
Ángeles se puso mala.
Ángeles había comido demasiado chocolate.
Ángeles no pudo venir a la cita.
Ángeles llamó por teléfono a Felisa.
Felisa nos lo contó después.

13 **Lee el texto siguiente y clasifica cada uno de los marcadores textuales en su casilla correspondiente.**

Einstein fracasó con la revolución cosmológica en germen en su teoría de la relatividad general, elaborada en 1915. Esta revolución puede resumirse en una frase: el universo tiene una historia y, por tanto, un comienzo. **Dicho de otra forma,** el espacio no siempre ha sido idéntico a sí mismo, sino que está en expansión desde el momento inicial conocido con el nombre de Big Bang.

Este cambio de perspectiva es obra de dos pioneros, el ruso Alexander Friedmann (1888-1925) y el belga Georges Lemaître (1894-1966), inventores del concepto de Big Bang, una de las mayores contribuciones científicas del siglo. **Sin embargo,** sus nombres resultan desconocidos y su contribución científica se ve infravalorada por astrofísicos y cosmólogos.

Friedmann plantea por primera vez en términos científicos la cuestión del principio y fin del universo y, **en consecuencia,** la cuestión de la creación del mundo a partir de la nada. **Asimismo,** discute la edad del universo, que a principios de los años 20 no se suponía superior a mil millones de años, mientras que hoy se calcula de 10 a 15 mil millones de años, con lo que se confirma y precisa la genial intuición de Friedmann. El término "creación del mundo" y el intento de calcular la edad del universo van a suscitar alborotos y malentendidos y, **además,** van a bloquear "psicológicamente" a la mayoría de los físicos, de entre los que destaca Einstein, que va a refutar a Friedmann achacándole un error de cálculo. **Ahora bien,** el que se equivoca es Einstein, que no tardará en retractarse, pero que no aceptará jamás la idea de un comienzo del mundo.

En cuanto a Lemaître, interpreta las velocidades de desplazamiento de las galaxias como indicios de una expansión del universo. Más adelante formula una hipótesis aún más audaz y que es, en parte, la prolongación lógica del concepto de expansión: si hoy día el universo se dilata, en el pasado fue mucho más pequeño, mucho más denso. **Así pues,** un día infinitamente lejano, fue condensado en un "átomo primitivo", cuyos fraccionamientos sucesivos han desembocado en el universo que observamos actualmente. Esta concepción, corregida y aumentada con el paso del tiempo, se ha convertido en la teoría del Big Bang.

Con todo, se precisarían bastantes años para que la teoría del Big Bang recibiera su reconocimiento: el Premio Nobel de Física otorgado a Penzias y Wilson en 1978. Cincuenta años antes, Friedmann y Lemaître habían desencadenado una revolución científica tan capital como la copérnica. **En definitiva,** los dos sabios se inscriben en el linaje de los grandes innovadores: Ptolomeo, Copérnico, Kepler, Galileo, Newton, Einstein…

J. P. Luminet, "Los descubridores del Big Bang", *Ciencia & Vida,* (texto adaptado).

introducción del tema	en lo que se refiere a, en lo referente a...
ordenación	en primer (segundo, tercer, ... último) lugar, primero...
adición	aparte, así como...
continuación/consecuencia	así, entonces...
conclusión	en conclusión, en resumen...
aclaración	es decir, o sea...
oposición	pero, en cambio...
ejemplificación	(como) por ejemplo, así (por ejemplo)...

14 **¿Sabrías clasificar estos otros marcadores según el cuadro anterior?**

después	más aún	pongamos por caso
pues bien	dicho de otra manera	también
en otras palabras	en resumidas cuentas	no obstante
a propósito (de)	encima	por tanto
por cierto	a todo esto	por otro lado / por otra parte
así que	por último	aun así
esto es	pues	mejor dicho
por consiguiente	por una parte… por otra	luego
en fin	finalmente	por el contrario

15 **Introduce los marcadores adecuados en este texto.**

En los últimos tiempos, juguetes virtuales inundan las redes electrónicas y los videojuegos para seducir a pequeños y grandes. ...., en menos de dos años se vendieron más de 10 millones de *tamagochis* en todo el mundo. Son estos unos pequeños llaveros provistos de una pantalla líquida en la que aparece una especie de pollito que requiere los cuidados de su dueño. Un sonido agudo avisa a este de las necesidades del animalito, que de no ser satisfechas incrementará el volumen del pitido hasta "morir".

.... a las causas del éxito de los *tamagochis*, pueden apuntarse, ..., el entusiasmo del público por todo objeto nuevo y sorprendente; ...., porque este tipo de juguetes electrónicos ofrece un medio fácil y sencillo de responder al deseo natural que tienen las personas de ocuparse de los otros, ..., de ser necesarios. ...., no hay por qué comprometerse por largo tiempo ni cargar con pesadas responsabilidades, como, ..., con un verdadero animal de compañía.

..............................., una minoría de niños, aquellos que viven en un entorno afectivo pobre, pueden volcar todo su cariño en el juguete y, ..., pueden llegar a sufrir graves trastornos por la muerte de su *tamagochi*.

Algunos psicólogos ven en los *tamagochis* un formidable medio de hacer que el niño asuma una responsabilidad; otros, ..., dicen que no constituyen en absoluto un aprendizaje de las relaciones con los demás ni de la vida en general.

..............................., la invasión de la realidad virtual en nuestra vida cotidiana es un hecho cuyas consecuencias en el posible cambio de comportamiento humano no son del todo previsibles.

S. Duroux, "Juguetes virtuales para el cambio de siglo", *Ciencia & Vida* (texto adaptado).

16 Fíjate en las siguientes expresiones. Une cada una con su significado y construye frases con ellas.

- ☞ dar en el clavo
- ☞ darse de narices (de bruces)
- ☞ darle a uno por algo / por hacer algo
- ☞ dar de sí
- ☞ darle vueltas a algo
- ☞ dar a entender
- ☞ dar a conocer
- ☞ dar a luz

- ▶ chocarse, encontrarse bruscamente con algo
- ▶ acertar
- ▶ pensar, reflexionar excesivamente sobre algo
- ▶ adoptar o adquirir la costumbre de hacer algo
- ▶ comunicar o hacer saber algo a alguien
- ▶ hacerse más ancho o grande; tener más capacidad
- ▶ tener un hijo, parir
- ▶ apuntar una cosa o idea sin explicarla con claridad

17 Completa con la preposición correspondiente. Algunas son expresiones fijas con el verbo *dar*.

1. ¿Cuánto te dieron ..... el reloj de tu abuelo?
2. Tras el divorcio se dio ..... la bebida.
3. La policía dio ..... la familia del herido dos días después del accidente.
4. Mi habitación da ..... el norte y es muy fría.
5. Todos dimos ..... buena la decisión del jefe.
6. Había mucha niebla y se dieron ..... un camión que estaba averiado.
7. No logro dar ..... la solución del problema, ¿me ayudas?
8. ¿Cuánto le vas a dar ..... quedarse toda la noche con el niño?
9. Desde que lo echaron del trabajo se ha dado ..... la buena vida y no quiere buscar otro empleo.
10. Di ..... terminada la conversación cuando comenzó a chillar.
11. Me han dado ..... la cabeza ..... un paraguas.
12. La habitación de los niños da ..... el jardín.
13. Se da ..... sus amigos sin pedir nada a cambio.
14. He dado ..... el maletín ..... el cristal de la puerta y se ha roto.
15. Me dio ..... el codo para que me callara.
16. No quiero que mi ventana dé ..... un patio interior.
17. El coche se salió de la carretera y se dio ..... un árbol.
18. Se ha dado por completo ..... la empresa, y no por eso le van a asegurar el puesto.
19. No des ..... los zapatos en el mueble, por favor.
20. Yo prefiero que la terraza del salón dé ..... el sur.

18 Completa con la preposición correspondiente. Puedes ayudarte buscando en el diccionario el verbo *quedar*.

1. Nos quedaremos ..... casa toda la tarde.
2. Hemos quedado ..... Andrés ..... ir al cine.
3. Todo lo relacionado con ese asunto quedó ..... resolver.
4. Me quedé ..... sus objetos personales porque no apareció nadie a recogerlos.
5. Esta dirección queda ..... detrás del auditorio.
6. Supongo que ya habréis quedado ..... algo, ¿no? ¿O todavía no os habéis decidido?
7. No te quedes ..... ninguna foto; si quieres tener alguna haz copias.
8. He quedado ..... cenar ..... Luis ..... las ocho.
9. El teatro al que iremos hoy queda ..... tu barrio.
10. Quédate ..... el despacho hasta que vayamos a buscarte.
11. Al final hemos quedado ..... que tú revisas la primera parte y José la segunda.
12. Están dando una versión diferente de los hechos y al final quedarás ..... mentiroso.
13. Hemos quedado ..... tu casa, así que no llegues tarde.
14. ¡Qué injusta es la vida! Ha quedado ..... valiente, siendo el más cobarde de todos.

19 **Completa las frases con las siguientes expresiones.**

√ en blanco   √ limpio
√ frío   √ con la boca abierta
√ corto   √ con tres palmos de narices
√ tan fresco   √ tan ancho
√ de piedra   √ helado

1. Me he quedado .... con la tarta; la he comprado demasiado pequeña.

2. Andrés se quedó .... cuando Paula anunció su compromiso con Luis; no se lo esperaba.

3. Los niños se quedaron .... al ver la cabalgata de los Reyes Magos con tanto colorido y luminosidad.

4. Me quedé ...., no pude responder a ninguna de las preguntas del examen.

5. Se fueron todos al cine y allí me quedé yo, ..., esperando a que alguien me invitara a acompañarlos.

6. Llega tarde, se pone a insultar a todo el mundo, y encima se queda ...., esperando a que le sirvan la comida.

7. He sacado la basura en mangas de camisa y me he quedado ....

8. Este verano me he quedado ....; ahora toca volver a ahorrar durante todo el invierno para las próximas vacaciones.

20 **Completa las frases con las siguientes expresiones.**

▶ con el agua al cuello   ▶ por si las moscas   ▶ de arriba abajo
▶ de buenas a primeras   ▶ de bote en bote

1. Llegamos demasiado tarde y estaba la discoteca ....; el vigilante nos miró ....; y, sin decirnos nada más, nos dejó pasar sin pagar.

2. Yo, ..., siempre llevo dinero en el bolsillo para un taxi, que luego no sabes a qué hora tienes que volver a casa.

3. Estábamos tranquilamente hablando y, ..., se puso a chillar y nos fastidió a todos la tarde.

4. Nos contó que se había metido en un negocio que había fracasado y se encontraba ahora ....; no sabía cómo salir del asunto.

21 **Completa con una expresión y termina la frase.**

1. Le pidieron que preparara la cena y lo hizo .... porque ....

2. Nuestro portero siempre cuenta las cosas .... porque ....

3. Nos pusimos las botas y además .... porque ....

4. Pensé que íbamos a tardar más, pero la verdad es que nos ha salido todo .... porque ....

de mala gana   de gorra   de oídas   a la parrilla   a disgusto   a empujones   a pedir de boca   a tiro hecho

5. En su familia la carne siempre se come .... porque ....

6. En la habitación del hotel que le habían asignado se encontraba .... porque ....

7. Todas las mañanas sale del tren .... porque ....

8. Me gusta ir con ella de compras; cuando llega a la tienda ya va .... porque ....

La diosa Coatlicue, la de la falda de serpientes, que estaba dedicada a la tierra, madre de los Centzon Huitznahua, los innumerables del sur, asociados con las estrellas, y de Coyolxahuqui, diosa lunar, la de los cascabeles en la cara, llevaba una vida retirada en Coatépec, montaña de las serpientes, cerca de Tollan. Un día, mientras barría el templo, una bola de plumas bajó sobre ella y al poco tiempo se encontró misteriosamente embarazada. Cuando sus hijos conocieron la noticia, indignados por lo que creían que era ofensivo y deshonroso, decidieron matarla. La diosa madre Coatlicue se entristeció al conocer sus planes, pero de su vientre salió una voz que apaciguó sus temores. Los Huitznahua, excitados por su hermana Coyolxahuqui, se prepararon para la guerra, pero uno de ellos, arrepentido, informó de los preparativos a Huitzilopochtli, el niño que Coatlicue llevaba en su seno. Llegado el momento, los hermanos se acercaron en orden de batalla, y cuando alcanzaron la cumbre del Coatépec, la montaña de las serpientes, nació prodigiosamente Huitzilopochtli armado de sus dardos y su escudo. Huitzilopochtli cogió la serpiente de fuego, y con ella descuartizó a Coyolxahuqui, cuya cabeza quedó en la montaña mientras el cuerpo destrozado rodó por la ladera. Entonces el dios atacó a los Huitznahua, persiguiéndolos con saña hasta dar muerte a la mayoría.

Miguel Rivera Dorado,
"Mitos y ritos en el Templo Mayor de México",
Historia 16.

El mito narra la lucha cósmica entre dos categorías de seres: los de la luz y los de las tinieblas, los seres que nacen de la tierra y los que tienen su asiento en el cielo. El sol que surge todos los días por el horizonte de las entrañas de la tierra destruye con sus rayos de fuego la pálida claridad de los astros nocturnos, y esta sucesión eterna de contiendas es la señal de la perduración del mundo.

1. Completa el árbol genealógico de las divinidades aztecas según el mito narrado en el texto. Anota al lado del nombre de cada dios su significado.

Diosa de la Tierra
Coatlicue

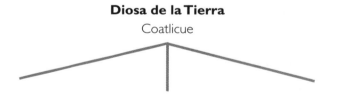

2. ¿Qué opinas de la interpretación del mito? Identifica en el texto quiénes son:

▶ los seres de la luz
▶ los seres de las tinieblas
▶ los seres que nacen de la tierra
▶ los seres que nacen en el cielo

3. Vuelve a contar la historia con tus propias palabras pero utilizando el presente histórico:

La diosa Coatlicue, madre de los Centzon Huitznahua y de Coyolxahuqui, lleva una vida retirada en Coatépec. Un día, mientras barre el templo, una bola de plumas baja sobre ella y…

23 Fíjate en los verbos que expresan sentimientos de las siguientes oraciones sacadas del texto.

> ▶ *Cuando sus hijos conocieron la noticia, indignados por lo que creían que era ofensivo y deshonroso, decidieron matarla.*
>
> ▶ *La diosa madre Coatlicue se entristeció al conocer sus planes.*
>
> ▶ *Los Huitznahua, excitados por su hermana Coyolxahuqui, se prepararon para la guerra.*

Completa con la preposición y el pronombre correspondientes cuando sea necesario.

1. Los hijos .... indignaron .... las acciones de su madre.

2. El repentino embarazo de la madre .... indignó .... sus hijos.

3. La diosa .... entristeció .... los planes de sus hijos.

4. Los planes de los Huitznahua y de Coyolxahuqui .... indignaron .... la diosa.

5. Los Huitznahua .... excitaron .... las palabras de su hermana.

6. Coyolxahuqui .... excitó .... los Huitznahua.

7. .... alegramos .... que te encuentres mejor.

8. Cuando me dijeron que habías tenido un hijo .... alegré mucho.

9. .... asustó al no ver a nadie esperándolo en el aeropuerto.

10. No .... asustes .... tan poca cosa, hay cosas peores.

11. No suele enfadar .... esas cosas, sin embargo .... enfada muchísimo .... los chillidos de los niños.

12. .... preocupa .... todos sus alumnos, aunque los que más .... preocupan son los que faltan continuamente a clase.

13. No .... molestéis, por favor, que tenemos mucho trabajo.

14. Ya sabéis que el director .... molestó .... vuestra actitud durante la presentación de los cursos.

15. .... ha desanimado .... el anuncio de lluvias para el fin de semana.

24 Fíjate en la construcción del verbo de movimiento de la siguiente oración del texto.

> ▶ *Llegado el momento, los hermanos se acercaron en orden de batalla.*

Completa con el pronombre y la preposición siempre que sea necesario:

1. Los hermanos .... acercaron .... la montaña de las serpientes en orden de batalla.

2. Luis .... acercó .... su hermano .... la parada del autobús porque llovía mucho.

3. Por favor, ¿.......... acercas la sal?

4. Venimos a despedirnos porque .... marchamos esta misma tarde.

5. No te preocupes, que .... voy .... la cafetería más cercana y traigo unos churros.

6. Si molestamos .... vamos ahora mismo.

7. No .... salgáis .... la calle a estas horas.

8. Tened cuidado con los niños, que .... salen .... a la calle.

9. Es mejor que .... bajéis vosotros primero.

10. Ya .... ha subido Juan .... la habitación; te espera allí.

25 Por último, fíjate en las siguientes oraciones del texto.

> ▶ *Estaban indignados por lo que creían que era ofensivo y deshonroso.*
>
> ▶ *Al poco tiempo se encontró misteriosamente embarazada.*

Completa estas oraciones con el pronombre correspondiente cuando sea necesario.

1. Todos ..... creen que lo mejor es estudiar una carrera superior.

2. Ellos ..... creen los mejores en su trabajo.

3. Sí, hombre, ¡que ..... crees tú eso! No pienso consentirlo.

4. ..... encontraron la salida después de recorrer la planta dos o tres veces.

5. ..... encontramos con Alfredo en la puerta.

6. ..... encontraba mal y no fue a la fiesta.

7. ..... llama Lorenzo aunque a él le gusta que ..... llamen Tito.

8. Lláma..... para que se presente en el trabajo inmediatamente.

9. Lo siento, pero esta vez ..... has pasado.

10. Le mandaron que ..... pasara.

26 **Lee el siguiente texto en el que se reflexiona sobre los motivos del culto al agua en la cultura maya.**

Pensaban los mayas antiguos que la tierra se extendía entre cuatro puntos marcados por el itinerario del sol, dos a levante cuando aparecía en los solsticios de invierno y de verano, y dos a poniente, por donde se precipitaba en esas fechas a los abismos inferiores (…)

La experiencia había enseñado a los mayas que el territorio que ocupaban los seres humanos terminaba en el agua. Efectivamente, la península de Yucatán se prolonga hacia el sur-suroeste para acabar sin remedio en otro inmenso océano por donde corre hoy el litoral de Chiapas y de Guatemala. Un orbe rodeado por el mar, cercado de agua salada, y que contenía en su interior –como mostraban los abundantes pozos y cavernas naturales– un inacabable caudal de agua dulce.

Por si fuera poco, en el trópico húmedo las lluvias torrenciales son el factor decisivo en el compás de las actividades cotidianas vitales, el ciclo agrícola, la distribución y características de las casas de habitación, los viajes a los santuarios o a los mercados; y esos temporales pueden nacer de dentro de la tierra, nubes que ascienden desde lo profundo de las grutas, o arreciar a impulsos de las fuerzas celestes. Así, en todo caso, el agua estaba presente por doquier a lo largo y ancho de los diferentes pisos o comarcas del universo que los mayas podían percibir y clasificar.

Porque el horizonte del mar señalaba la linde del país de los humanos, y las playas no eran otra cosa que el comienzo de la peligrosa demarcación intermedia que conducía al reino de la oscuridad, las gentes del Mayab evitaron las costas (…) Los grandes centros monumentales de la edad de oro están siempre en las mismas entrañas de la selva, apartados con frecuencia de los lagos o de cualquier manifestación superficial de las vías de comunicación con el lugar de la tristeza.

Y sin embargo, como era de esperar, del agua, de ese fluido que por ser informe e indeterminado simboliza la aniquilación y el no ser, surgió también la creación y la vida.

Terror del agua infernal que es la nada, y atracción necesaria por el líquido que permitía el crecimiento de las plantas y la supervivencia de las aldeas.

Miguel Rivera Dorado, "Tulum y Jaina, los dos extremos del mundo maya", *Historia 16.*

Localiza en el mapa geográfico la zona de asentamiento maya y explica la importancia que los mayas concedían al agua, pero también el terror que esta les provocaba.

1 **Añade imperfectos y pluscuamperfectos al siguiente texto.**

Atravesé la puerta de embarque feliz y contento del viaje que emprendía. Me senté a esperar y en ese momento anunciaron un retraso previsto de una hora, por lo que decidí volver a llamar a Carmen, para que ella a su vez avisara a la amiga que iba a ir a recogerme al aeropuerto. Busqué unas monedas en mi bolsillo pero no encontré más que dólares. Fui a una tienda para que me cambiaran un billete de 10 dólares en euros, pero me dijeron que me dirigiera a la oficina de cambio, fuera del recinto de embarque.

Decidí entonces pedir a algún otro pasajero que me cambiara. La tercera persona a la que se lo pedí, una viejecita encantadora, me habló de una anécdota parecida a la mía, pero al final no conseguí las monedas. Con los pasajeros americanos tuve la misma suerte, por lo que mi nerviosismo fue en aumento. De repente, un policía se me acercó y me pidió que le acompañara. Le juré que no estaba intentando timar a nadie, pero no me creyó.

¿Pudo llamar por teléfono? ¿Tuvo problemas con la policía?

2 **Completa el siguiente texto en pasado.**

En esta casa (vivir) .... Elena Pérez.

Elena (ser) .... muy brillante e inteligente. (Ser) .... abogada; (aprobar) .... unas oposiciones para juez poco después de terminar sus estudios. (Ser) .... en uno de sus juicios donde conoció a su marido, que se (llamar) .... Ernesto. Él también (ser) .... abogado, concretamente abogado criminalista. En una ocasión (tener) .... que defender a un famoso capo de la mafia que (estar) .... acusado de tráfico de drogas y de corrupción de menores. Ernesto (conseguir) .... que lo declararan inocente; (ser) .... su primera gran victoria. La juez (ser) .... Elena, su futura mujer.

Elena y Ernesto (casarse) .... ocho meses después de conocerse. Lo suyo sí que (ser) .... un verdadero flechazo, amor a primera vista. (Comprar) .... un bonito piso en el Paseo de la Castellana. Elena (encargarse)....... .... de la decoración, especialmente de la habitación de matrimonio. (Ser) .... una mujer detallista, cuidadosa y con buen gusto. (Odiar)................................ .... las excentricidades y las "modernidades". Por eso (decorar) .... la casa

con estilo muy clásico, aunque siempre (decir) .... que (ser) .... la casa la que (decorarse) .... a sí misma, la que (imponer) .... sus criterios; Elena solo (dejarse) .... llevar por la casa.

En esta casa (ser) .... muy felices; (tener) .... dos hijos, (lograr) .... grandes éxitos en su carrera profesional: (parecer) .... la familia perfecta. Pero de forma inesperada (comenzar) .... a suceder extraños hechos que (destruir) .... toda la felicidad y (acabar) .... finalmente en una desgracia.

Todo (suceder) .... hace un año aproximadamente. Ernesto (estar) .... trabajando en un caso muy importante: (deber) .... defender a un aristócrata muy conocido que (estar) .... acusado de haber asesinado a su mujer como consecuencia de un ataque de celos. (Tratarse) .... de un crimen pasional: el conde Rodríguez, que así (llamarse) .... el presunto asesino, (creer) .... que su mujer lo (engañar) .... con otro hombre; una noche, después de celebrar una fiesta, la condesa (aparecer) .... muerta.

En la casa, por las noches, Elena (empezar) .... a oír extraños sonidos, (parecer) .... voces de mujer, lamentos lejanos, gritos que (pedir) .... ayuda. Pero únicamente los (oír) .... Elena. Su marido (decir) .... que (ser) .... sueños de Elena, que todo (estar) .... en su imaginación. Estos sonidos (ir) .... haciéndose cada vez más claros y fuertes. Además, (desaparecer) .... objetos de la casa, las ventanas y las puertas (abrirse) .... solas. Ernesto siempre (encontrar) .... una explicación lógica a todos los sucesos, pero Elena (saber) .... que algo (ocurrir)

.... Todo esto (suceder) .... especialmente en la habitación donde (dormir) .... el matrimonio. Elena (ponerse) .... en contacto con expertos en parapsicología y ellos también (decir) .... que algo extraño y maléfico (ocurrir) .... en la casa, y sobre todo, en la habitación: allí se (poder) .... sentir dolor y sufrimiento; a pesar de que la habitación (ser) .... muy cálida, la sangre (parecer) .... que (helarse) .... al entrar en ella.

Elena (insistir) .... repetidamente en vender la casa y en comprar otra, pero Ernesto (reírse) .... y (decir) .... que (ser) .... cosas de brujas y que ella (tener) .... una gran imaginación. Ernesto, claro, no (saber) .... lo que le (esperar) .... Una noche de diciembre que (hacer) .... un frío horrible y (llover) .... intensamente, Ernesto (levantarse) ....

.... porque no (poder) .... dormir; Elena (oír) .... cómo (levantarse) ...., pero no (decir) .... ni (hacer) .... nada; (quedarse) .... dormida. (Despertarse) .... una hora después sobresaltada al escuchar las voces, pero ahora no (ser) .... voces, sino risas alocadas, carcajadas. (Levantarse) .... al ver que no (estar) .... Ernesto y (salir) ....: en la puerta (encontrar) .... el cadáver de su marido; le (cortar) .... la cabeza y le (arrancar) .... el corazón. En la pared (escribir) ....: VENGANZA, POR LOS SIGLOS DE LOS SIGLOS. Al otro lado del pasillo Elena (creer) .... ver la figura de una mujer.

Elena, lógicamente, (vender) .... la casa y (irse) .... con sus hijos a otro lugar, lejos de allí. Pero antes (hacer) .... algunas averiguaciones…

¿Qué es lo que descubrió Elena? Termina este escalofriante relato.

3 **Corrige los errores de los tiempos verbales que hay en la siguiente noticia.**

EN ALCALÁ DE HENARES APARECIÓ UN MALETÍN CON 6.000 EUROS

Sobre las diez de la mañana un ex policía que se dedica a la compraventa de coches portaba un maletín en cuyo interior había 6.000 euros y la documentación de un vehículo. Se dirigió a Madrid para realizar una operación relacionada con su negocio. Estuvo conversando con su cuñado en una calle muy cercana a su domicilio, y un descuido hizo que cogiera su coche dejándose olvidado sobre el capó de otro vehículo el maletín con el dinero y la documentación. Ajeno a todo esto, el hombre siguió su camino hasta que se dio cuenta de que no llevaba la valija porque se la dejó olvidada sobre el coche.

Mediante un teléfono móvil se puso en contacto con el familiar con el que estaba conversando y le pidió que regresara urgentemente al punto en el que se habían encontrado. El cuñado volvió al lugar y se encontró con que, en efecto, allí estuvo la cartera.

Entre tanto, un trabajador municipal vio el maletín sobre el coche y, tras comprobar su contenido, se había puesto en contacto con la policía municipal. Un coche radio-patrulla se dirigió al lugar para hacerse cargo del mismo, pero no le dio tiempo, dado que, avisado por el propietario, ya había llegado su cuñado.

Puerta de Madrid,
(texto adaptado).

4 **Elige la opción correcta.**

A Serafina las prisas y el desorden la estresaban. Siempre *planificó / planificaba* sus acciones con varios días de antelación y *anotó / anotaba* lo que debía hacer cada hora del día. Todas las mañanas *repasó / repasaba* durante 15 minutos su agenda, y en 15 años de trabajo en aquella empresa nunca *faltó / faltaba* a sus obligaciones. Pero un día sucedió algo inesperado. Llegó a la oficina un nuevo compañero, Ricardo, que se *pasó / pasaba* la mañana entera revolviendo papeles y cambiando las cosas de sitio: "Espero que no te moleste", dijo, "pero nunca *he soportado / soportaba* tanto orden, me pone nervioso. Tienes unos ojos preciosos. ¿Comemos juntos?". Serafina no se lo *pudo / podía* creer. El desorden *llamó / llamaba* a su puerta, y lo cierto es que *resultó / resultaba* irresistible.

5 **¿Recuerdas que los sueños se cuentan en imperfecto? Ana, una estudiante de informática, debe presentar su proyecto de fin de carrera y ya está a punto de acabarlo. Nos cuenta una pesadilla que tuvo hace un par de días y que muy bien podría haberle sucedido de verdad.**

> Por fin había terminado el trabajo; solo me faltaba hacer la portada e imprimirlo. Total, que encendía el ordenador, abría el fichero y me encontraba con un texto incomprensible. Miraba una a una las páginas y todas estaban igual. Desesperada, salía del programa, activaba el antivirus y ¡bingo!, el ordenador tenía un virus. ¡Qué susto! Menos mal que me desperté enseguida.

Vuelve a escribir el texto como si de un suceso real se tratara. Para ello tendrás que cambiar algunos verbos que están en imperfecto por el indefinido correspondiente.

6 **Ordena las siguientes viñetas de acuerdo con las horas y escribe la historia.**

5:30 a. m. / 6:30 a. m. / 7:30 a. m. / 8:30 a. m. / 9:30 a. m. / 10:30 a. m. / 11:30 a. m. / 12:30 p. m. / 1:00 p. m. / 1:30 p. m. / 8:30 p. m. / 12:30 p. m.

7 Pon en pasado esta otra narración del amigo de Gurb.

19.00 Entro en una joyería, me compro un Rolex de oro auténtico, sumergible, antimagnético y antichoque y lo rompo *in situ*.

19.30 Entro en una perfumería y me compro quince frascos de Eau de Ferum, que acaba de salir.

20.00 Decido que el dinero no da la felicidad, desintegro todo lo que he comprado y continúo caminando con las manos en los bolsillos y el ánimo ligero.

20.40 Mientras paseo por las Ramblas, el cielo se cubre de nubarrones y retumban unos truenos: es evidente que se aproxima una perturbación acompañada de aparato eléctrico.

20.42 Por culpa de mi puñetera radiactividad, me caen tres rayos encima. Se me funde la hebilla del cinturón y la cremallera de la braweta. Se me ponen todos los pelos de punta y no hay quien los domeñe: parezco un puercoespín.

Eduardo Mendoza, *Sin noticias de Gurb.*

8 Sustituye el imperfecto por presente o condicional y di qué valor tiene.

1. ¿Dónde has dicho que quedábamos?

2. Si pudiera me lo comía a besos.

3. Yo que tú lo denunciaba a la policía.

4. La semana pasada nos dijo que se divorciaba, y ahora ya están otra vez como dos tortolitos.

5. Ahora mismo hacía las maletas y desaparecía durante un par de semanas.

6. Quería pedirte algo importante.

7. Aunque supiera la verdad, no te la decía.

8. Tu amiga llegaba a las diez, ¿verdad?

9 Puntúa el siguiente texto.

APRENDER UN IDIOMA EN EL EXTRANJERO

Antes de elegir el curso conviene como apunta Cristina Hurtado directora de Always School of Languages tener en cuenta una serie de consideraciones generales

Destino cuanto más pequeño sea el niño menos experiencia tenga o más corto sea el curso conviene que vaya lo más cerca posible

Edad aunque existen centros que admiten niños más pequeños lo normal es enviar al niño a partir de los 10 años

Alojamiento las familias permiten una mayor práctica del idioma involucrarse en las costumbres del país y además el coste es inferior los colegios por su parte ofrecen mayor seguridad lo que resulta ideal para los más pequeños

Aprendizaje para que la estancia sea efectiva se debe tener un conocimiento previo del idioma si no el resultado será muy pequeño en comparación con el esfuerzo económico

Francés

Pese a que el inglés es el idioma mayoritario cada vez hay más demanda de cursos de francés las organizaciones ofrecen cursos en Francia Bélgica y Suiza y en distintos regímenes de alojamiento

En Francia la Cámara Francoespañola de Comercio e Industria ofrece tres cursos

- **En familia** estancia de dos a cuatro semanas en familias en Biarritz y clases en el Lycée Hòtelier para niños de entre 13 y 17 años

- **En colegio** en el complejo CIPEC-IBS en la Provenza dos o tres semanas de estancia para niños de entre 9 y 17 años en Azurlingua Niza cursos de una a cuatro semanas para niños de entre 13 y 17 años No incluye viaje

Blanco y Negro (texto adaptado).

10 **Combina estas seis palabras para hacer todas las frases posibles. Para ello, juega con el orden de las palabras, la puntuación y la acentuación.**

▶ sabes

▶ ha ocurrido

▶ lo

▶ no

▶ como

▶ que

Ejs.:

¡Cómo! ¿No sabes lo que ha ocurrido?

¿Cómo no sabes lo que ha ocurrido?

Como no sabes lo que ha ocurrido…

_____

_____

_____

_____

_____

_____

_____

_____

_____

_____

_____

_____

_____

_____

_____

_____

_____

_____

11 **En *Ejercicios de estilo,* de Raymond Queneau, se cuenta el mismo suceso de muy diversas maneras. Intenta imaginar con ayuda de tu compañero de qué se trata a partir de la versión titulada "Partes de la oración".**

PARTES DE LA ORACIÓN

ARTÍCULOS: el, la, los, un, una, al.

SUSTANTIVOS: mañana, mediodía, plataforma, autobús, línea S, parque, Monceau, joven, cuello, sombrero, galón, lugar, cinta, vecino, pie, viajero, discusión, sitio, hora, estación, san(to), Lázaro, conversación, compañero, escote, abrigo, sastre, botón.

ADJETIVOS: trasera, completo, rodeado, gran(de), libre, largo, trenzado.

VERBOS: ver, llevar, interpelar, pretender, pisotear, subir, bajar, abandonar, precipitar(se), volver, ver, decir, disminuir, hacer, subir.

PRONOMBRES: yo, él, se, -le, lo, el cual, que, este.

ADVERBIOS: poco, cerca, muy, adrede, rápidamente, más, tarde.

PREPOSICIONES: a, hacia, en, de, sobre, ante, con, por, en.

CONJUNCIONES: que, o, pero.

12 Para saber si te has acercado, completa la versión titulada "Relato" con el tiempo adecuado.

RELATO

Una mañana a mediodía, junto al parque Monceau, en la plataforma trasera de un autobús casi completo de la línea S (en la actualidad el 84), *(observar, yo)* .... a un personaje con el cuello bastante largo que *(llevar)* .... un sombrero de fieltro rodeado de un cordón trenzado en lugar de cinta. Este individuo *(interpelar)* ...., de golpe y porrazo, a su vecino, pretendiendo que lo *(pisotear)* .... adrede cada vez que *(subir)* ....

o *(bajar)* .... viajeros. Pero *(abandonar, él)* .... rápidamente la discusión para lanzarse sobre un sitio que *(quedar)* .... libre.

Dos horas más tarde, *(volver, yo)* .... a verlo delante de la estación de Saint-Lazare, conversando con un amigo que le *(aconsejar)* .... disminuir el escote del abrigo haciéndose subir el botón superior por algún sastre competente.

13 Ahora compara estas dos versiones, la primera exclusivamente narrativa y la segunda descriptiva.

Pretérito indefinido

Fue a mediodía. Los viajeros subieron al autobús. Hubo apreturas. Un señor joven llevó en la cabeza un sombrero rodeado por un cordón, no por una cinta. Se quejó a su vecino de los empujones que este le infligió. En cuanto vio un sitio libre, se precipitó sobre él y se sentó.

Lo vi más tarde delante de la estación de Saint-Lazare. Se puso un abrigo y un compañero que se encontró allí le hizo esta observación: fue necesario poner un botón más.

Imperfecto

Era mediodía. Los viajeros subían en el autobús. Había apreturas. Un señor joven llevaba en la cabeza un sombrero que estaba rodeado por un cordón y no por una cinta. Tenía un largo cuello. Se quejaba a su vecino por los empujones que este último le infligía. En cuanto veía un sitio libre, se precipitaba sobre él y se sentaba.

Lo veía más tarde, delante de la estación de Saint-Lazare. Se ponía un abrigo y un compañero que se encontraba allí le hacía esta observación: hacía falta poner un botón más.

Señala en qué casos el uso de un tiempo u otro cambia el sentido del texto.

14 Completa con los tiempos del pasado.

Como siempre, a Pepe Gáfez se le *(hacer)* .... tarde. Aquel día *(ser)* .... importante, pues *(tener)* .... una entrevista de trabajo. La noche anterior *(preparar)* .... las cosas y *(practicar)* .... su presentación delante del espejo, pero el despertador no *(sonar)* .... a su hora. Afortunadamente no *(necesitar)* .... el coche, pues la empresa *(estar)* .... a dos pasos de su casa. *(Coger)* .... el portafolios y *(pensar)* .... que *(poder)* .... terminar de hacerse el nudo de la corbata en el ascensor. Pero *(estar)* .... ocupado, así que *(bajar)* .... corriendo las escaleras, de tal suerte que en el último tramo *(caerse)* .... Además del daño, se *(hacer)* .... una rozadura en el pantalón. *(Seguir)* .... corriendo y *(llegar)* .... sin aliento al edificio. ¡Lo *(conseguir)* ....! Aún *(faltar)* .... un minuto para las 9. Al entrar en el ascensor *(reconocer)* .... al Sr. Sánchez, encargado de su entrevista y a quien *(ver)* .... cuando *(presentar)* .... su currículum pocos días antes. El sudor le *(caer)* .... por la frente y *(llevar)* .... la corbata colgando por la espalda. Lamentablemente, el Sr. Sánchez también lo *(reconocer)* ....

15 ¿Conoces las aventuras del rey Arturo y los caballeros de la mesa redonda? Este es el comienzo de una de esas aventuras, pero tendrás que ordenar los fragmentos y poner los verbos en la forma correcta del pasado.

La noticia *(llegar)* .... a oídos de Keu, que *(estar)* .... comiendo con los mayordomos. *(Dejar)* .... su yantar y *(acudir)* .... corriendo junto al rey, a quien *(amenazar)* .... con irse de la corte y dejar de servirle si no le *(otorgar)* .... de antemano lo que le *(ir)* .... a pedir.

"Rey, si en tu corte hay caballero, siquiera uno, en quien puedas fiarte hasta el punto de atreverte a confiarle a la reina para conducirla en pos de mí, a ese bosque adonde yo me dirijo, allí lo guardaré con la promesa de devolverte todos los prisioneros que están en cautividad en mi tierra; con tal que pueda defenderla frente a mí y recobrarla aquí por su propio mérito".

Después de la comida *(quedarse)* .... el rey entre sus compañeros. En la sala *(haber)* .... muchos nobles barones, y con ellos también *(estar)* .... la reina. Además *(haber)* .... muchas damas bellas y corteses que *(hablar)* .... con refinamiento la lengua francesa.

El rey *(prometer)* .... cumplir su petición, fuera la que fuera.

Entre tanto, Keu, que *(dirigir)* .... el servicio de las mesas, *(comer)* .... con los condestables. Mientras Keu *(estar)* .... sentado ante la comida, he aquí que *(presentarse)* .... un caballero ante la corte, muy pertrechado para el combate, vestido con todas sus armas.

El caballero con tales arreos *(llegarse)* .... ante el rey, donde *(estar)* .... Arturo sentado entre sus barones, y, sin saludar, así *(decir)* ....:

El rey *(responder)* .... que se resignaría a sufrir si no *(poder)* .... remediarlo; pero mucho le *(pesar)* .... tal penar.

Esto *(oír)* .... todo el palacio, y toda la corte *(quedarse)* .... pasmada y conmovida.

En una fiesta de la Ascensión *(reunir)* .... el rey Arturo su corte, tan rica y hermosa como le *(gustar)* ...., tan espléndida como a un rey *(convenir)* ....

Entonces el caballero *(hacer)* .... ademán de querer partir. *(Darse)* .... la vuelta, sin detenerse ante el rey, y *(venir)* .... hasta la puerta de la sala. Pero no *(traspasar)* .... los peldaños. *(Detenerse)* .... de pronto y *(decir)* .... desde allí:

"Señor, sabed, pues, cuál es el don que me habéis asegurado: la custodia y defensa de la reina que aquí está; así que iremos tras el caballero que nos aguarda en el bosque".

Al rey le *(entristecer)* .... su promesa, pero la *(confirmar)* ...., y aunque a su pesar, no *(desdecirse)* .... de ella.

"¡Rey Arturo, retengo en mi prisión a caballeros, damas y doncellas de tu tierra y mesnada! Pero no te digo tales nuevas porque piense devolvértelos. Por el contrario, te quiero advertir y hacer saber que no tienes poder ni haberes con los que puedas recobrarlos".

Chrétien de Troyes, *El caballero de la carreta* (texto adaptado).

16 **Este texto resultaría incomprensible para cualquiera, pero seguro que tú sabes de qué habla.**

Tras una breve sesión de helioterapia, temiendo que me pusieran en cuarentena, subí por fin en una ambulancia llena de casos clínicos. Allí diagnostico un gastrálgico, afectado de gigantismo agudo, con una curiosa elongación traqueal y reumatismo deformante del cordón del sombrero. Este mongólico sufre de pronto una crisis histérica porque un cacoquímico le comprime su tilosis gonfótica; después, tras un cólico biliar, va a calmar sus convulsiones.

Más tarde vuelvo a verlo junto al Lazareto, consultando a un charlatán sobre un forúnculo que deslucía sus pectorales.

17 **Contesta verdadero o falso a las siguientes cuestiones sobre el prospecto de la aspirina que tienes en el Libro del Alumno.**

1. Favorece la no coagulación sanguínea.

2. Se recomienda tomar este medicamento para prevenir los síntomas dolorosos y febriles.

3. Ante vómitos o somnolencia profunda y prolongada debe suspenderse el tratamiento.

4. No deben administrarse más de 6 comprimidos al día.

5. Puede provocar molestias en el aparato digestivo.

6. Los comprimidos deben tragarse con agua.

7. Sólo puede tomarse bajo prescripción facultativa.

8. Hay que ser precavidos si nos debemos sacar o arreglar una pieza dental durante el periodo de ingesta de este medicamento.

9. En este formato, es un medicamento indicado para todas las edades.

18 **¿Te has roto algún hueso alguna vez? Aquí tienes los nombres de cinco huesos o conjunto de huesos hechos pedazos. Reconstrúyelos y escríbelos en el esqueleto.**

fé	te	o	ti	vér	co	cos	crá	lla	na
	ne	lum	mur	bra					

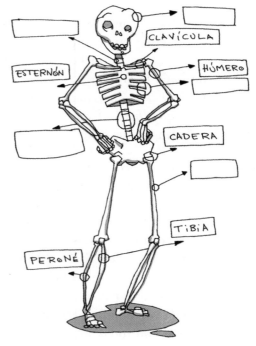

CLAVÍCULA
ESTERNÓN
HÚMERO
CADERA
TIBIA
PERONÉ

19 **Encuentra el intruso y di qué tienen en común las demás palabras.**

1. cerebro, médula espinal, mandíbula, nervio, neurona

2. bíceps, tríceps, recto, pectoral, gemelos

3. hígado, vejiga, pulmón, riñón, nalga

4. tendón, vena, vaso, arteria, corazón

20 **Completa el texto.**

APARATO DIGESTIVO

El aparato digestivo convierte los .... en partículas tan pequeñas que la .... las puede llevar como nutrientes a todas las partes del .... El elemento principal es un tubo de nueve metros que se extiende desde la .... hasta el .... ; un sistema muscular a lo largo de todo el canal permite la progresión de los alimentos. Los alimentos masticados viajan a través del esófago al ...., el cual los mezcla y los licua antes de pasarlos al duodeno, yeyuno e íleon, que constituyen las tres partes del .... delgado, caracterizado por sus innumerables asas intestinales. Aquí, los jugos provenientes de la vesícula .... y del páncreas desdoblan los alimentos en partículas, que son filtradas a la .... a través de pequeñas vellosidades en forma de dedo que posee el intestino .... en su pared interna. Los alimentos no digeridos ni absorbidos forman las heces en el intestino ...., siendo expulsadas a través del ....

Enciclopedia visual de los seres vivos.

21 **Di si es verdadero o falso; en caso de ser falso corrige el error.**

1. En Hispanoamérica la lengua oficial es el castellano.
2. En Paraguay hay dos lenguas oficiales: el castellano y la lengua indígena, el guaraní.
3. En Uruguay el español y el guaraní son lenguas cooficiales.
4. El *maní* y el *cacahuete* hacen referencia a un mismo producto.
5. El *maní* es un término de origen náhuatl para hacer referencia a nuestro *cacahuete*.

22 **Une cada lengua con la zona geográfica correspondiente.**

▶ náhuatl
▶ maya
▶ araucano
▶ aimara
▶ quechua
▶ guaraní

▶ México
▶ Chile
▶ Bolivia y Perú
▶ América Central, Yucatán
▶ Paraguay

23 **Clasifica los siguientes términos según la lengua de procedencia.**

barbacoa   tiza
cancha   patata
coca   maíz
cacahuete   chicle
huracán   loro
tabaco   tomate
cacao   pampa
cóndor

arahuaco	náhuatl	quechua

3 ¿Qué será, será?

1 Transforma las siguientes oraciones en otras que expresen igualmente inseguridad con futuro o condicional.

1. El señor Aguado permaneció callado; seguramente había comprendido que era mejor no hacer comentarios al respecto.
2. Cuando llegamos a la estación Antonio ya no estaba. Tal vez se cansó de esperar y se marchó, o quizás pensó que todo era una broma.
3. Seguramente aquel hombre sabía algo de alemán, pues estaba discutiendo con Peter acaloradamente.
4. A: ¿Sabes algo de Rebeca?
   B: Supongo que está enferma, porque hoy no ha venido a trabajar.
5. A: ¿De quién es este libro?
   B: No sé, a lo mejor es de Andrés; tal vez lo haya dejado aquí para que no se le olvide al salir.

6. La semana pasada se comportó de una manera extraña; es posible que ya se hubiera enterado de lo que había ocurrido durante su ausencia.
7. A: ¿Has visto qué seria está Mónica?
   B: A lo mejor le han dado una mala noticia.
8. Como no recibía noticias mías, posiblemente pensaba que estaba enfadado con él.
9. Es una casa fantástica. Es posible que mida más de 200 m².
10. Es probable que los ladrones entraran por la ventana del salón, pues era la única que permanecía abierta por las noches.

2 Completa con futuro o condicional las siguientes oraciones.

1. Todavía no he comprado el billete de avión para Barcelona; si puedo *(ir)* .... esta tarde.
2. Siempre pensé que ellos *(conocerse)* .... antes de venir a España, pero, según dicen, se conocieron un año después de llegar aquí.
3. Odio lamentarme, pero si hubiera hecho un esfuerzo por estudiar un poco más, *(sacar)* .... mejores notas.
4. La miró con ira y, con un tono amenazante, le dijo: "Ni tú *(marcharse)* .... de esta casa, ni *(separar)* .... a mis hijos de mí".
5. A: Oye, ¿de quién *(ser)* .... esta chaqueta?
   B: No sé, *(ser)* .... de José Luis, que *(llegar)* .... ya.
6. Aún no estoy segura de lo que *(hacer)* ...., pero si tuviera tiempo, me *(gustar)* .... mucho ir a ver a mi tía.
7. A: ¿Qué tal está la película? ¿Es buena?
   B: No está mal, pero *(estar)* .... mejor si hubieran incluido más escenas de acción.
8. Buenos días, señor Guzmán. ¿*(poder)* .... hablar con usted, por favor?
9. A: Juan Antonio es químico.
   B: Pues *(saber)* .... mucho de química, pero de buenos modales no tiene ni idea.
10. Para la boda se compró un traje de Adolfo Domínguez que *(costar)* ...., por lo menos, 1.200 €.
11. Fuimos a la dirección que nos dijiste, pero allí no había nada. Entonces pensamos que *(equivocarse)* .... al escribirla.
12. No, lo siento, no sé dónde está la señorita Serrano. Es la hora del descanso: *(salir)* .... a desayunar.
13. Cuando la familia se entere de todo lo ocurrido, ellos ya *(estar)* .... muy lejos, a salvo de todos.
14. Según el inspector de policía, el presunto asesino *(realizar)* .... un seguimiento de su víctima durante varios días, y gracias a ello *(descubrir)* .... a qué horas salía y entraba a su casa.
15. Decidió que en cuanto llegara a Sevilla *(buscar)* .... un trabajo acorde a sus condiciones y se *(comprar)* .... un coche nuevo, pues para entonces *(vender)* .... el suyo, por lo que no *(disponer)* .... de ningún medio de locomoción.

3. Escribe el verbo entre paréntesis en la forma correcta.

1. No hay nadie en la casa; (salir) .... a comprar cualquier cosa.

2. No sé si Paco (venir) .... hoy al cine con nosotros o si (quedarse) .... con su hermana.

3. Pensaba comprarme un traje negro, pero he cambiado de opinión, y me (comprar) .... uno azul marino.

4. Anoche vino alguien a casa ya muy tarde; (ser) .... las doce aproximadamente. No sé quién (poder) .... ser ni qué (querer) ....Yo, por si acaso, no abrí.

5. ¿(Ser) .... verdad que el año pasado recorrió media España en busca de su madre?

6. Cuando nosotros lleguemos, ellos ya (marcharse) ....

7. El tren (salir) .... a las siete de la tarde y (llegar) .... a las diez de la noche.

8. A menudo me preguntaba qué (estar) .... haciendo en un lugar como ese.

9. Si hubiera sabido que venías, (quedarme) .... en casa toda la noche esperándote.

10. Ahora mismo (llamar) .... por teléfono a Susana y le (decir) .... que no puedes salir porque tienes que estudiar.

11. Yo (jurar) .... que esta es la casa en la que vivía Pablo antes de casarse.

12. La semana pasada me dijeron los albañiles que para el jueves ya (terminar) .... las habitaciones; el jueves me dijeron que (acabar) .... hoy, y ahora me dicen que (estar listo) .... mañana.

13. Están llamando a la puerta. ¿Quién (venir) .... a estas horas?

14. A: Tuvo mucho éxito en su juventud.
    B: Pues (tener) .... mucho éxito antes, porque ahora no lo conoce nadie.

15. Cuando le tocó la lotería se compró un coche impresionante: le (costar) .... por lo menos 60.000 €.

4. Señala cuáles son los valores de los futuros que aparecen en las siguientes oraciones.

1. Nadie sabe lo que le pasa; habrá tenido algún problema recientemente del que no quiere hablar.

2. No sabemos lo que ocurrirá, pero lo que tenga que ser será.

3. ¿Será verdad que se va para siempre? Yo no me lo creo.

4. Mira por dónde va Pedro. Habrá trabajado todo el día sin parar, pero no parece muy cansado.

5. Cuando leas esta carta ya te habrán contado lo que he hecho. Exagerarán e, incluso, mentirán. Tú sólo debes creer lo que ahora te explico.

6. El mes que viene vamos a ir a París a una feria internacional del mueble; para entonces ya me habré recuperado totalmente de la operación.

7. Cuando pongan las rebajas todo costará mucho más barato.

8. Marisa, tú comprarás el vino, y tú, Ricardo, prepararás el postre.

9. Tienes muy mala cara; seguro que habrás estado toda la noche sin dormir.

10. La sala está llena; habrá cerca de mil personas, ¿no crees?

5. Escribe el verbo en la forma de futuro que te parezca más adecuada.

1. A: ¿Tenéis ya algún plan para el verano?
   B: Sí, (ir) .... a Alicante, donde tenemos un apartamento.

2. Si salgo pronto de trabajar, te (acompañar) .... al médico para que no vayas solo.

3. A: Oye, y vosotros, ¿qué pensáis hacer cuando acabéis la carrera?
   B: Yo, cuando termine mis estudios, (empezar) .... a buscar trabajo y (independizarse) ....
   C: Pues yo, (hacer) .... lo que siempre he querido: (viajar) .... durante seis meses.
   B: ¿De dónde (sacar) .... el dinero para ese viaje?
   C: No lo sé; supongo que (trabajar) .... en cualquier sitio hasta que reúna la cantidad que necesito.

4. Las licencias se *(otorgar)* .... en los plazos establecidos en el art. 9 del reglamento de servicios de las corporaciones locales y demás disposiciones de aplicación. La apertura que no cumpla las formalidades señaladas se *(considerar)* .... clandestina y fraudulenta, sujeta a sanción o clausura de la actividad.

5. El presupuesto de caja se *(confeccionar)* .... a partir de todos los presupuestos antes mencionados. Para ello, se *(tomar)* .... todos los ingresos y gastos y se *(estudiar)* .... en qué mes del año se *(cobrar)* .... y *(pagar)* .... Así, se deberán conocer las condiciones de pago de los clientes y las de pago a los proveedores y otros gastos.

6. Se comunica a los señores viajeros que el tren con destino Bilbao *(llegar)* .... con treinta minutos de retraso.

7. Durante el fin de semana *(llover)* .... en el norte, mientras que en el sur *(disfrutar)* .... de sol y buen tiempo.

8. *(Encontrar)* .... un trabajo estupendo que te *(proporcionar)* .... grandes beneficios. Sin embargo, en el amor las cosas no te *(ir)* .... tan bien.

6 **¿En qué contexto o situación podríamos utilizar estas oraciones? ¿Qué expresan?**

1. Necesitaría que alguien me ayudara un poco.
Sólo necesitaba que alguien me hubiera ayudado un poco.

2. Te pediría que llegaras pronto: hay que dar buena imagen.
Me gustaría que llegaras pronto: darías buena imagen.

3. ¿Te molestaría cerrar la puerta cuando te vayas?
¿Te molesta cerrar la puerta cuando te vas?

4. Buenos días. Quiero que me expliques qué debemos hacer durante la reunión.
Buenos días. Quería que me explicara qué debemos hacer durante la reunión.

7 **SITUACIONES**

Explica las extrañas respuestas que reciben estos personajes.

8 Señala cuáles son los valores de los condicionales que aparecen en las siguientes oraciones.

I. Nos comentó que, si hubiera aprobado todo en junio, se habría ido a Londres a estudiar inglés, pero que le quedaron dos asignaturas.

2. Nunca le gustaron los coches, aunque años después se compraría uno.

3. A: ¿Cuántos años crees que tiene?
B: Yo diría que cerca de cuarenta.

4. Estaría a régimen, pero la verdad es que cada día engordaba más.

5. Te contaría la verdad si no te rieras de mí, como haces siempre.

6. Yo no sé cuánto le costaría exactamente el piso, pero seguro que más de 60.000 euros.

7. Raúl y Pilar creían que nosotros habríamos comprado lo necesario para hacer la cena y por eso ellos solo se encargaron de la bebida.

8. Deberíais haber llamado por teléfono para que no se preocuparan por vuestra tardanza.

9. A: ¿A qué hora regresó Ana a casa?
B: No sé, a mí me parece que serían cerca de las tres de la madrugada.

10. Buenos días, desearía hablar con el señor Alcalde, si es posible. Soy Agustín Sanmartín, Concejal de Cultura.

9 Hay ocasiones en que el futuro forma parte de una frase hecha o de una fórmula. Su valor y significado varía según el caso. Aquí te mostramos los usos más frecuentes.

▶ USOS FIJADOS O FORMULARIOS
▶ Amenaza. Anuncio de un hecho futuro:
¡Ya (lo) verás!
¡Voy a estudiar mucho! ¡Ya verás qué notas voy a sacar!
▶ Dar por finalizado un tema durante la conversación:
¡Quién sabrá!
▶ Afirmaciones tajantes, rotundas.
no + futuro o condicional: *¡Pues no habré ido yo veces a ese lugar!*
si + futuro o condicional: *¡Si lo sabrá él que no puede llegar tan tarde!*
▶ Indicar que la responsabilidad de una acción corresponde al oyente o a la persona de la que se habla; aconsejar una reflexión previa antes de emprender una acción (en segunda y tercera persona; solo en futuro simple):
Tú sabrás / verás lo que haces, ya eres mayorcito.
▶ Pedir explicaciones, solicitar una justificación:
A: Yo no creo que Luisa esté enfadada con nosotros.
B: Pues entonces, tú me dirás / ya me explicarás por qué se comporta así.
▶ Dar explicaciones, presentar objeciones, evitar peticiones no deseadas:
Como tú comprenderás, no voy a estar aquí toda la tarde esperándote.

Completa los diálogos con las expresiones: *quién sabrá, tú verás lo que haces, ya me explicaréis, ya lo verás, como ustedes comprenderán, si lo sabré yo.*

I.
A: ¿Os habéis fijado? Acaba de pasar Fernando por nuestro lado y ni siquiera nos ha saludado. Estará enfadado con nosotros.
B: Yo no lo creo.
C: Yo, tampoco. ¿Por qué iba a estar enfadado con nosotros?
A: Pues si no está enfadado, ... este comportamiento.

2.
A: Dicen que el próximo año van a bajar los impuestos.
B: No sé, no he oído nada. ....

3.

Mira, estoy harto de repetirte siempre lo mismo. El día menos pensado preparo la maleta y me voy. Si no, ...

4.

A: Carmen es muy despistada, ¿verdad? Se deja las cosas por cualquier sitio, olvida lo que tiene que hacer…

B: ...., que vivo con ella.

5.

Me parece fatal tu comportamiento; de seguir así, vas a conseguir que te despidan y... ¡a ver qué vas a hacer si te quedas en la calle! Pero en fin, ...

6.

A. Señor Salgado, ¿es verdad que su ex mujer ha decidido casarse con un hombre quince años menor que ella?

B: ...., la vida privada de mi ex mujer a mí no me interesa en absoluto.

---

⑩ ¿QUÉ SERÁ, SERÁ?

Imagina cómo será la vida de Arturo teniendo en cuenta las siguientes opciones.

> Arturo es un niño como cualquier otro, sano, feliz, inteligente. Tiene 12 años, va al colegio y es uno de los mejores de la clase. Su familia está muy orgullosa de él. Como es muy listo, quieren que estudie medicina, como su padre.

estudiar medicina

terminar la carrera	dejar los estudios a medias
▶ trabajar en un hospital ▶ promocionarse rápidamente ▶ ser nombrado jefe de sección	▶ comenzar a trabajar de camarero ▶ pelearse con el jefe y con su padre ▶ estar largo tiempo en el paro ▶ llevar una vida difícil y con muchos problemas

casarse

casarse con Pilar, su novia de toda la vida	casarse con Tina, una seductora y millonaria mujer que conoció en la India
▶ comprarse un piso lujoso en el centro de Madrid ▶ tener dos hijos ▶ trabajar constantemente, viajar con mucha frecuencia ▶ comenzar una relación sentimental con la enfermera jefe	▶ vivir en Bangkok ▶ llevar una vida bohemia y de lujo ▶ darse a la bebida ▶ arruinarse

separarse

separarse e irse a vivir con la enfermera jefe	separarse y volver a España
▶ ser abandonado por su amante ▶ caer en una gran depresión ▶ comenzar a beber ▶ perder su trabajo y su casa	▶ encontrar trabajo en una fábrica ▶ rehabilitarse ▶ montar un negocio ▶ lograr un gran éxito

11 **Completa libremente.**

1. Son las 9.30; quizás ....

2. ...., pero es probable que ....

3. No sabemos dónde estarán, pero pensamos que tal vez ....

4. A lo mejor mañana ....

5. Puede que..; eso sería lo mejor.

6. ...., quizás.

7. Tiene un poco de fiebre; probablemente ....

8. .... es posible que ....

9. A mí no me dijo ...., aunque tal vez ....

10. ¿El próximo verano? ...., pero seguramente ....

11. Posiblemente ....

12. Mis hermanos ...., pero puede que ....

13. A lo mejor ...., aunque quizás ....

14. ¿Es posible que ....?

15. .... estaban esperando que llamáramos.

12 **En las siguientes oraciones hay algunos errores. Localízalos y corrígelos.**

1. En estos momentos sea, quizás, uno de los problemas más graves que afronta el país.

2. Tal vez las fuertes lluvias hayan provocado retenciones en las carreteras.

3. Aún no tengo muy claro lo que haré cuando termine, aunque probablemente empezaré a trabajar en la empresa de mi padre.

4. Puede que no tiene mucho dinero, pero vive a cuerpo de rey.

5. Si todo sale bien, quizás mis hermanos vienen con nosotros a la excursión.

6. Nadie de su familia sabía lo que ocurría, pero todos pensaban que a lo mejor estuviera triste por la pérdida de su amigo.

7. Al ver que no llegaba se asustó y pensó que, quizás, le había sucedido algo.

8. Llama otra vez; seguramente esté durmiendo y no oye el timbre.

9. Había pensado ir esta noche al cine, pero posiblemente me quede en casa a descansar.

10. Claro que, si me quedo en casa, a lo mejor vienen mis vecinos y tampoco puedo estar tranquilo.

11. La prensa no comentó nada acerca del incidente. Puede que no sabían lo ocurrido, aunque es posible que callaran por delicadeza.

12. Me ha dicho Enrique que a lo mejor se acercara esta tarde a casa, pero que no lo sabía con seguridad.

13. A: ¿A qué hora te vas?

    B: Pues, no lo sé, me da igual; me vaya a las 10, quizás.

14. Posiblemente no tenga donde vivir y por esto duerme en el parque.

15. Cuando entró Felipe, todos se callaron; es posible que no hablaron porque tenían miedo de su reacción al enterarse.

13 Completa.

Dos semanas después de que todo *(suceder)* ...., nadie era capaz aún de explicar por qué Lola *(actuar)* .... de la forma que lo hizo. Yo no daba crédito a lo que *(ver)* ....; no podía imaginar qué es lo que *(pasar)* .... por su cabeza en ese instante, qué extraño proceso de alucinación *(estar)* .... sufriendo. Ninguno de los presentes *(decir)* .... nada en aquel momento, pero cuando ella ya no estaba presente, *(comenzar)* .... los comentarios. Yo *(decir)* .... que tal vez *(estar)* .... bajo los efectos de algún medicamento, aunque su hermano *(asegurar)* .... que no tomaba nada. Entonces *(pensar)* .... que a lo mejor *(tener)* .... una discusión con su jefe, con el que *(mantener)* .... una relación sentimental desde hacía años, según algunos. Carlos *(señalar)* .... que, en su opinión, era probable que ese comportamiento *(deberse)* .... a un exceso de trabajo, al estrés del último mes. Sin embargo, Pepa, que también *(estar)* .... allí, *(negar)* .... todas nuestras hipótesis y dijo que quizás solo *(ser)* .... una broma; a fin de cuentas, *(estar)* .... a 28 de diciembre, el día de los Inocentes. ¿*(Ser)* .... capaz de maquinar algo semejante solo para reírse de nosotros? Si así fuera, *(estar)* .... borracha. La verdad, es que no me *(extrañar)* .... Bueno, puede que algún día *(conocer)* .... la verdad; por el momento, solo son conjeturas.

14 ¿Qué crees que hizo Lola y por qué? Intenta imaginar a qué extraños sucesos se refiere la historia anterior y busca una explicación.

15 Misterios inexplicables.

Son las ocho de la mañana y, como todos los días, te levantas para ir a clase. Con los ojos todavía cerrados intentas encontrar el despertador para apagarlo y que deje de torturarte los oídos. Lo buscas, pero no lo encuentras. Abres los ojos y te das cuenta de que algo extraordinario ha sucedido: estás en una pequeña choza; tu piel, tu pelo, tus ojos son de un bonito color negro. Casi no llevas ropa; intentas hablar, gritar, pero sólo emites extraños sonidos que no comprendes. Crees que te vas a volver loco.

Encuentra una explicación a lo ocurrido.

| una pesadilla, una despedida de soltero con demasiado alcohol, magia negra, espíritus malignos, un viaje en el tiempo, una broma del día de los Inocentes |

No sé lo que habrá sucedido, pero tal vez _____

_____

Claro que hay otras posibilidades: a lo mejor _____

_____

También se me ocurre que quizás _____

_____

Aunque sería posible igualmente que _____

_____

O sencillamente _____

16 En parejas, buscad una máxima rimada que resuma cada uno de estos consejos (deben formularse en futuro o en condicional).

I. El maquillaje: si es excesivo, parecerá usted un payaso o una prostituta. Debe ser discreta y combinar los tonos con sus cabellos y su ropa. El maquillaje no debe retocarse en público.

Máxima: **Te maquillarás con dulzura**
para no parecer una pintura.
Yo que tú, me maquillaría más suavemente;
así no creerán que estás demente.

● ● ●

2. Gafas de sol: las gafas de sol de espejo son bastante ofensivas para el interlocutor; hay que evitar usar gafas de sol cuando el día está nublado o es de noche. Si quiere usted darse un aire misterioso al usarlas en horas equivocadas, lo más probable es que sólo consiga tropezar con bultos poco claros que pueden resultar peligrosos. Si las utiliza usted para ocultar un llanto reciente o los efectos de la droga o del alcohol, tenga en cuenta que las gafas de sol son a menudo más indiscretas que sus propios ojos.

Máxima: _____

● ● ●

3. Hotel: es necesario comportarse en él como un invitado, no como un grosero. No dé trabajo excesivo al servicio ni ensucie más de lo imprescindible. Evite robar los ceniceros o las toallas y no olvide dar propinas. Si no lo hace, parecerá usted un tacaño bastante miserable.

Máxima: _____

● ● ●

4. Juegos de bolsillo: solo los neuróticos los llevan realmente en el bolsillo y se ponen a jugar con ellos mientras están en una sala de espera. Lo mejor sería tenerlos en casa, y fuera, optar por la lectura. Es una distracción más "aparente".

Máxima: _____

● ● ●

5. Moreno: nuestros tiempos han sustituido el tradicional color pálido que embellecía a damas y caballeros (y, de paso, demostraba que eran caballeros y no tenían por qué pasarse el día expuestos al sol) por el moreno o bronceado intenso. El bronceado sólo es de buen gusto cuando es natural (el de lámpara se nota siempre, desengáñese) y no es excesivo. Hay que dosificarse y evitar las quemaduras. El bronceado de nieve es el más ridículo de todos, sobre todo cuando queda en la cara la marca indeleble de las gafas. No se empeñe en estar moreno a toda costa, la palidez vuelve a ser un valor relativo.

Máxima: _____

● ● ●

6. Peluquín: prohibido absolutamente. Es verdad que se cae en los momentos más inoportunos. En todo caso, es mejor hacerse un transplante de pelo, así evitará que su pareja se acueste con Jesús Hermida y amanezca con Yul Brynner.

Máxima: _____

● ● ●

7. Perfume: siempre debe ser discreto y nunca debe hacerse notar en exceso. Los hombres harán bien combinando su agua de colonia con su loción para después del afeitado. Las damas deberían evitar las pestilentes lacas propias de peluquería de arrabal. Un detalle: si usted es lo bastante tonto como para tener un(a) amante, tenga al menos la inteligencia de que su amante use el mismo perfume que su legítimo cónyuge.

Máxima: _____

● ● ●

8. Tacos: un caballero no dice, en principio, palabrotas. Están justificadas, sin embargo, en ciertas ocasiones, sobre todo, si son exclamaciones más originales que groseras.

Hay que evitar, en todo caso, las blasfemias.

Las damas deberán abstenerse siempre. Los tacos son una grosería reservada a los hombres.

Máxima: _____

● ● ●

9. Transportes públicos: son cada vez más utilizados. Tampoco en ellos hay que descuidar la educación. Debe ceder el asiento a las personas de edad y a las embarazadas. Procure no pisar a los demás y evite dar demasiados

codazos. Pida permiso cuando quiera salir del atestado vehículo. En ellos se puede no perder la educación, pero es inevitable que descompongan su ropa y se diluya su colonia entre otras muchas.

Máxima: _____

● ● ●

10. Zapatillas: solo deben verlas los íntimos. No se recibe en zapatillas y mucho menos se baja la basura con ellas puestas. Están prohibidas por el gusto las zapatillas a

cuadros para hombre y las que tienen conejitos o atrocidades similares para mujer.

Máxima: _____

● ● ●

Ángel Amable, *Manual de las buenas costumbres.*

17 **Coloca las tildes que faltan en el siguiente texto.**

El movimiento de renovacion en la plastica hispanoamericana arranca en Mexico con el muralismo, promovido por Vasconcelos en 1921 desde el Ministerio de Educacion, en el que destacan los llamados "Tres Grandes": Jose C. Orozco, Diego Rivera y David A. Siqueiros, de personalidades diferentes.

David Alfaro Siqueiros participo en el movimiento de renovacion artistica desde sus antecedentes politicos, pero su obra mural es posterior a la de sus dos compañeros de fama. Su importante obra de caballete data –en su mayoria– de 1930, constituyendo magnifica expresion dramatica su *Madre obrera* y su *Madre proletaria.* En la decada de los 30 va a Los Angeles (California), donde realiza una pintura en equipo usando nuevas tecnicas. Viaja a Buenos Aires, Nueva York y España, participando en la Guerra Civil. En 1941 esta en Chillan (Chile), donde realiza un gran mural por encargo del Gobierno mexicano, *Muerte al invasor,* en el que muestra su barroquismo formal. En Cuba (1943) deja tres grandes composiciones de contenido politico. Ya plenamente reconocido en su pais, realiza varias obras hasta nuestros dias, entre las que figuran la del Instituto Tecnico Nacional (1952), relieves en mosaico de vidrio en la Ciudad Universitaria; las del Centro Medico (1958), del Museo de Historia de Chapultepec (1957-1960) y del "Polyforum" (1972), que, a juicio de los criticos, es bastante discutible.

Historia del Arte, Salvat.

18 **Acentúa las siguientes palabras compuestas.**

► traspies
► parabien
► docilmente
► dieciseis
► comelo
► tiovivo
► tiralineas
► llanamente
► sabelotodo
► pararrayos

► diose
► hincapie
► sacapuntas
► perdidamente
► enhorabuena
► decimoseptimo
► rioplatense
► metomentodo
► girasol
► curvilineo

19 **Forma palabras compuestas uniendo los vocablos de ambas columnas.**

✓ mata	▶ luz
✓ pasa	▶ santo
✓ boca	▶ olas
✓ campo	▶ tiempo
✓ traga	▶ sellos
✓ rompe	▶ mudo
✓ sordo	▶ calle

20 **Indica en el cuadro a qué clase pertenece cada una de las palabras que forman los siguientes vocablos compuestos.**

compuestos	verbos	sustantivos	adjetivos	adverbios
bocacalle				
pararrayos				
sordomudo				
camposanto				
puntapié				
maldecir				
hazmerreír				
pasamontañas				
pelirrojo				
catalejos				
limpiaparabrisas				
baloncesto				
tiovivo				

21 **Elige cinco compuestos y escribe oraciones con ellos.**

_____

_____

_____

_____

23 Lee este artículo.

El estudio adultera a muchos tontos su memez ingénita. Abundan los tontos cuyo desarrollo ha sido entorpecido por libros, pero sin debilitarlo mucho. Algunos, incluso, tienen fama de doctos, aunque tarde o temprano, asoman la patita. Eso no va a ocurrir en un futuro próximo, pues se está produciendo una regresión del lenguaje, la cual, lejos de enmascarar la necedad ingénita, va a potenciarla. Muy pronto tendremos tontos inalterados, puros, como de manantial. Y los habrá también reciclados, restituidos a su condición en cuanto se adapten a la posmodernidad, cuyo ariete es Internet.

Figurarán entre ellos muchos que conversan con conocidos o desconocidos por pantalla, valiéndose de un lenguaje pretendidamente universal, escueto y económico, aunque, por ahora, muy simple. Así, si un internauta pregunta a otro por los datos de un compacto que ha oído —es genial, oye— con cuplés británicos cantados por un tal Rod y no los recuerda (este ignonante seguro que se refiere a Rod Stewart y a su celebérrimo *Unplugged... and Seated),* se despedirá tecleando: <TIA>, que quiere decir "gracias por adelantado" (o sea, las iniciales de Thanks In Advance). Habrá que aprender esto si se quiere gozar de las cálidas amistades cibernéticas con una mínima prestancia. Supongamos que el hablante avisa a su conectado o conectada que interrumpe hasta pronto la comunicación: <BFN> le dirá, esto es "adiós por ahora" (Bye For Now). Y si es que el conectado o conectada lo ha obsequiado con un chiste desternillante hará que su módem electrifique el siguiente mensaje: <ROTFL>, literalmente, "rodando por

el suelo muerto de risa" (Rolling'on the Floor Laughing). Pero si no llega a tanto y se queda en la carcajada, pulsará <LOL> (Laughing Out Loud), la cual, caso de que sea larga, podrá reiterarse como <LOL>, <LOL>, <LOL>, esto es, traducido libremente, ¡ja!, ¡ja!, ¡ja! Por medio de la red entran a veces en contacto amistoso y, hasta íntimo, dos personas que ignoran sus sexos respectivos. La mujer confesará que lo es tecleando :>, y el varón declarará así su varonía :-.

Resulta sucinto pero sugiere en exceso.

No creamos, sin embargo, que los interlocutores están obligados a comunicarse fríamente, bien al contrario: manifiestan muy bien su estado de ánimo. Así (:(expresa que están supertristes; y si, al contrario, revientan de alegría, especificarán que :-). Este lenguaje que se está pariendo y solo muestra el cogote, ya anuncia su amenaza contra la escritura normal. De momento, no puede sustituirla del todo, porque le faltan expresiones. Es inservible aún, por ejemplo, para muchos guionistas de cine y televisión, pues carece de esos insultos que dan viveza y naturalidad a los diálogos, con los cuales los personajes se clasifican recíprocamente como bucos, rameras, hijos de estas o gays en aumentativo. Y, por ahora, no los surte de interjecciones usadas por todo el mundo, incluidos niños, niñas y adolescentes, como joder y coño, soportes naturales del coloquio. Pero, cuando el lenguaje de Internet se provea de estos signos y de tres o cuatro expresiones más, desplazará con ventaja al esperanto, y valdrá para escribir en cualquier lengua.

Fernando Lázaro Carreter,
"Escritura electrónica",
El dardo en la palabra.

1. Subraya todos los casos de futuros que encuentres en el texto. ¿Crees que sería posible la sustitución por el grupo verbal *ir a* + infinitivo con el mismo valor? Razona tu respuesta.

2. Define:

▸ memez   ▸ necedad   ▸ ignorante

3. ¿Qué opinión le merece al autor la nueva forma de escritura (y sus usuarios) que está surgiendo en Internet?

4. ¿Cuál crees que es su actitud: tristeza, ironía, esperanza, emoción, resignación, enfado, escepticismo, alegría? ¿Por qué? Ejemplifica con el texto.

24 Completa el cuadro siguiente con ayuda del diccionario.

presentar	realizar	producir	diseñar	actuar
presentador(a)				
presentable				
presentación				
representar				
representación				
imprepresentable				
copresentar				

25 Lee el siguiente texto y presta especial atención a las palabras marcadas en negrita.

ESTEFANÍA RODRÍGUEZ EN EL ESTRENO DE *EL BISABUELO*

La **antesala** del local estuvo abarrotada durante el **entreacto.** Había una razón para semejante multitud: la presencia de la gran estrella juvenil Estefanía Rodríguez, que venía acompañada nada más y nada menos que de su **ex marido** y actual **subdirector** de la compañía de discos con la que trabajaba hasta hace poco. Tanto la prensa allí presente como los numerosos curiosos querían saber algunos detalles más sobre el último escándalo protagonizado por la cantante y actriz, pero se negó a comentar nada de ese asunto. Solo quería hablar de su última película, "una **superproducción**", según sus palabras, y de su disco, una **reedición** del primero, al que había añadido algunos arreglos y algunos temas de su etapa inicial. Estefanía Rodríguez explicó que lo había **autofinanciado,** ya que "ciertos **prejuicios**" divulgados por algunos colegas de la profesión (se **sobreentiende** quiénes) "habían llevado a su compañía habitual a rechazar el proyecto". La cantante aseguró no estar molesta por "el comportamiento **antideportivo** e **inmoral** de sus compañeros", lo que **contradice** las declaraciones hechas a una cadena de radio unos días antes. Afirmó igualmente que en aquellos momentos lo único que le importaba era la salud de su hijo, que continuaba en el hospital, pues durante el **postoperatorio** habían surgido algunos pequeños problemas.

Todos estos términos tienen en común el estar formados por un prefijo más una raíz. Los prefijos son unidades que colocamos delante de una palabra para formar otra nueva. Aquí tienes una lista con los prefijos más comunes en español. Fíjate en los ejemplos e intenta deducir cuál es su significado. Busca más ejemplos.

- A- / IN-: anónimo, anormal, inmoral, impresentable
- ANTE-: antesala, anteproyecto
- ANTI-: antiestético, antideportivo
- AUTO-: autogestión, autofinanciación
- BI- / BIS-: bicolor, bisabuelo
- CONTRA-: contradecir, contraponer
- EX-: excomulgar, ex marido
- INTER- / ENTRE-: intermedio, entreacto
- MULTI-: multipropiedad, multicolor

- POS(T)-: posguerra, postproducción, postoperatorio
- PRE-: preelectoral, prejuzgar
- RE-: reeditar, reponer
- SEMI-: semicurvo, semiplano
- SUB-: subdirector, subestimar
- SUPER-: superproducción, superponer
- SOBRE-: sobreentender, sobresalir
- TRANS- / TRAS-: transferencia, trasbordador
- ULTRA-: ultramarino, ultraviolento

26 **La fotocopiadora ha reproducido el siguiente texto con manchas que impiden la lectura de algunas palabras. Escribe en cada caso qué podría poner.**

El tango ━━ es un baile que nació en los arrabales de ━━━━ durante la primera mitad del siglo ━━━ pero que ha llegado a convertirse en un símbolo nacional. La pareja baila enlazada en un amplio espacio; tiene un ritmo violento, con ciertos toques de erotismo, lo que hizo que estuviese ━━━━━ durante mucho tiempo ━━━━━━ bonaerense. Expresa el desgarro y el desarraigo de los ━━━━ . Enrique Santos Discépolo es considerado el más inspirado autor de tangos y ━━━━━━ el mejor ━━━━ .

27 **Indica el lugar de origen de cada grupo de bailes y géneros musicales.**

▶ rumba, bolero, danzón, conga

▶ corrido, mañanita, jarana

▶ tango

▶ bolero

1 **Escribe el verbo en la forma correcta.**

1. Me fastidia que no *(pedir, ellos)* ..*pidan*.. permiso para fumar cuando están en mi casa.

2. Yo creo que es sospechoso que *(encontrarse, él)* *se encontrase* con Jacinto ayer por la noche.

3. No creas que *(sentir, yo)* *siento* una curiosidad especial por esa película; podemos ir a ver cualquier otra.

4. Carmen no quiso decir por qué *(discutir)* *había discutido* con Fernando.

5. Ya veo que *(estar, vosotros)* *estáis* hambrientos.

6. Necesitaba *(hablar, yo)* *hablar* contigo de un asunto importante.

7. Tu amigo Luis me dijo que *(conseguir, él)* *había conseguido* un buen trabajo.

8. Nadie piensa que el acusado *(ser)* *sea* inocente.

9. ¿No sabías que *(tener, él)* *tenía* problemas con la bebida? Pues ya hace mucho tiempo.

10. Dile a Begoña que *(necesitar, yo)* *necesito* hablar con ella.

11. Es cierto que *(ser, él)* *es* muy serio, pero eso no significa que *(ser)* *sea* estúpido.

12. El médico le prohibió *(comer, él)* *comer* chocolate.

13. No digas que no te *(querer, él)* *quiere* porque no es verdad.

14. Siento que *(irse, vosotros)* *os vayáis* tan pronto.

15. Pedro intentará *(llegar, él mismo)* *llegar* a tiempo.

16. No creo que *(deber, tú)* *debas* ser tan duro con ella.

17. Es muy probable que *(haber)* *haya* que repetir la prueba.

18. ¿Te gustaría que *(salir, nosotros)* *saliéramos* a cenar esta noche?

19. El otro día soñé que un asesino me *(perseguir)* *perseguía* por las calles.

20. ¿No te parece raro que no *(volver, él)* *haya vuelto* todavía?

21. Dime la verdad. ¿No es cierto que os *(ver, vosotros)* *visteis* ayer por la tarde?

22. La verdad es que es muy fácil que *(producirse)* *se produzca* alguna reacción química peligrosa.

23. Silvia prefirió que su novio *(tomar)* *tomara* la decisión.

24. ¿Le contaste a Carmen que *(chocar, nosotros)* *chocamos* con otro coche a la entrada de Madrid?

25. Después de lo que le dijo, supongo que le *(pedir, él)* *pidió* perdón.

2 **Agrupa las siguientes expresiones según se ajusten a la regla I o a la regla II explicadas en el Libro del Alumno.**

- que conste
- hace falta
- más vale
- para mí
- resulta
- la evidencia de
- el peligro de

- la conciencia de
- la convicción de
- la posibilidad de
- el riesgo de
- las ganas de
- la razón de
- la prueba de

- el convencimiento de
- la esperanza de
- la impresión de
- la utilidad de
- la culpa de
- la noticia de
- la conveniencia de

- la sugerencia de
- la seguridad de
- la certeza de
- el motivo de
- la probabilidad de
- la sorpresa de
- la satisfacción de

regla I	regla II

3 Construye frases tomando un elemento de cada columna.

1. La posibilidad de que...	nada había cambiado...	la llenaba de alegría.
2. La certeza de que...	hiciera de nuevo las cosas...	la tranquilizó.
3. La convicción de que...	contaba con una buena amiga...	fue protegerla.
4. La razón de que...	le hicieran daño...	le trajo buenos recuerdos.
5. La sugerencia de que...	había sido él...	la enfureció.
6. La conciencia de que...	se lo hubiera ocultado...	la llenaba de inquietud.

4 Completa las siguientes frases con el adjetivo apropiado.

✓ partidario
✓ convencido
✓ temeroso
✓ consciente
✓ decidido
✓ dispuesto

1. El pequeño, ... de que sus padres lo regañaran, no quería volver a casa.

2. El ministro de Hacienda era .... de que se redujera la lista de morosos en lugar de que se aumentaran los impuestos.

3. Marisol, no muy .... de que el hallazgo arqueológico sea tan importante, prefiere no divulgarlo por el momento.

4. Nuria dijo que estaba .... a que Óscar volviera de nuevo a casa si cambiaba su comportamiento agresivo.

5. El jefe, ... de que aquel cambio podía encarecer considerablemente el precio final del producto, decidió no incorporarlo.

6. El jefe de sección estaba totalmente .... a presentar su dimisión si no se atendían sus reivindicaciones.

5 Joaquina y Joaquín escuchan el consultorio sentimental de Amancio Pérez, de *Radio Amor*. Sin decírselo el uno al otro, han decidido buscar ayuda y han dirigido sendas cartas al programa. Escribe qué pueden decir en ellas, teniendo en cuenta la siguiente información. Después, redacta la posible respuesta del psicólogo.

Joaquina: 24 años, de complexión fuerte, deportista. Es inteligente, ingeniosa y bastante cínica. Es una buena oradora, le encanta la polémica y la discusión. Las sensiblerías la ponen nerviosa y le da muchísima vergüenza expresar sus sentimientos, mucho más en público. Su independencia es sagrada. Nadie sabe que escucha *Radio Amor*.

Joaquín: 23 años, delgado y muy friolero. Es un romántico empedernido, un poco inseguro y muy tímido en su relación con las mujeres. Le gustan los boleros y las películas de amor. Nunca olvida las fechas importantes, y le gusta celebrar cada una de ellas. Es muy detallista. Quiere casarse y compartir su vida con Joaquina, pero lo cierto es que se deprime mucho cuando ella le dice que es un pesado y le grita en público. No se atreve a confesarle a Joaquina que escucha *Radio Amor*.

6 **Corrige los errores que encuentres.**

1. ¿Sigues sin encontrar el libro?, ¿no será que te lo has dejado en casa?
   ▶ No, estoy convencida de que lo <u>tuviera</u> hace un rato. *tenía*

2. Dudo que <u>tienes</u> una buena excusa para lo de hoy. *tengas*
   ▶ Te juro que la tengo.

3. Jorge no cree que lo he hecho por ayudarlo.
   ▶ No te preocupes, yo hablaré con él. *correcta*

4. ¿No te parece raro que esté tan amable últimamente? No sé, yo pienso que quiere conseguir algo.
   ▶ ¡No seas malpensada, mujer! *correcta*

5. ¡Soy incapaz de montar este cacharro! ¡Las instrucciones no dicen cómo se <u>haga</u>! *hace*

6. Supongo que <u>estés</u> muerta de cansancio, después de la noche que has pasado. *estás*
   ▶ Sí, la verdad es que he dormido tres horas.

7. Es muy probable que <u>se ha enterado</u> por Javier, vamos, estoy casi segura de que se lo ha dicho él. *¿se haya enterado?*

8. ¡Qué grosero! Está visto que con gente así no se <u>pueda</u> hablar. *puede*

9. No me ha dicho que necesita el dinero, pero estoy segura.

10. No creo que sea tan difícil como dices. *correcta*
    ▶ ¿Que no crees que sea tan difícil? Pues venga, hazlo tú. *correcta*

7 **Completa los diálogos con indicativo o subjuntivo. En algunos casos ambos son posibles.**

1.
   A: He visto a Rosa con Alberto, ese "amigo" de la facultad.
   B: No seas mala, Sonia, que te conozco.
   A: ¡Hombre! ¡No me digas que no (ser) ..... *es* ..... su novio!
   B: Yo no creo que lo (ser) ..... *sea* .....
   A: ¿Que no crees que lo (ser) ..... *es* .....? Pues a mí me parece que sí.

2.
   A: Soy incapaz de hacer este ejercicio, ¿me ayudas?
   B: ¡Por Dios, Emilio! ¿No te das cuenta de que (hacer) ..... *haces* ..... mal la resta? ¿Cuánto es 35 menos 12?
   A: ¡Jo, me he equivocado! ¿Qué pasa?, ¿me estás llamando imbécil?
   B: Yo no he dicho que (ser, tú) ..... *seas* ..... imbécil, pero... *(porque es seas?)*

3.
   A: Paco no cree que (ir) ..... *vaya* ..... a haber un expediente regulador en la empresa, pero yo el otro día se lo oí a unos del sindicato.
   B: ¿Quieres decir que nos van a echar a todos?
   A: No, yo no pienso que nos (ir) ..... *vayan* ..... a despedir a todos, pero sí a unos cuantos.

8 **Escribe el verbo en la forma adecuada para completar este diálogo entre dos amigas.**

A: No creas que (ser, yo) ..... *soy* ..... tonta, ya sé que (pensar, tú) ..... *piensas* ..... que (perder, yo) ..... *pierdo* ..... el tiempo intentando cambiar su manera de ser.

B: ¡Pero no te das cuenta de que (ser, él) ..... *es* ..... así y que no (haber) ..... *hay* ..... nada que hacer?

A: No puedo comprender que me (decir, tú) *digas* eso.

B: ¿Que no puedes comprender que te (decir, yo) ..... *diga* ..... eso? Mira, ya ni me acuerdo de cuándo lo (conocer, tú) ..... *conociste* ....., y siempre dices que no (ser, él) ..... *es* ..... lo que parece, que en el fondo te (querer, él) *quiere* mucho; pero ¿no crees que esa no (ser) ..... *es* ..... manera de demostrarlo? ¿Te has olvidado de lo que te hizo el otro día? La verdad, no sé cómo lo (aguantar, tú) *aguantas*

A: Yo no te he dicho que (portarse, él) *se porte* mal conmigo.

B: No hace falta; de todas formas, ya he notado que no (querer, tú) *quieres* contarme nada.

A: Porque siempre me dices que no (ser, yo) ..... *sea* ..... idiota y que (cortar, yo) *corte* con él.

B: Porque es verdad.

A: Mira, creo que es mejor que (dejar, nosotras) *dejemos* el tema.

9 Completa el siguiente texto, del que solo te damos verbos y expresiones que no puedes modificar.

Es asombroso lo que .... El otro día, por primera vez en mi vida, me di cuenta de que mi mejor amigo .... Jamás hubiera creído que .... Por un momento dudé que ...., aunque es verdad que ...., pero, ¿acaso no hay mucha gente que dice que ....? No sé qué ....Me molesta un poco que .... Sin embargo, ¿no es maravilloso que .... ?

10 *¿Si o que?*

1. ¿Sabes *si / que* está trabajando en una compañía aérea? Me lo dijo su primo.

2. No sé *si / que* fuma, pero su ropa huele que apesta.

3. ¡Anda! No sabía *si / que* hubierais vuelto ya.

4. Mi madre aún no sabe *si / que* he suspendido, pero seguro que mi hermano se lo dice.

5. Aún no sé *si / que* he suspendido, pero me enteraré pronto.

6. No sé *si / que* se molestó, pero no me importa.

7. ¿No sabes *si / que* va a tardar mucho? Es que tengo prisa.

8. Cuando sepa *si / que* ha perdido la mejor oportunidad de su vida, ya se arrepentirá, ya.

9. Nadie sabe *si / que* va a ocurrir o no, pero todos están pendientes.

10. No sabíamos *si / que* dormía en casa de Ángela, pero nos extrañaba que nunca contestara al teléfono por la noche.

11 Lee la siguiente noticia.

Muere de un sartenazo

Agapito Sánchez, vigilante de la empresa PASTAGÁN S. A., murió ayer tras ser golpeado por su esposa con un objeto contundente. Anselma Pérez, que así se llama la presunta homicida, dice que su marido regresó a casa con 6 horas de antelación, por lo que pensó que se trataba de un ladrón. Sin embargo, la declaración de la vecina de los Sánchez, que fisgaba —como era su costumbre— a través de la mirilla de la puerta, hace sospechar a la policía que Anselma no estaba sola. La pareja era conocida por sus constantes peleas, sus acusaciones de adulterio y sus amenazas mutuas, hechos que Anselma niega.

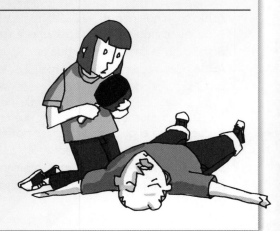

La policía ha tomado declaración a Anselma Pérez y a la vecina del descansillo. Completa las frases.

Anselma	La vecina
Asegura que...	Asegura que...
No asegura que...	No asegura que...
Niega que...	Niega que...
No niega que...	No niega que...
No ignora que...	No ignora que...
Insiste en que...	Insiste en que...

12 **Son varios los verbos que en forma afirmativa cambian su significado según vayan seguidos de indicativo o subjuntivo. Piensa en las diferencias que existen entre estos pares de frases.**

▶ Me ha dicho que estuvo en casa.
▶ Me ha dicho que estuviera en casa.

▶ Le recordé que yo cogería el autobús de las cinco.
▶ Le recordé que cogiera el autobús de las cinco.

▶ Sintió que algo le pasaba por el brazo.
▶ Sintió que le pasara algo malo.

▶ Muchas veces, los hijos suponen que es la obligación de los padres darles dinero para sus diversiones.
▶ Muchas veces, un pequeño error supone que haya que repetir todo de nuevo.

▶ Pensó que contar lo sucedido era lo mejor para todos.
▶ Pensó que fuera José quien contara lo sucedido.

▶ Por tu actitud, entiendo que hoy estás cansado.
▶ Por la paliza que te has dado corriendo, entiendo que hoy estés cansado.

▶ Los convencí de que aquello no era realmente un problema.
▶ Los convencí de que se olvidaran del problema.

▶ Me temo que hemos llegado demasiado tarde.
▶ Temo que hayamos llegado demasiado tarde.

13 **Ahora, completa el siguiente esquema con indicativo o subjuntivo.**

decir	contar o comunicar algo ....
	pedir, mandar, aconsejar ....
recordar, insistir, repetir	comunicar a otra persona algo que ha olvidado o que puede haber olvidado ....
	comunicar a otra persona una orden, consejo, etc., expresado con anterioridad ....
sentir	lamentar ....
	notar físicamente ....
suponer	implicar, traer consigo (sujeto no personal) ....
	hacer una hipótesis, imaginar (sujeto personal) ....
pensar	creer, tener una idea u opinión ....
	tomar la decisión de que alguien haga algo ....
entender, comprender	parecer lógico, normal, razonable ....
	notar, darse cuenta ....
convencer de	demostrar ....
	influir en otra persona para que actúe de una determinada manera ....
temer	tener miedo ....
temerse	sospechar algo negativo ....

14 Escribe el verbo en la forma correcta.

1. Nada más verlo, entendí que *(haber venido, él)* .... a cobrar la deuda.

2. Nos ha dicho que ya no *(soportar, él)* .... seguir guardando el secreto.

3. Piensa que *(estar, nosotros)* .... locos, pero es ella la que no ha reflexionado lo suficiente.

4. Me temo que la decisión ya *(haber sido tomada)* .... y que no *(haber)* .... nada que hacer.

5. Suponemos que nos lo *(decir, ellos)* .... el lunes, antes de empezar a trabajar.

6. Comprendo que te *(costar)* .... tomar esa decisión, pero debes hacerlo.

7. Ha pensado que *(ser)* .... nosotros quienes asistamos a la ceremonia.

8. Dice que *(esperar, tú)* .... aquí hasta que venga.

9. Me recordó que *(tener, yo)* .... cuidado si viajaba sola de noche.

10. Sentía que las piernas se me *(dormir)* ....

11. Temo que este nuevo disgusto le *(provocar)* .... una depresión.

12. El médico lo convenció de que *(dejar)* .... de fumar.

13. Pienso que al final me *(comprar)* .... el apartamento del centro en lugar del piso de las afueras.

14. Siento que no *(haber conseguido, él)* .... el trabajo.

15. Su falta de profesionalidad ha supuesto que la compañía *(perder)* .... más de 300.000 €.

15 Completa las siguientes frases.

1. Cuando tomé aquella bebida alucinógena parecía como si *(estar, yo)* .... flotando en el aire.

2. Me parece que *(ir a cerrar)* .... ya, así que id terminando.

3. ¿Te parece que su estado anímico no *(ser)* .... motivo suficiente de preocupación?

4. No me parece que *(deber, nosotros)* .... decidirlo sin estar ella delante.

5. Le pareció conveniente que todos *(contribuir, ellos)* .... con sus ideas a la mejora de la empresa.

6. ¿Te parece que *(invitar, nosotros)* .... también a Pepe, a pesar de lo sarcástico que es?

7. Parece que el examen no *(ser)* .... tan exhaustivo como se temían.

8. Es una sensación muy curiosa porque parece que *(estar, tú)* .... deslizándote por una pendiente muy pronunciada.

9. ¿Os parece normal que *(llevar, nosotras)* .... toda la tarde para hacer un par de ejercicios? Así no vamos a terminar en la vida.

10. ¿Has visto últimamente a Fátima? ¿No te parece que *(estar)* .... mucho más animada?

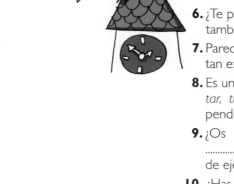

16 Lee el siguiente fragmento de *Cuentos para jugar*, de Gianni Rodari.

—Ya no se tiene respeto a los fantasmas.

—Se ha perdido la fe.

—Hay que hacer algo.

—Vamos a ver, ¿qué?

Alguno propuso hacer una marcha de protesta. Otro sugirió hacer sonar al mismo tiempo todas las campanas del planeta, con lo que por lo menos no habrían dejado dormir tranquilos a los bortianos.

Por último tomó la palabra el fantasma más viejo y más sabio.

—Señoras y señores —dijo mientras se cosía un desgarrón en la vieja sábana—, queridos amigos, no hay nada que hacer. Ya nunca podremos asustar a los bortianos. Se han acostumbrado a nuestros ruidos, se saben todos nuestros trucos, no los impresionan nuestras procesiones. No, ya no hay nada que hacer... aquí.

—¿Qué quiere decir "aquí"?

—Quiero decir en este planeta. Hay que emigrar, marcharse...

—Claro, para a lo mejor acabar en un planeta habitado únicamente por moscas y mosquitos.

—No señor: conozco el planeta adecuado.

—¡El nombre! ¡El nombre!

—Se llama planeta Tierra. ¿Lo veis, allí abajo, ese puntito de luz azul? Es aquel. Sé por una persona segura y digna de confianza que en la Tierra viven millones de niños que con solo oír a los fantasmas esconden la cabeza debajo de las sábanas.

—¡Qué maravilla!

—Pero ¿será verdad?

—Me lo ha dicho —dijo el viejo fantasma— un individuo que nunca dice mentiras.

—¡A votar! ¡A votar! —gritaron de muchos lados.

—¿Qué es lo que hay que votar?

—Quien esté de acuerdo en emigrar al planeta Tierra que agite un borde de la sábana. Esperad que os cuente: uno, dos, tres... cuarenta... cuarenta mil... cuarenta millones... ¿Hay alguno en contra? Uno, dos... Entonces la inmensa mayoría está de acuerdo: nos marchamos.

—¿Se van también los que no están de acuerdo?

—Naturalmente: la minoría debe seguir a la mayoría.

1. ¿Cuál es la tesis que defiende el viejo fantasma?

2. ¿Qué argumentos o razones aduce para defender esa tesis?

17 Escribe una carta en la que expongas los argumentos básicos para convencer a su lector acerca de uno de estos temas.

- Conquistar a una persona para iniciar una relación.

- Convencer a una mujer rica de que no se compre un abrigo de pieles para la fiesta de Nochevieja.

- Conseguir que el director de una pequeña empresa te dé un empleo.

- Persuadir a un millonario para que entregue la mitad de su dinero a una causa justa.

18 Completa las frases con los verbos que te damos teniendo en cuenta que te sobrarán cinco.

▶ superar
▶ albergar
▶ sufrir
▶ cobrar
▶ contener
▶ padecer
▶ adoptar
▶ contar con
▶ ejercer
▶ acarrear
▶ surtir
▶ asumir
▶ desempeñar
▶ gozar de
▶ disponer de

1. No me parece bueno que un niño .... tanto dinero para sus gastos.

2. Lo han puesto en cuarentena porque .... una enfermedad bastante contagiosa.

3. Tu actitud puede .... muchos problemas a todos, así que más vale que cambies.

4. Este manuscrito .... todo el saber astronómico del siglo XV.

5. Creo que .... efecto lo que le dijiste, porque ya no ha vuelto a intentarlo.

6. Gracias a su tenacidad consiguió .... todas las barreras que le habían puesto.

7. Javier .... importancia hasta convertirse en imprescindible dentro de su empresa.

8. No sé por qué .... esa actitud beligerante sabiendo que es él quien más tiene que perder.

9. Cuando lo estás pasando mal, lo más importante es .... el apoyo de los tuyos.

10. ¿Cree usted que está preparado para .... este cargo dentro de una gran multinacional como esta?

⑲ Construye frases con los verbos que te han sobrado en el ejercicio 18 y estas cinco palabras.

▶ esperanza ▶ decepción ▶ influencia ▶ responsabilidad ▶ privilegios

1. _____

2. _____

3. _____

4. _____

5. _____

⑳ Tenemos aquí unas frases completas, pero, en la mayoría de los casos, presentan un verbo inadecuado. ¿Serías capaz de sustituirlo por el verbo correcto?

1. Mañana llegaré un poco tarde porque tengo que ir al médico a que me expida un volante para el dermatólogo.

2. En su último libro incluye un poema que formuló para su madre.

3. Siempre se ha dicho que el hombre es el único animal que causa el mismo error varias veces.

4. Dibujar es algo más que trazar líneas en un papel, ¿sabes?

5. Antes de apagar las velas, compón un deseo.

6. Para extenderme el certificado del curso me piden otros 30 €. ¡Tendrán cara!

7. En aquel lugar inhóspito, amasó una gran amistad con otro chico que estaba en su misma situación.

8. La reunión de padres se celebrará el próximo martes a las 17 h.

9. Se dice que anda metido en asuntos poco limpios, pues trabó una enorme fortuna en cuestión de unos meses.

10. Cometió graves daños al tomar la decisión sin contar con sus superiores.

㉑ Busca en esta sopa de letras diez palabras de la familia de _correr_.

D	N	Z	O	Z	I	D	E	R	R	O	C
C	C	O	R	R	I	E	N	T	E	C	C
O	O	R	D	O	C	U	C	S	D	O	O
R	R	R	E	C	O	R	R	E	R	R	E
M	R	R	A	R	Z	E	R	A	R	R	R
E	I	R	R	E	O	S	E	R	E	I	A
O	M	T	O	C	D	T	A	O	O	D	E
N	I	O	Z	C	E	E	S	T	T	O	M
T	E	N	L	A	R	U	R	I	R	R	U
E	N	R	R	S	R	C	Z	A	R	O	S
O	T	Z	A	C	O	R	R	I	D	A	C
C	O	R	S	A	C	O	E	L	O	N	A
M	U	A	I	R	E	R	R	O	C	L	P

22 Utiliza las palabras anteriores para completar las frases.

1. Quiero ponerme un armario de puertas ....
2. Tienes que hacer un nudo .... como el de la corbata.
3. El .... de la escuela estaba siempre lleno de niños.
4. Si algún día tengo dinero, querría .... el país en bicicleta.
5. Los niños no paraban de .... entre las mesas del restaurante, hasta que el camarero se enfadó y les llamó la atención.
6. A mí, el agua .... de esta ciudad me sabe a cloro.
7. Hubo un .... de tierras que destruyó varias viviendas.
8. En la galería, pegado a la pared, hay un banco ....
9. Un día va a salir mal de sus .... nocturnas.
10. No necesitas ir a una .... para saber si es o no cruel.

23 Une cada palabra con su definición.

▶ acepción
▶ aceptación
▶ ascendente
▶ ascendiente
▶ competer
▶ competir
▶ imprecar
▶ increpar
▶ preeminente
▶ prominente
▶ rallar
▶ rayar

1. Corregir o llamar la atención a una persona por su mal comportamiento.
2. Que sube.
3. Persona de la que desciende otra u otras, antepasado.
4. Hacer líneas en una superficie.
5. Corresponder o tener como obligación.
6. Que se eleva sobre lo que está a su alrededor.
7. Sentido o significado en que se toma una palabra o una frase.
8. Deshacer un cuerpo, generalmente un alimento, frotándolo sobre una superficie con agujeros.
9. Oponerse o luchar para conseguir un fin.
10. Expresar un deseo de que reciba un mal o un daño una persona o grupo.
11. Sublime, superior.
12. Aprobación o recibimiento favorable. Acción o resultado de admitir.

24 Completa las siguientes frases con las palabras anteriores.

1. Ante tal muestra de mala educación, el profesor no pudo evitar .... al estudiante.
2. La palabra *cuarto* tiene varias .... distintas.
3. Agradezco tu interés, pero en realidad es algo que no te ....
4. Necesito que .... el queso parmesano para los espaguetis.
5. El político se situó en un lugar .... para dar su discurso.
6. Según dice, tiene .... de la nobleza.

25 Intenta contestar a estas preguntas sobre las fiestas en Hispanoamérica sin volver a leer la información del Libro del Alumno.

1. ¿Qué dos nombres aparecen en el texto para referirse al día del encuentro entre las culturas americana y española?
2. ¿Qué día llegó Colón a América?
3. ¿Qué ciudad conmemora la independencia con el Reinado de la Belleza?
4. ¿Cuál es el país de mayor vocación europeísta?
5. ¿En qué países de los citados en el texto son importantes los espectáculos taurinos?
6. ¿Recuerdas qué baile típico de Chile se cita?
7. ¿Qué cuatro elementos son imprescindibles como adorno de los altares en el Día de los Muertos?
8. ¿Cómo se llaman las canciones burlescas que se cantan en dicha fiesta?

26 Encuentra el gazapo.

Las dos fiestas comunes a todos los países hispanoamericanos son el día de la Independencia y el día del Descubrimiento de América. Cada país festeja su declaración de Independencia de distinta forma; Colombia la celebra el 20 de julio, día en que se toma chocolate con pasteles, como en los cumpleaños a la antigua usanza, mientras que en Chile la gente acude a las ramadas y toma vino y empanada. •

También son importantes las fiestas religiosas, como el Sagrado Corazón en Colombia o la Inmaculada en Argentina. En México se mezclan religiosidad y paganismo en la festividad del día de los Muertos, cuyo origen se remonta a los ritos precolombinos.

1 Intenta definir cómo es una persona:

- ✓ necia
- ✓ ilusa
- ✓ altruista
- ✓ reaccionaria
- ✓ creativa
- ✓ frustrada
- ✓ temeraria
- ✓ sarcástica

- ✓ sagaz
- ✓ locuaz
- ✓ afable
- ✓ melancólica
- ✓ escrupulosa
- ✓ impertinente
- ✓ soberbia

2 Clasifica los siguientes adjetivos según creas que expresan una cualidad positiva, negativa o neutra.

tierno, inteligente, tosco, reaccionario, apático, cálido, impulsivo, conservador, sensible, sincero, presumido, iluso, austero, moderado, revolucionario, carismático, conformista, retrógrado, contestatario, educado, derrochador, progresista, maleducado, necio, moderno, frío, rudo, inquieto, realista, modesto, sencillo, hipócrita

CUALIDADES POSITIVAS	CUALIDADES NEGATIVAS	CUALIDADES NEUTRAS

1. Compara los resultados con los de tu compañero. ¿Coincidís en todos?

2. Forma parejas de antónimos.

3. Elige cinco o seis de los adjetivos que, en tu opinión, mejor definen tu carácter e intenta describirte.

3 Pon el verbo en la forma correcta.

1. No me traigas ningún regalo que no *(ser)* .... práctico.

2. Confía en Pedro. Puedes contar con él para esto que me *(estar diciendo)* ....

3. Confía en Pedro. Puedes contar con él para todo lo que *(querer)* ....

4. En la fiesta de anoche, yo no conocía a ninguno de los que *(estar)* .... allí.

5. No sabemos de nadie que nos *(poder)* .... dar pistas sobre su paradero.

6. Los estudiantes que no *(presentar)* .... el trabajo no serán examinados.

7. Los estudiantes, que no *(presentar)* .... el trabajo, no serán examinados.

8. Hay mucha gente en el mundo que no *(tener)* .... escrúpulos.

9. No compraron ninguno de los productos que les *(recomendar)* ...., a pesar de mi insistencia.

10. –¿Qué haces por aquí?

    –Estoy buscando ayuda para traducir esto. Busco a un chico que me *(poder)* .... ayudar, porque es experto en informática.

11. No te estoy contando nada que no *(saber)* .... No conozco al chivato que te lo ha contado, pero debe de ser un cretino.

12. Compro sellos que *(tener)* .... esta marca porque eso significa que son auténticos.

13. No pienso hablar con ninguna de las personas que *(venir)* .... Que lo haga el jefe.

14. Nada de lo que me *(decir)* .... me molestará ya. Estoy por encima de todo.

15. Fue una situación muy extraña. Ninguna de las personas que allí *(estar)* .... se enteraba de lo que estaba ocurriendo.

4 Sustituye el indicativo por subjuntivo y el subjuntivo por indicativo cuando sea posible. Explica los cambios de significado.

1. Anoche soñé que iba a una agencia de viajes porque quería ir a una isla de la Polinesia que estaba habitada solo por mujeres.

_____

2. Ana quiere comprar un coche que prácticamente conduzca solo, pero eso no existe.

_____

3. Ana dice que se ha comprado un coche que conduce prácticamente solo, pero no es verdad.

_____

4. Quería que le mostraran los libros que hubieran escondido antes de que comenzara la persecución contra ellos.

_____

5. Quería que le mostraran los libros, que habían escondido en el sótano, antes de que comenzara la persecución contra ellos.

_____

6. ¡Vaya! ¡Qué extraño que tú hayas ido a ver una película que muestra esas escenas tan crueles!

_____

7. Me sorprende que todos estén hablando de un tema que desconocen, porque, en realidad, nadie sabe lo que pasó.

_____

5 **Completa las oraciones.**

1. Eso lo puede hacer cualquiera que _____

2. Quien tenga miedo a decir la verdad _____

3. No es posible que haya terminado el trabajo que _____

4. Era el estudiante más constante que _____

5. Iré a la zapatería y me compraré cualquiera de las botas que _____

6. No hallaron señal alguna que _____

7. Solo he visto dos películas en las que _____

8. Los que hablan sin saber _____

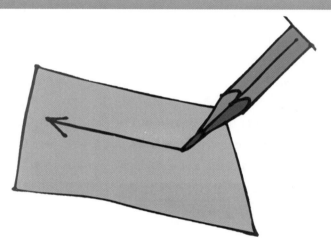

6 **¿Son correctas estas oraciones? Señala los errores.**

1. ¡Anda, Enrique! Tráeme una carpeta que me haya dejado olvidada en la sala de reuniones.

2. ¡Anda, Enrique! Cómprate una carpeta que tenga separadores y que sea de buena calidad.

3. Trataba de conseguir una guía de carreteras que me mostrara el camino exacto.

4. Me parece bien que vendas ese coche que te ha dado tantos problemas; ahora, entre los dos que me dices, cómprate este, el que tenga el aire acondicionado.

5. Tenían una secretaria que hablaba inglés perfectamente, pero querían una que dominaba cinco idiomas. Obviamente, por el sueldo que ofrecían, no la encontraron.

6. Quiero realizar la película que me inmortalice como director.

7. Me prohibió salir con una persona que no fuera del pueblo.

8. Me prohibió salir con una persona que había venido del pueblo vecino.

9. Quien a hierro mate, a hierro muere.

10. Tiene los discos más extraños que yo he visto nunca.

7 ¿QUÉ QUIERES SER DE MAYOR?

Resuelve el siguiente problema de lógica y completa el cuadro con las soluciones.

1. Quien tiene cinco años suele jugar con aquel que quiere ser espía, y a veces con aquel cuyos padres quieren que sea periodista; con quien dice que se aburre mucho es con Luna.

2. Las que quieren ser cantante y enfermera son mayores que Jaime y que aquel cuyos padres quieren convertir en ingeniero.

3. Aquel cuyos padres le dejan ser lo que quiera suele ir al parque con su hermano mayor. El de cinco años va nor-malmente con su madre o con quien tiene diez años. Aquel cuyos padres pretenden que sea cirujano va con la "canguro".

4. Rosi y el tenista son vecinos, mientras que quien tiene siete años y aquel cuyos padres pretenden que sea cirujano viven por los alrededores, pero en distinto edificio.

5. A Quique y a Luna les cae muy bien quien quiere ser enfermera.

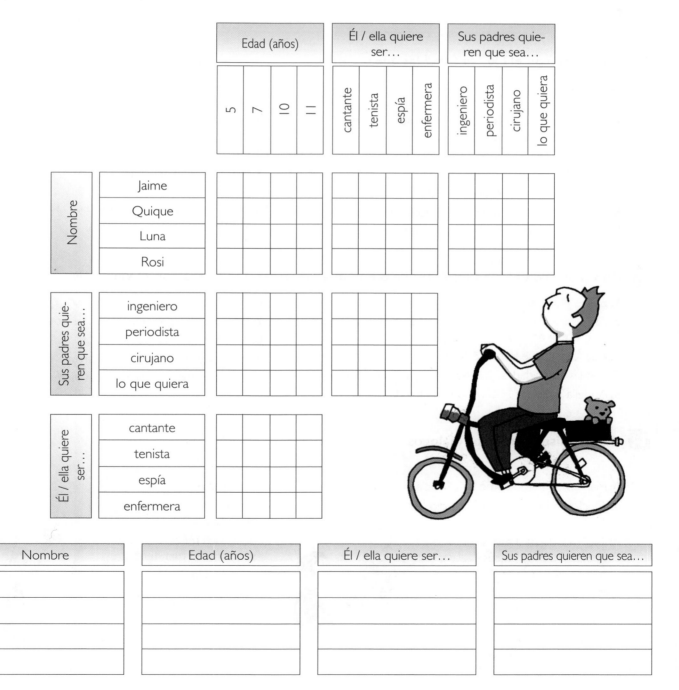

Nombre	Edad (años)	Él / ella quiere ser…	Sus padres quieren que sea…

8 **Sustituye las estructuras concesivas de las siguientes oraciones por otras de relativo reduplicadas que deberás construir a partir de los verbos dados.**

►ponerse ►caer ►hacer ►estar ►decir ►ser

> Las estructuras de relativo que presentan el verbo en subjuntivo duplicado, como *venga quien venga* o *digas lo que digas*, tienen valor concesivo (equivalentes a *aunque*) y sirven para manifestar la falta de importancia del hecho que expresan para el cumplimiento de la oración principal.

1. Aunque su posición social o económica sea superior a la de los demás, no tiene derecho a hablarle así a nadie.

2. La investigación de los casos de corrupción tiene que llegar hasta el final aunque haya peces gordos que se vean afectados.

3. Por mucho que se enfade, si no tiene razón no hay por qué dársela.

4. La gente puede comentar lo que quiera, pero yo creo que su labor ha sido muy beneficiosa para la compañía.

5. Por más que lo intente, me temo que nunca conseguiré ganarme su confianza.

6. No me importa en qué lugar se esconda; lo encontraré.

9 **Completa con *el / lo / la / los / las que* o con *que*.**

1. .... tenga algo que decir, que lo diga ahora o que calle para siempre.

2. ¿Y esta es la película .... causó tanto escándalo? Pues, la verdad, no es para tanto.

3. Salvo .... tenían miedo, todos los demás se han quedado.

4. Me gustan todos los helados. Escoge tú .... más te apetezca.

5. Trae ese libro .... está debajo de la carpeta.

6. A la persona .... ha venido le dices que ya la llamaremos.

7. Todo .... quiera irse de clase puede hacerlo.

8. ¡Tú, ... está hablando! Como te vuelva a ver te quito el examen.

9. Todos los interesados, ... son más de los que esperábamos, han de mandar su C.V.

10. Llévate el pequeño, ... está mejor que el otro.

11. Necesito que me hagas la compra. Coge ese dinero y .... está guardado en mi cajón.

12. Excepto .... no he explicado en clase, lo demás entra en el examen.

10 **Completa con *el / la / los / las que* o con *que* las siguientes frases con el verbo *ser*.**

1. Ese es el chico .... conocí en la playa.

2. Fue tu hermana, con su manera de ser tan impertinente, ... estropeó la fiesta.

3. Ana fue .... se lo contó todo.

4. Son las autoridades .... deben decidir en estos casos.

5. Aquella mujer es .... robó en la tienda.

6. Es esa la obra .... yo quería ver.

7. Estos son los periódicos .... he podido conseguir.

8. Este era justo .... quería.

9. ¿Son esas chicas .... te invitaron a cenar?

10. Mira, son los extranjeros .... hemos visto esta mañana.

11 **Haz lo mismo en estos diálogos.**

1.

A: Mamá, cuéntame cómo se te declaró papá.

B: ¿Declarárseme? Fui yo .... dio el paso.

A: ¡No me digas! ¡Pero si en vuestra época eran los chicos .... tenían que llevar la iniciativa!

B: Mira, si hubiera esperado a que fuera él .... se decidiera, tú aún no habrías nacido. Pero como era el hombre .... siempre había soñado, no iba a arriesgarme a que se me escapara, ¿no crees?

2.

A: Mira, ven a ver esto.

B: ¡Anda, la manifestación de esta mañana!

A: Sí, son los médicos .... hemos visto ante el Ministerio.

B: ¿Y qué es lo que pasa?

A: Pues que las autoridades dicen que son los médicos .... tienen la culpa de las largas listas de espera, y ellos dicen que son las autoridades .... deben poner más medios.

12 Aquí tienes una serie de objetos que puedes encontrar en la cocina. Pon a cada dibujo el número de su correspondiente definición.

1. Con ellos nos llevamos la comida a la boca.
2. Conservamos los alimentos en ella gracias al frío que hace en su interior.
3. Por él sale el agua.
4. Trituramos y batimos los alimentos con ella.
5. Sobre ella cortamos y troceamos la carne, las verduras…
6. Con ella se cocinan y se calientan los alimentos.
7. Preparamos el café en ella.
8. Con él obtenemos el zumo de las naranjas, los limones…
9. Aliñamos y servimos en ella la ensalada.
10. Se sirve el agua con ella.

Ahora define cada objeto utilizando la estructura *un / el… es un objeto / un aparato…* + preposición + artículo + *que*.

1. Ej.: *Los cubiertos son unos objetos con los que nos llevamos la comida a la boca.*
2. _____
3. _____
4. _____
5. _____
6. _____
7. _____
8. _____
9. _____
10. _____

13 Reconstruye las frases.

1. ¿lo saber sabes ya qué que sobre tú quien es quieres?

2. proyecto para el el con en aquel que profesor trabaja estuvo

3. dile que que pasa al te lo preguntó es lo qué

14 **Elimina la preposición (y en su caso el artículo) que preceden al relativo siempre que sea posible.**

1. La noche en la que nació Lolo hacía un frío horrible.
2. Los estudiantes a los que diste las notas el otro día quieren revisar el examen.
3. La época en la que vivíamos juntos fue la más feliz de mi vida.
4. Prefiero ir con gente a la que le guste divertirse.
5. A los que apoyen ellos saldrán beneficiados.

15 **Completa las frases con relativos. Piensa en todas las posibilidades.**

1. Miriam es la chica con .... Javier sale tanto últimamente.
2. Nada de .... has comprado sirve para nada.
3. ¿Cómo has podido olvidarlo? Fuiste tú .... me lo presentó.
4. El presidente del partido, ... había sido elegido dos días antes, dimitió.
5. Esta enfermedad, ... origen aún se desconoce, está causando estragos en algunos países.
6. –¿Quién es?
   –Es el mismo chico .... ha llamado antes. ¿Qué le digo?
7. Ha sido un error de .... consecuencias no le será fácil librarse.
8. Jugando al fútbol fue .... se rompió el pie.
9. Se presentaron seis candidatos, algunos de .... ya habían participado en un concurso anterior.
10. Lo puso en un sitio .... nadie pudiera encontrarlo.
11. ¿Folletos? Dame .... quieras, que yo los reparto.
12. ¿Y no es en ese momento .... aparece la protagonista?
13. Aquel es el ladrón, ... huye en la moto.
14. Me has mentido varias veces, por ...., aunque me lo jures y perjures ahora, no puedo creerte.
15. Hubo cinco minutos de silencio, transcurridos .... todo el mundo volvió a su trabajo.

16 **Corrige los relativos empleados incorrectamente.**

1. Hay una tienda que venden solo cosas para zurdos.
2. Va con gente que le gusta trasnochar.
3. Han detenido a un hombre al que sus hijos le han acusado de malos tratos.
4. Haciendo gimnasia fue como se rompió el brazo.
5. El tema de lo que habláis no me interesa.
6. Quien madruga, Dios lo ayuda.
7. Le hicieron una revisión rutinaria, gracias a la que detectaron el problema a tiempo.
8. El libro que su autora es esa famosa presentadora de televisión, ha sido retirado de las ventas por plagio.
9. Si te gusta alguno, llévate lo que quieras.
10. En ese instante fue en el que me di cuenta.

17 **Completa las frases con *quien(es) / quién(es), como / cómo, cuando / cuándo, donde / dónde* o *cuanto(a)(os)(as) / cuánto(a)(os)(as).***

1. Yo no sé hacer este trabajo y tampoco me han dicho .... hacerlo.
2. Menos encima de la televisión, puedes poner el jarrón .... tú quieras.
3. Estaba interesado en saber .... vivía Cecilia desde que se cambió de casa.
4. Puedes decirme .... quieras, pero yo no te voy a hacer caso.
5. ¿Has encontrado la carta .... te dije?
6. Si no me dices .... años cumples, no sabré .... velas poner en la tarta.
7. Todos saben .... estudio.
8. ¿.......... han leído el Quijote?
9. ¡Vete .... hayas terminado los deberes!
10. ¿Le has preguntado .... será el encuentro?
11. Se lo dijo a .... estaban allí.
12. Perdona que te llame, pero necesitaba a alguien con .... hablar.
13. Que pregunte .... ha llegado antes.
14. ¿.......... vais a hacer un examen, os ponéis nerviosos?

15. Desconozco el modo .... salir de aquí.

16. Desconozco .... salir de aquí.

17. ¿.......... estuviste ayer había mucha gente?

18. ¿Conoces a .... te golpeó?

19. Tienes que indicar en la carta .... quieres que te manden el regalo.

20. .... lo sepa, que levante la mano.

21. No recuerdo el lugar .... nos conocimos.

22. ¿A .... te has encontrado esta mañana?

23. ¿.......... estuviste estudiando ayer?

24. ¿.......... estudia aprueba? No sé yo.

18 Lee el siguiente anuncio y contesta.

EL MINISTERIO DE ASUNTOS EXTERIORES

Convoca

Tres becas de colaboración para realizar tareas de traducción e interpretación y de enseñanza de español en campamentos de ayuda al refugiado y en las oficinas de *Solidaridad con los inmigrantes*. Las becas están dirigidas a estudiantes extranjeros que deseen hacer sus prácticas en España e Hispanoamérica y realizar al mismo tiempo una labor humanitaria. Incluyen gastos de viaje, alojamiento y manutención y 500 € al mes para gastos particulares. Es necesario el dominio del español, además de dos de las siguientes lenguas: portugués, inglés, francés, ruso.

Los interesados deben solicitar la beca mediante instancia antes del 31 de diciembre del presente año.

19 Completa los diálogos con uno de los siguientes refranes.

► Quien tiene boca, se equivoca.

► Quien a hierro mata, a hierro muere.

► Quien algo quiere, algo le cuesta.

► Quien a buen árbol se arrima, buena sombra le cobija.

► Quien calla, otorga.

► Quien mucho abarca, poco aprieta.

1.

—¿Me haces los ejercicios de matemáticas?

—¿Y qué me das a cambio?

—¡Cómo! ¿Y tú dices que eres mi amigo?

—Ya sabes: _____

2.

—Álvaro se pasa el día en casa, trabajando y estudiando. Está haciendo un montón de cosas a la vez y ¡claro!, ahora se da cuenta de que no va a poder terminarlas todas.

—Normal: _____

3.

—¿Qué has dicho? ¿Que por qué no "he ponido" la televisión?

—¡Bueno, bueno! _____

4.

—¡Qué mal me cae Rosa! Siempre ha sido una inútil en el trabajo, pero ¡eso sí!, sin separarse del jefe. Si el jefe quiere un café, ella se lo lleva; si hay que hacer un trabajo extra, a ella no le importa quedarse hasta más tarde…

—Muchas veces vale más saber relacionarse con los importantes que hacer muy bien tu trabajo. _____

_____

5.

—¿Te dijo si había sido él el culpable?

—No, no me dijo absolutamente nada, ni sí ni no.

—Pues ya sabes que _____

6.

—Lorenzo consiguió su ascenso en el trabajo hablando mal de los demás y ganándose así la confianza del jefe. Ahora lo han despedido porque alguien le dijo al jefe que también estaba hablando mal de él.

—Se lo merece: _____

_____

20 Adivina qué refranes se esconden tras las palabras clave (están desordenadas y los verbos aparecen en infinitivo). Si no lo consigues, invéntalos tú mismo.

1. Para no llamar la atención e integrarse completamente, hay que comportarse como el resto de la gente.

ver   ir

2. Si quieres conseguir algo de los demás, tienes que hacérselo saber.

llorar   mamar

3. Toda sustancia o materia que comamos y que no haga daño contribuye a la nutrición.

engordar   matar

4. Con poco que se sepa, basta para sobresalir entre los ignorantes; una persona, aun con defectos, sobresale entre los que tienen muchos más.

ciegos   rey   tuerto

5. Cuando varios tienen que participar en una ganancia, siempre podrá salir ganando la persona que se encargue de hacer la partición y distribución.

parte   partir   repartir

21 En España es muy común elaborar refranes a partir de una fecha concreta del calendario, a la cual se hace referencia mediante su representante en el santoral. Completa los siguientes refranes teniendo en cuenta la fecha correspondiente.

✔ el ajo fino
✔ la cigüeña
✔ tu garbanzal
✔ quita vino y no da pan
✔ el verano

✔ están maduras
✔ una horica más
✔ tu cochino
✔ el vino nuevo
✔ las noches con los días

1. (3 de febrero) Por San Blas .... verás.

2. (13 de diciembre) Por Santa Lucía igualan ....

3. (30 de noviembre) Por San Andrés .... añejo es.

4. (11 de noviembre) Por San Martino .... y por San Vicente el ajo fuerte.

5. (11 de noviembre) Por San Martino mata ....

6. (24 de junio) Agua de por San Juan ....

7. (24 de junio) Tarde que temprano por San Juan es ....

8. (25 y 26 de julio y 15 de agosto) Por Santiago y Santa Ana pintan las uvas y por Nuestra Señora ya ....

9. (6 de enero y 3 de febrero) Por los Reyes lo conocen los bueyes y por San Blas ....

10. (25 de abril) Por San Marcos .... ni nacido ni de por sembrar.

22 Busca en la sopa de letras estas ocho palabras.

▶ alabanza
▶ cumplido
▶ elogio
▶ galantería
▶ halago
▶ lisonja
▶ requiebro
▶ zalamería

B	E	N	O	A	V	G	A	S	A
A	C	U	M	P	L	I	D	O	R
L	U	Z	P	L	U	O	R	E	G
A	M	A	R	I	Q	Z	Q	L	E
B	P	L	E	C	L	U	U	O	N
A	H	A	G	T	I	E	O	G	T
N	A	M	I	E	S	S	G	I	I
Z	L	E	B	S	O	N	A	O	N
A	I	R	E	T	N	A	L	A	G
L	O	I	G	O	J	Z	A	R	U
R	I	A	B	M	A	A	H	O	L

23 Lee este texto.

Remigio Torres y Cándida Castillo son un matrimonio de mediana edad. No tienen hijos y les gusta que las cosas se hagan "a su manera". Son metódicos y puntillosos, pijoteros y remilgados. La verdad es que son tal para cual. Todos los que los conocen dicen que han nacido el uno para el otro. Y así viven felices. Recientemente se han mudado de nuevo de casa, porque en las anteriores no habían tenido mucha suerte con los vecinos. O eran desordenados o tenían muchos niños, o ponían la televisión muy alta o sacaban la basura a destiempo, o... El caso es que habían reflexionado cuidadosamente sobre el piso que se iban a comprar esta vez.

Querían un piso orientado hacia el este, que tuviera mucha luz, que fuera calentito en invierno y fresco en verano, que no fuera el último piso y tampoco el primero, que tuviera dos terrazas (una en el dormitorio y la otra en el salón) y dos cuartos de baño, que tuviera una cocina con despensa incorporada, un salón con puertas correderas para ser ampliado y dormitorios que no dieran a un patio interior; también querían que estuviera en un lugar céntrico, que hubiera cerca una parada de autobús, una estación de metro y un gran supermercado, y, finalmente, que la zona fuera ajardinada.

Después de mucho buscar, al fin habían encontrado el que parecía el piso de sus sueños y a un precio excelente. No obstante, Remigio y Cándida hicieron averiguaciones sobre los vecinos. Estos debían ser propietarios (ya se sabe lo que pasa con los pisos alquilados), no debían ser médicos (siempre que hay consultas hay un "sin cesar" de entradas y salidas por las mañanas y por las tardes y se ensucian las zonas comunes y se deteriora el ascensor), no debía haber niños ni jóvenes, y los vecinos tampoco debían tener animales en casa. Para su sorpresa todos los vecinos eran de mediana edad y reunían todos los requisitos.

Definitivamente habían encontrado su hogar. Se instalaron en él con orden y método. Todo iba en cajas numeradas y perfectamente embalado. La primera semana todo fue sobre ruedas. Eran felices en medio de tanta paz y silencio. Pero el viernes por la noche el vecino del piso de arriba organizó una fiesta que duró hasta las tres de la madrugada (¡hasta las tres nada menos!). Cuando empezó a sonar la música, Remigio llamó rápidamente a la policía y denunció a su vecino. Al día siguiente un guardia vino con la denuncia y con una multa de 1.500 € para el vecino.

No hubo más fiestas. Remigio y Cándida se sintieron vencedores. Le habían dado una lección a ese vecino y, además, habían impuesto sus normas a la comunidad. Ya nadie organizaría fiestas jamás.

Pero al cabo de cuatro semanas, Remigio y Cándida se despertaron por el canto de un gallo que sonó a las 4.30 de la madrugada. Quedaron sorprendidos porque no había ninguna granja en los alrededores. Al día siguiente también se oyó el canto, y al otro y al otro... El vecino del piso de arriba había comprado un gallo madrugador y lo había puesto en la terraza de su dormitorio. Se acabó la paz y la tranquilidad.

Cuando Remigio comprendió lo que había ocurrido, fue a buscar a su abogado para ver qué medida podía tomar. Este lo desengañó: "Si tu vecino quiere tener un gallo, está en su derecho. No puedes hacer nada".

Remigio regresó muy nervioso y alterado a su casa. Cuando iba a entrar en el ascensor, se encontró con el vecino del gallo, que también subía en ese momento. Ambos se miraron fijamente, entraron en el ascensor y pulsaron con furia sus respectivos botones. Cuando el ascensor empezó a subir, se paró de súbito y se apagó la luz. Se oyó un golpe seco.

1. Contesta a las preguntas.

▶ ¿Cuál ha sido la causa fundamental de las idas y venidas del matrimonio protagonista?

▶ Según Remigio y Cándida, la vecindad perfecta es aquella en la que…

▶ ¿Surtió efecto la medida tomada por el Sr. Torres contra su vecino?

▶ ¿Es alentadora la respuesta del abogado? ¿Por qué?

2. Explica el significado de estos adjetivos e indica cuáles de ellos tienen siempre un valor peyorativo.

▶ metódico ▶ puntilloso ▶ pijotero ▶ remilgado

3. ¿Qué significan las siguientes expresiones?

▶ Hacer las cosas a su manera ▶ Ir sobre ruedas

▶ Ser tal para cual ▶ Dar una lección a alguien

4. Vuelve a leer el siguiente párrafo.

Querían un piso orientado hacia el este, que tuviera mucha luz, que fuera calentito en invierno y fresco en verano, que no fuera el último piso y tampoco el primero, que tuviera dos terrazas (una en el dormitorio y la otra en el salón) y dos cuartos de baño, que tuviera una cocina con despensa incorporada, un salón con puertas correderas para ser ampliado y dormitorios que no dieran a un patio interior; también querían que estuviera en un lugar céntrico, que hubiera cerca una parada de autobús, una estación de metro y un gran supermercado, y, finalmente, que la zona fuera ajardinada.

1. Todas las oraciones se construyen con subjuntivo. ¿Por qué?

2. Piensa de qué manera podemos utilizar indicativo sin que el referente se convierta en concreto y determinado.

3. Transforma el párrafo en otro en el que todas las oraciones de relativo lleven indicativo y el referente sea específico. Piensa en los cambios que has de hacer en el resto del texto para que este nuevo fragmento tenga sentido.

5. ¿Te gustan los finales felices o prefieres los trágicos? Muestra tus preferencias poniendo un final a la historia.

24 Gloria, una estudiante mexicana, quiere invitar a sus compañeros a comer. Este es el menú que ha preparado: alubias rojas con arroz pilaff al azafrán y salsa de aguacates, y, de postre, crema de chocolate con queso ricotta. ¿Quieres saber cómo lo ha cocinado?

ALUBIAS ROJAS CON ARROZ PILAFF AL AZAFRÁN
Ingredientes

Para las alubias

1 cucharada de aceite de oliva
1 cucharadita de semillas de comino
Media cucharadita de cilantro (hierba aromática)
1 diente de ajo picado
2 latas de 450 gr de alubias rojas remojadas y escurridas
Una taza y media de caldo vegetal

Para el arroz

Media cucharadita de azafrán
2 tazas de agua
Media cucharadita de sal
1 taza de arroz basmati (una clase de arroz, alargado)
1 taza de granos de maíz
1 pimiento rojo cortado a dados
1 calabacín cortado a dados
1 taza pequeña de brécol troceado
3 cucharadas de cilantro picado

Elaboración de las alubias

Calentar media cucharada de aceite en una sartén grande a fuego lento. Añadir las semillas de comino, el cilantro y el ajo y cocer a fuego lento hasta que las semillas se doren.

Añadir las alubias y el caldo. Dejar cocer, removiendo de vez en cuando, hasta que el caldo se espese, durante unos 15 minutos.

Tapar y conservar caliente.

Elaboración del arroz

Tostar el azafrán en una cacerola honda a fuego medio-lento durante unos 30 segundos y después triturarlo con una cuchara.

Añadir agua y sal, y llevar a ebullición.

Añadir el arroz, el maíz, el pimiento, el calabacín y el brécol, y remover. Tapar y dejar que hierva hasta que el líquido se evapore, durante unos 15 minutos.

Retirar del fuego y dejar reposar 5 minutos. A continuación, esponjar con un tenedor. Servir con salsa de aguacate, si se quiere.

SALSA DE AGUACATE

Ingredientes

Una taza y media de tomates cortados
1 aguacate pequeño cortado a dados
2 cucharadas de zumo de lima
2 cucharadas de zumo de limón
1 cucharada de miel
2 cucharadas de menta picada
2 cucharadas de cilantro picado
1 pimiento jalapeño (picante) despepitado y desmenuzado
Sal y pimienta al gusto

Elaboración

Triturar un cuarto de taza de tomates y un cuarto de taza de aguacate en una batidora o en un mortero. Verter en un bol mediano y añadir el resto de los ingredientes.

Salpimentar al gusto.

CREMA DE CHOCOLATE Y QUESO RICOTTA

Ingredientes

450 gr de queso ricotta
2 cucharadas de cacao en polvo
5 cucharadas de miel
1 cuarto de cucharadita de canela
Media cucharadita de extracto de vainilla
1 cucharada de almendras troceadas y tostadas

Elaboración

Batir el queso ricotta durante un minuto, hasta que adquiera una consistencia cremosa. Añadir el cacao, la miel, la canela y la vainilla, y batir todo bien hasta que quede una crema suave.

Servir la crema en copas heladas o en platos de postre adornada con las almendras.

¿Qué diferencias ves entre estas recetas y las de tu país en cuanto a ingredientes, forma de cocinar los alimentos, etcétera?

6 Si yo fuera rico

❶ Emplea los verbos en la forma adecuada.

1. Si yo *(ganar)* .... tanto dinero viviría mucho mejor.

2. Si *(venir)* .... por aquí el señor Ramírez, le dices que me espere, que vendré pronto.

3. Si *(actuar)* .... con más prudencia, ahora no tendría tantos problemas, pero ya es demasiado tarde.

4. Si, cuando era joven, hubiera actuado con más prudencia, no *(tener)* .... tantos problemas en su vida.

5. Si el médico *(creer)* .... que no es nada importante, puedes estar tranquilo.

6. Si yo *(estar)* .... en su situación, buscaría un trabajo mejor remunerado.

7. Si no *(comer)* .... tantos dulces de pequeño, ahora no estaría obeso.

8. Nos gustaba mucho veranear en la costa; si *(hacer)* .... buen tiempo, *(bajar)* .... a la playa, pero si *(llover)* .... o *(estar)* .... nublado, *(quedarse)* .... en casa jugando.

9. Si me *(tocar)* .... el premio gordo de la lotería, me compraba una casa en la sierra.

10. Si *(contar)* .... toda la verdad, José no se enfadará contigo.

11. Si *(contar)* .... toda la verdad, José no se enfadaría.

12. Si alguien *(saber)* .... algo sobre un asunto tan espinoso, que lo diga ahora.

13. Si yo *(tener)* .... mejor carácter del que tengo, no me habría disgustado tanto.

14. Yo estoy deseando irme. Si a mí me *(ofrecerme)* .... una oportunidad tan buena, la aceptaba ahora mismo sin ninguna duda.

15. Recuerdo que si no *(venir)* .... el profesor, *(poder hacer)* .... lo que quisiéramos y, por eso, siempre nos íbamos a la cafetería.

❷ Piensa en posibles combinaciones y en los valores temporales de cada una; pon ejemplos.

SI +	SUBJUNTIVO +	CONDICIONAL	
	imperfecto	simple	
	pluscuamperfecto	compuesto	

	COMBINACIÓN	EJEMPLO	VALOR TEMPORAL
1	imperfecto + cond. simple	*Si Sebastián viniera hoy, resolvería el problema.*	futuro (improbable)
2	imperfecto + cond. simple		presente (imposible)
3	imperfecto + cond. simple		atemporal (imposible)
4			
5			
6			
7			

3 **Completa las oraciones con el conector que creas más apropiado y escribe el verbo en la forma adecuada.**

1. Hemos venido a invitarte a salir, ... te *(apetecer)* .... estar con nosotros.

2. Ha dicho que no irá al médico .... *(empeorar)* ....

3. *(Salir)* .... por esa puerta y no me volverás a ver nunca más.

4. Trabajaba hasta altas horas de la noche .... *(darle)* .... una pequeña bonificación extraordinaria.

5. .... no *(conocerte)* .... bien, pensaría que me estás engañando.

6. Iremos todos al campo .... *(hacer)* .... mal tiempo.

7. No te lo pienses más: .... *(gustarte)* ...., cómpratelo; .... no *(convencerte)* .... demasiado, busca otro mejor.

8. Sólo quiero decirte una cosa: *(estudiar)* .... y tendrás la posibilidad de ascender de categoría.

9. Acepté este trabajo .... *(subirme)* .... el sueldo después de un año.

10. Vamos a visitar a Andrés .... él *(decidir)* .... venir a vernos.

11. Compraremos este piso .... *(bajar)* .... el precio un poco.

12. Hemos decidido salir al atardecer, ... *(nevar)* .... de nuevo.

13. Ya no aguanto más: .... *(continuar)* .... así, me veré obligada a pedirle que se vaya de mi casa.

14. Están muy contentos, pues .... *(obtener)* .... sólo dos puntos, habrán ganado el concurso.

15. Yo que tú me habría ido, ... Sebastián *(pedir)* .... disculpas.

4 **Construye las oraciones según el modelo. Utiliza diferentes conectores.**

Ej.: *Ganar este partido / ser los campeones de la liga = De ganar este partido, serían los campeones de la liga.*

1. Marta limpiar la casa / Alfredo preparar una buena comida.

2. Lograr yo un trabajo con un salario medio / estar satisfecho y contento.

3. Nosotros contarte el último cotilleo del vecindario / tú no decírselo a nadie.

4. Vosotros no estudiar más / quedaros sin vacaciones este año.

5. Yo hacerte un nuevo contrato / tú estar de acuerdo con las condiciones laborales.

6. Gustarte el pantalón, comprarlo / no gustarte, buscar otro modelo.

7. Nosotros ir a la playa el sábado / hacer mal tiempo.

8. Ellos entregar los pisos en mayo / haber alguna causa mayor que lo impida.

9. Yo comprar este modelo / agotarse el que me gusta.

10. No tener que hacer vosotros examen / entregar un trabajo sobre el tema.

11. Yo no ir otra vez al médico / empeorar mi situación de forma alarmante.

12. Tú seguir mintiendo continuamente / perder la confianza de tus amigos.

13. Yo prestarte mi coche esta noche / tú prometer cuidarlo mucho y tener mucha precaución.

14. Ellas no decir nada / nosotros invitarlas a cenar.

5 TEST DE PERSONALIDAD

¿Conoces bien a tu compañero? ¿Sabes cómo actuaría en situaciones extremas o delicadas? Trata de imaginarlo y contesta a las siguientes preguntas. Después compara tus respuestas con las que él te dé sobre sí mismo. ¿Has acertado muchas? ¿Coincidís en muchos aspectos o sois muy diferentes? Elabora un breve informe con los resultados.

	MI COMPAÑERO	YO
1. ¿Qué harías si nos invadieran los marcianos?		
2. ¿En qué caso podrías llegar a cometer un delito?		
3. ¿Serías capaz de aparecer desnudo en televisión?		
4. ¿Entrarías en una secta religiosa?		
5. ¿Trabajarías alguna vez de payaso en un circo? ¿Y de domador de leones?		
6. ¿Pasarías el verano en la selva con una tribu?		
7. ¿Qué cosas no harías nunca por dinero?		
8. Si te fueras a una isla desierta, ¿qué cosas te llevarías?		
9. ¿Qué harías si descubrieras que tu pareja te engaña?		
10. ¿Con qué condición te meterías a político?		

6 Sustituye los símbolos por el conector adecuado.

▶ anterioridad: ←

▶ posterioridad: →

▶ simultaneidad: ↔

▶ repetición: →→

▶ progresión paralela: ⇒

▶ comienzo de la acción: •—

▶ límite de la acción: —•

← llegar a Sevilla yo ya sabía que mi misión sería difícil, aunque no me enteré de qué se trataba hasta una semana → estar allí. Lo primero que hice ↔ llegar fue buscar a mi contacto en la biblioteca municipal, tal como me habían dicho. Su misión era informarme poco a poco de la situación ← que yo comenzara a actuar, por lo que →→ que nos veíamos me proporcionaba nuevos datos de gran interés. El día 7 no acudió a la cita. Habíamos quedado a las 4 de la tarde, como siempre. Yo lo esperé toda la tarde en vano. Estaba asustado y preocupado, pues en nuestra última reunión me dijo que, •— llegó, alguien le estaba siguiendo los pasos. Aquella tarde tuve la impresión de que todos en la biblioteca me observaban. ⇒ avanzaba la tarde, mi temor iba en aumento. ↔ esperaba, oí que cerca de allí un coche había atropellado a un hombre. "Seguro que es mi contacto, que lo han asesinado", pensé. Mis sospechas se confirmaron sobre las 8 de la tarde, ↔ un estudiante entró y le contó al bibliotecario lo ocurrido, describiéndole con detalle al desafortunado. → se sentó para leer, me acerqué a él para hacerle algunas preguntas; por suerte, mi contacto había muerto en el acto. → terminó su relato salí corriendo en dirección a la pensión. → llegar, la casera me informó de que la policía había estado allí preguntando por mí, que llegaron justo → yo me fuera. Tenía que salir de aquel lugar, por lo que decidí que → preparara las maletas me marcharía y permanecería escondido —• me enviaran nuevas órdenes.

7 **Relaciona y forma frases.**

▶ a medida que

▶ apenas

▶ según

▶ tan pronto como

▶ conforme

▶ cada vez que

▶ hasta que no

8 **Elige *mientras, mientras que, y(,) mientras(,)* para completar las frases.**

1. Su madre se encargó de cuidar a los niños .... ella estuvo en el hospital.

2. A mí me encanta ir al teatro y a pasear, ... él prefiere la música, los bares y los ambientes nocturnos.

3. Las desavenencias entre los socios aumentaban día a día: unos querían cambiarlo todo por completo .... otros deseaban mantener su línea clásica.

4. La princesita dormía en su cuna de oro .... las hadas velaban sus sueños.

5. No os preocupéis por nada: nosotros cuidaremos del negocio .... estáis fuera.

6. Es una persona muy interesada: no hace nada por nadie .... no esté seguro de obtener algo a cambio.

7. Celebraban el día de la madre de una manera especial: Pepe se quedaba en la casa con los niños y las tareas del hogar .... ella se divertía con sus amigas. Ella lo llamaba "el día de la libertad", y .... pudo, lo celebró por todo lo alto.

8. El ministro se mostró de acuerdo con las peticiones del sindicato, ... el presidente del gobierno se opuso firmemente.

9. El juego es muy sencillo: tú cuentas hasta 30 con los ojos cerrados .... nosotros nos escondemos.

10. Recuerdo que mi abuelo siempre me decía: "Aprovecha para disfrutar .... seas niño; luego solo vivirás para resolver problemas y para trabajar".

9 **Transforma según el modelo.**

Ej.: *Mientras tú recoges la casa yo preparé la comida.*

   Yo preparé la comida y, mientras tanto / mientras / entre tanto, tú recogerás la casa.

1. Mientras Pepa estaba trabajando, Pepe se divertía con sus amigotes por los bares.

2. Los albañiles arreglarán los desperfectos mientras estamos de vacaciones.

3. Mientras yo compro la carne, vosotros id a la pescadería a comprar el besugo.

4. Mientras nosotros lo buscábamos en la escuela, sus padres preguntaban a los vecinos.

5. Mientras tomáis una decisión, yo esperaré en casa.

6. El año que viene preparé oposiciones mientras busco trabajo.

7. Mientras Álvaro le explica a la policía lo ocurrido, yo llamaré al médico.

8. Los niños dormían plácidamente mientras sus padres organizaban la fiesta.

9. Mientras los trabajadores estaban en huelga, los sindicatos intentaban negociar con la patronal.

10. Mientras Marta entretiene a los clientes, vosotros terminad de preparar el presupuesto.

Ahora, piensa tú en algunos ejemplos y transfórmalos.

_____

_____

10 **Si queremos expresar duración simultánea en el futuro, ¿qué conectores podemos utilizar y con qué formas verbales pueden ir? Pon algunos ejemplos.**

11 **Relaciona y forma oraciones (añade los elementos que sean necesarios).**

no ceder	por más que	interés más alto
montar un negocio	aun a sabiendas de que	estar bien relacionado
conseguir el empleo	pese a que	suponer más problemas
trabajar como autónomo	aun a riesgo	hacer huelga indefinida
no dejar la empresa	si bien	tener pocas probabilidades de éxito
pedir el crédito	por poco que	cerrar el año con déficit
la empresa recuperarse	a pesar de que	ofrecer más dinero en otra empresa
preocupar el paro	aunque	asegurar comisiones altas
avalar la operación financiera	por mucho	perderlo todo
ofrecer sueldo bajo	y eso que	descender número de desempleados

_____
_____
_____
_____
_____
_____
_____
_____
_____

⑫ Completa las viñetas con las frases que te damos.

- Aunque me regales un camión lleno de flores, no saldré contigo esta noche; hay fútbol
- Aunque me regalaras un camión lleno de flores, no saldría contigo; hay fútbol.
- Aunque me hubieras regalado un camión lleno de flores, no habría salido esa noche contigo; había fútbol.

- Aunque haya salido a las 6, habrá llegado tarde; por las mañanas hay mucha caravana.
- Aunque salga a las 6, siempre llega tarde; por las mañanas hay mucha caravana.
- Aunque saliera a las 6, llegaría tarde; mañana habrá mucha caravana como consecuencia de la huelga de transportes.

▶ Aunque te dijera la verdad, no me creerías.

▶ Aunque te dijera la verdad, nunca me creerías.

13 Completa el cuadro con los ejemplos del ejercicio anterior, según el contexto sea presente, pasado o futuro y según la acción sea posible, improbable o imposible.

AUNQUE + SUBJUNTIVO	VALOR TEMPORAL	PROBABILIDAD
aunque + presente Ejs.:		
aunque + imperfecto Ejs.:		
aunque + pretérito perfecto Ejs.:		
aunque + pluscuamperfecto Ejs.:		

14 Construye oraciones según el modelo.

Ej.: *no decir nada a Pablo / estar ahora aquí* → *presente, imposible*

　　No le diría nada a Pablo aunque estuviera ahora aquí.

1. volver contigo / (tú) no pedir → pasado, imposible

2. encontrarse con el jefe / salir por la puerta de atrás → pasado cercano, posible

3. seguir trabajando / tener mucho dinero → presente, imposible

4. vivir de forma ruin y miserable / poseer una gran fortuna → presente habitual, posible

5. no renunciar a mis principios / pedir mi familia → futuro, improbable

6. comportarse con naturalidad y agrado / estar muy enfadada → pasado, posible

7. decir toda la verdad / herirlo → futuro, posible

OTROS CONECTORES Y CONSTRUCCIONES CON VALOR CONCESIVO

▶ **cuando** + indicativo

  Nombraron jefe de sección a Enrique, cuando por antigüe-dad me correspondía a mí.

▶ **aun cuando** + indicativo / subjuntivo. Es más frecuente en la lengua culta.

  Te daría todo lo que tengo aun cuando no me pidieras nada.

▶ **porque** + subjuntivo. Expresa que la acción que introduce no servirá para cambiar el estado de cosas. La segunda parte es siempre negativa.

  < *Mañana habrá una manifestación y cortarán el tráfico como medida de presión.*

  > *Pues porque corten el tráfico no van a conseguir que les hagan caso.*

▶ **con lo** + adjetivo, participio o adverbio + **que** + **ser** o **estar** (indicativo)

  No le gustan las verduras, con lo sanas que son.

▶ **con** + artículo + sustantivo + **que** + indicativo

  Con la suerte que tiene y siempre se está quejando.

▶ gerundio, participio o adjetivo + **y todo.** Se usa en un registro informal.

  Enfermo y todo fue a trabajar.

▶ giros: **diga lo que diga / haga lo que haga / ganara lo que ganara...** Se usa en la lengua hablada.

  Nunca tenía dinero, ganara lo que ganara.

▶ fórmulas hechas: **mal que le pese** ('aunque no quiera'), **quiera o no** ('aunque no quiera'), **queramos / quieras que no** ('aunque no nos guste'). Solo se utilizan en situaciones informales.

  Mal que le pese, es su padre y tendrá que obedecerlo.

▶ Recuerda también que los futuros y los condicionales pueden tener valor concesivo, al que añaden un matiz de ironía, crítica, etc. Para una buena comprensión del sentido, es importante darle una entonación adecuada.

  El niño será muy listo, como dice su madre, pero no es capaz ni de atarse solo las zapatillas.

---

⑮ Clasifica, según su uso, los diferentes conectores estudiados y pon algunos ejemplos.

uso general	registro culto y lengua escrita	registro informal y lengua hablada

⑯ Completa las oraciones con las expresiones concesivas que te damos.

> con la vida que lleva, pase lo que pase, cuando, queramos
> que no, cojeando y todo, porque, mal que te pese, será

1. Se casó con esa tal Martina Pérez, ... era a mí a quien de verdad amaba.

2. .... todos los periódicos publiquen la noticia, no significa que sea verdad.

3. El mes de agosto me voy de vacaciones, ...

4. El hombre tiene siempre buenas ideas, y, ..., hay que reconocer que es inteligente.

5. .... muy inteligente, pero todavía no ha conseguido que lo nombren director de zona.

6. Ya tienes 20 años, y, ..., debes empezar a buscar trabajo.

7. ...., acudió a la cita.

8. José se mantiene siempre joven y en forma, ...

17 Sustituye el conector *para (que)* por otro que exprese igualmente finalidad *(de manera que, con el propósito de que, a, por, que, a fin de que, con el objeto de que, no fuera a ser que).*

EL CRIMEN DEL CANARIO DE LA MARQUESA DE OLIVARES

1. Decidieron matar al canario para que la marquesa no le dejara todos sus bienes.

2. Lo raptaron y pidieron un rescate para que pareciera un secuestro.

3. Acompañaron a la marquesa a la comisaría para que nadie sospechara de ellos.

4. Escogieron a Paquito, alias el Duro, para que llevara a cabo la cruel acción.

5. La sobrina de la marquesa puso un anuncio en la prensa para ver si alguien sabía algo del pobre animal.

6. El día del crimen fueron a la pajarería para comprar comida para aves.

7. El mismo día de la desaparición, la marquesa oyó que decían: "Cierra bien para que no se escape", pero no le dio importancia.

8. Enterraron el cuerpo esa misma noche, para que no lo encontraran en el sótano, muerto.

9. Lo pusieron cerca de un pino y plantaron encima margaritas para que no se notara que habían removido la tierra.

10. Una semana después la marquesa fue al despacho de sus abogados para cambiar el testamento; la acompañaba el nuevo beneficiario.

18 Víctor decidió el mes pasado hacer un curso de inglés en Irlanda. Su familia y sus amigos le dieron una serie de consejos para que su estancia fuera agradable y buena. ¿Qué crees que le dijeron? Relaciona y forma frases finales.

Le dijeron que...

- ▶ llevar bufanda y gorro de lana
- ▶ hacer fotografías
- ▶ hablar con ingleses
- ▶ asistir todos los días a clase
- ▶ ir a todas las fiestas posibles
- ▶ hacer excursiones por la zona
- ▶ no beber demasiada cerveza negra
- ▶ buscarse una novia irlandesa
- ▶ limpiar semanalmente el apartamento
- ▶ conducir con precaución

- ✔ no fuera a ser que
- ✔ que
- ✔ de manera que
- ✔ para (que)
- ✔ con objeto de (que)

- ▶ conocer bien la zona
- ▶ practicar el inglés
- ▶ no tener ningún accidente
- ▶ aprovechar bien su estancia
- ▶ no pensar de él que es un guarro
- ▶ emborracharse
- ▶ hacer frío
- ▶ enseñar las costumbres y la forma de vida
- ▶ recordarlo todo bien
- ▶ disfrutar de su viaje

19 Completa las siguientes oraciones con el conector y la forma verbal adecuados.

1. Se vacunó contra la gripe .... *(enfermar)* .... nuevamente.

2. Ve rápidamente a hablar con Paula, ... *(explicarte)* .... qué hay que hacer.

3. Asistió a la reunión, más que nada .... *(comprobar)* .... si eran ciertos los rumores sobre la dimisión del director.

4. Abarataron los productos .... *(poder)* .... mejorar las ventas.

5. El arquitecto subió a la azotea .... *(comprobar)* .... los desperfectos causados por las intensas lluvias.

6. Entraron sigilosamente en la habitación .... el pequeño no *(despertarse)* ....

7. El presidente bajó a la fábrica .... *(informar)* .... sobre la crisis que atravesaba la empresa.

8. Van a crear nuevos cursos de formación .... *(hacer* frente) .... a toda la demanda.

9. Se acercó a ella .... *(besarla)* ...., pero durante el corto trayecto se arrepintió.

10. Giró bruscamente la cabeza .... no *(besarla)* .... y se dio con la farola; se rompió la nariz.

20 Completa la carta con las expresiones que te proponemos, utilizando el tiempo, modo, número y persona adecuados.

✓ dejar sin efecto
✓ ocuparse de la pronta expedición
✓ recibirse
✓ agradecer
✓ figurar
✓ rogar enviar
✓ cargarse
✓ entregarse bien embaladas
✓ ascender

ALMACENES RICO, S. A.
Vallejo, 88-90
28039 MADRID

19 de agosto de 2007

Sr. D. Pablo Santisteban Cortés
Comisionista
Apartado 1075
28080 MADRID

Estimado señor:

.... trasladen a sus representantes, Importadores y Coloniales, S.L., la nota adjunta de pedido n.º 4558-F, y .... las mercancías inmediatamente, pues hemos agotado las existencias.

Entendemos que los precios vigentes son los que .... en su última circular, fechada en febrero del año en curso. Toda variación .... el pedido del artículo o artículos afectados, en espera de nuestra confirmación.

El envío, franco de portes, ... en nuestros almacenes. El importe total del pedido, que .... a 5.251 €, ... en dos mitades, giradas a 30 y 60 d/f.

Esperamos que, como siempre, ... de las mercancías así como de que ....

En espera de sus noticias, los saluda atentamente.

ALMACENES RICO

21 Hace un mes te compraste un ordenador último modelo en el que te gastaste todos tus ahorros. A los quince días de tenerlo, el teclado te empezó a fallar. Lo has llevado en varias ocasiones a arreglar y no dan con el problema. Finalmente, te han dicho que la culpa la tienes tú, que tienes algo en los dedos que estropea las teclas, pero esta explicación no te convence. Escribe una carta al director de la empresa y explícale tu caso, plantéale algunas medidas de presión, etc.

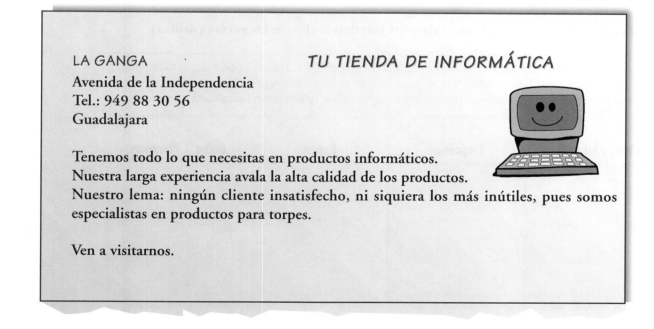

LA GANGA
Avenida de la Independencia
Tel.: 949 88 30 56
Guadalajara

TU TIENDA DE INFORMÁTICA

Tenemos todo lo que necesitas en productos informáticos.
Nuestra larga experiencia avala la alta calidad de los productos.
Nuestro lema: ningún cliente insatisfecho, ni siquiera los más inútiles, pues somos especialistas en productos para torpes.

Ven a visitarnos.

22 **Lee este texto.**

EL MERCADO LABORAL

Art. 35. 1. *Todos los españoles tienen el deber de trabajar y el derecho al trabajo, a la libre elección de la profesión u oficio, a la promoción a través del trabajo y a una remuneración suficiente para satisfacer sus necesidades y las de su familia, sin que en ningún caso pueda hacerse discriminación por razón de sexo.* (Constitución española.)

A pesar de que la Constitución reconoce el derecho al trabajo, la realidad es que son muchos los españoles que carecen de él. El desempleo es, en la actualidad, una de las mayores preocupaciones de la sociedad española, especialmente entre los jóvenes, que se ven obligados a permanecer en el domicilio familiar durante mucho tiempo, no pueden planear su futuro y se ven incapaces de llevar a cabo cualquier iniciativa. Por otra parte, esta preocupación no se debe solo a la escasez de trabajo, sino también a las precarias condiciones laborales (inestabilidad, sueldos bajos, pocas garantías de continuidad, etc.). Desde hace ya muchos años el Gobierno, los sindicatos y los partidos políticos estudian cómo atajar el problema sin que, hasta el momento, se haya logrado solucionar el problema. Las opiniones al respecto están encontradas, lo que impide realizar intentos significativos para acabar con esta situación. Así, para algunos, la solución radicaría en una mayor liberalización del mercado laboral (abaratamiento de los despidos,

sueldos más bajos...) mientras que, para otros, se trata de una cuestión de reparto coherente y justo del trabajo.

Mujeres y jóvenes son los dos sectores más afectados por el desempleo. La falta de experiencia es la responsable en el caso de los jóvenes, pero no así en el de las mujeres, para el que no hay una razón verdaderamente objetiva. Esto contrasta, curiosamente, con algunos hechos: el número de mujeres universitarias es superior al de hombres; las mujeres son las que hacen más cursos de formación y especialización; están más dispuestas que los hombres a aprender. Sin embargo, ¿por qué la tasa de desempleo femenino es tan alta?, ¿por qué los cargos de responsabilidad están ocupados principalmente por hombres?, ¿por qué es tan difícil para una mujer promocionarse?, ¿por qué se asocia a las mujeres a ciertas profesiones (secretaria, enfermera, señora de la limpieza...) si están preparadas para desempeñar cualquier labor?

Miguel Ángel López Ridruejo es un joven madrileño de 24 años; ha estudiado Auxiliar administrativo y Secretariado internacional con excelentes calificaciones; habla perfectamente inglés y francés. A pesar de todo ello, lleva cuatro años buscando trabajo sin resultado. El problema es que todas las empresas buscan específicamente SECRETARIAS. ¿Es esto un caso de discriminación masculina?

1. Señala el léxico relacionado con el ámbito laboral.

2. ¿Cuál es el femenino de las siguientes palabras?

- médico
- sargento
- catedrático
- cabo
- dependiente
- representante
- comercial
- sacerdote
- alcalde
- asistente
- contable

3. ¿Y el masculino de estas otras?

- enfermera
- secretaria
- señora de la limpieza
- matrona
- modista
- ama de casa
- azafata

23 **Clasifica los siguientes términos (algunos pueden incluirse en varias casillas).**

> acción, acreedor, accionista, activo, aval, capital, comisión, compañía, contrato, cooperativa, cotizar, crédito, debe, descuento, embalaje, entidad, filial, financiar, haber, indemnización, inventario, letra de cambio, mayorista, mercancía, nómina, pasivo, pedido, recursos humanos, rendimiento, saldo, sucursal, sueldo

Mundo laboral	Empresa	Banca	Bolsa / Finanzas

24 Completa el cuadro.

distribuir	distribución	distribuidor
	producción	
		consumidor
rentabilizar		
	importación	
		inversor
liberalizar		
	suscripción	
		exportador
comercializar		
	administración	
		fabricante
vender		
	suministro	
		comprador

25 Sinónimos y antónimos.

1. Busca otras palabras o expresiones que signifiquen lo mismo.

▶ desempleo
▶ asalariado
▶ sueldo
▶ beneficio
▶ comisión
▶ cotizar
▶ trabajar por cuenta propia
▶ dar la cuenta
▶ oficio
▶ contrato indefinido

2. Ahora busca palabras o expresiones que signifiquen lo contrario.

▶ dar de alta
▶ empleo
▶ contratar
▶ pagar
▶ ser responsable de
▶ pérdida
▶ minorista
▶ pago en metálico
▶ iniciar
▶ incapacidad
▶ desgravar

26 Fíjate en el siguiente anuncio y lee los dos currículos seleccionados. Decide cuál es el candidato más adecuado y elabora un informe.

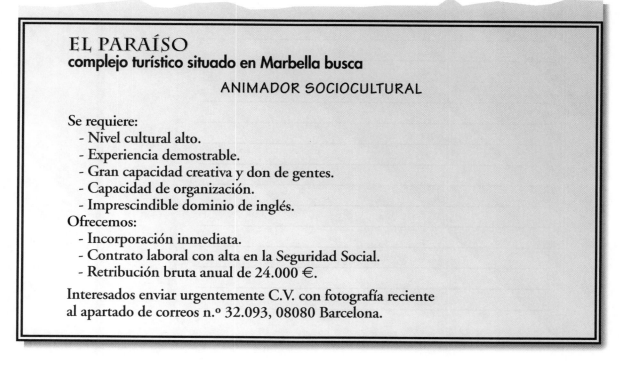

EL PARAÍSO
complejo turístico situado en Marbella busca

ANIMADOR SOCIOCULTURAL

Se requiere:
- Nivel cultural alto.
- Experiencia demostrable.
- Gran capacidad creativa y don de gentes.
- Capacidad de organización.
- Imprescindible dominio de inglés.

Ofrecemos:
- Incorporación inmediata.
- Contrato laboral con alta en la Seguridad Social.
- Retribución bruta anual de 24.000 €.

Interesados enviar urgentemente C.V. con fotografía reciente al apartado de correos n.º 32.093, 08080 Barcelona.

CURRÍCULUM VÍTAE

Nombre: Álvaro

Apellidos: Villena Tomás

Fecha de nacimiento: 6 de junio de 1965

DNI: 8976453 -Y

Dirección: C/ Andrea Doria, 13, 9.º - B. 08003 Barcelona

Teléfono: 935 999 876

—————————— Formación académica ——————————

1985-1990: Licenciatura en Psicología por la Universidad Autónoma de Barcelona.

1990-1992: Curso de Turismo y Tiempo Libre en la Escuela Superior TURIOCIO.

1992-1994: Curso de inglés en Academia OPEN, nivel superior.

—————————— Experiencia profesional ——————————

1992-1994: Agencia de turismo Span-Tour, en su oficina de Londres. Funciones: información y atención al público.

1995-1997: Galería de Arte Universal. Funciones: guía de grupos; información y venta.

1997-1999: Animador sociocultural en el Hotel Villamar, en Alicante. Funciones: organización de excursiones, información y atención a los clientes, organización de fiestas y celebraciones.

—————————— Otros ——————————

Conocimientos de informática a nivel de usuario.

Vehículo propio y disponibilidad para viajar.

CURRÍCULUM VÍTAE

Nombre: Isabel
Apellidos: Hernández Cortés
Edad: 32
Estado civil: soltera
Dirección: Paseo de Gracia, 25, 2.º 08007 Barcelona
Teléfono: 935 444 667

FORMACIÓN

1981-1984: Estudios secundarios en el Instituto Público Pablo Neruda (Gerona).
1985-1988: Curso de Gestión hotelera, con la obtención del título de Técnico en Gestión de Hoteles, en el Centro de Estudios Profesionales (Gerona).
1988-1989: Curso de Primeros Auxilios en la Academia de Enfermería y ATS "El paciente feliz" (Madrid).
1992-1993: Curso de Técnicas de relajación y autocontrol en "El paciente feliz".
1995-1996: Curso de Monitor de tiempo libre en la Escuela de la Naturaleza (Madrid).
1998-1999: Curso de Actividades de Ocio y Tiempo Libre en la Escuela de Turismo (Barcelona).

EXPERIENCIA LABORAL

1988-1989: Recepcionista en el Hotel Duque (Gerona).
1989-1991: ATS en el polideportivo "Virgen del Carmen" (Madrid).
1996-1997: Monitora de excursiones para jóvenes en la agencia Mundo Libre (Madrid).
1999-2000: Azafata de Congresos en la agencia Información (Barcelona).

IDIOMAS

Inglés, nivel superior.
Francés, nivel medio.

OTROS

Gran aficionada y conocedora de diferentes deportes, especialmente de aire libre y naturaleza (en posesión de algunos premios provinciales y regionales).

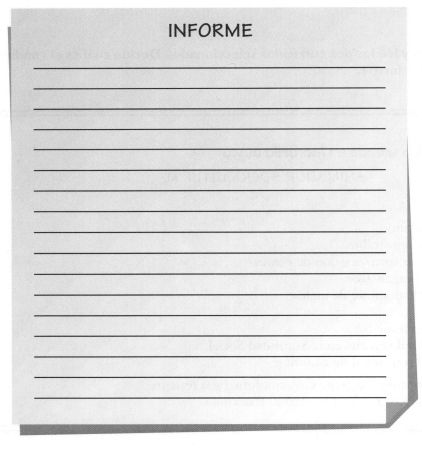

INFORME

1 **Pon el verbo en la forma correcta.**

1. Puesto que *(tener, tú)* .... ganas de trabajar, puedes ayudarme con esto.

2. No quiso contestar a las preguntas porque no *(estar)* .... presente su abogado.

3. Decírselo ha sido una metedura de pata, no porque él no *(saber)* .... nada del asunto, sino porque no *(ser)* .... seguro que salga.

4. Vino a la fiesta, no porque *(querer, él)* ...., sino porque se lo *(pedir)* .... yo.

5. Me cae mal porque *(creerse, él)* .... muy listo.

6. Se puso mala por *(hacer)* .... un régimen tan severo.

7. Ya que nadie *(atreverse)* .... a decírselo, lo haré yo.

8. No te doy el dinero porque no *(fiarse, yo)* .... de ti, sino porque no lo *(tener, yo)* ....

9. Deberías hacerlo tú, ya que *(ser)* .... el mayor.

10. No es que *(dudar, yo)* .... de su capacidad, es que prefiero hacerlo yo.

11. Dado que todos se lo *(pedir)* ...., al final terminó por hacerlo.

12. Fue un mal día porque él no *(venir)* .... y porque no *(encontrar, nosotros)* .... a nadie que lo sustituyera.

2 **Escribe qué cosas puede estar negando el adverbio *no* en estas frases fuera de contexto.**

1. No se lo dijo por fastidiarte.

_____

_____

2. No vino porque hubiera quedado con Ángel, sino porque había quedado con Luis.

_____

_____

3. No habrá hecho el trabajo sólo por ser diferente a los demás.

_____

_____

4. No se presentó con un regalo porque supiera que era tu cumpleaños.

_____

_____

Utiliza las frases del ejercicio para completar los diálogos y di qué es lo que se está negando.

1.

A: Todos sus compañeros tan orgullosos con sus trabajos de fin de curso y él, ¡hala!, con las manos vacías. Bueno, ya se sabe que a estas edades se vuelven rebeldes.

B: Ya, Charo, pero ...., seguro que hay otra razón.

2.

A: ¿Has visto qué amable? Vino a mi fiesta con un detalle.

B: ....

A: ¿Entonces?

3.

A: Me sorprendió mucho que Begoña se presentara en la fiesta. Entonces, ¿sigue con tu hermano?

B: ¡Qué va! ....

4.

A: La jefa felicitó ayer a Marisa por su trabajo.

B: ¿Y no le dijo que lo habíamos hecho a medias?

A: ¿Qué? ¡Inocente! Con la manía que te tiene Marisa ....

③ Elige la opción más adecuada.

1. a) Se puso enferma porque se tomó un yogur en mal estado.

b) Se puso enferma ya que se tomó un yogur en mal estado.

2. a) Lo han despedido por llegar tarde.

b) Lo han despedido de tanto llegar tarde.

3. a) Podemos empezar, que estamos todos.

b) Podemos empezar ya que estamos todos.

4. a) Anda, baja la basura; como vas a salir…

b) Anda, baja la basura porque vas a salir.

5. Vamos a llegar tarde. ¿Tenías que ponerte a planchar ahora?

a) Porque me he puesto a planchar tú llevas la ropa impecable.

b) Tú llevas la ropa impecable porque me he puesto a planchar.

④ Completa con la forma adecuada del verbo.

1. Es tan inútil que no *(saber)* .... hacer la "o" con un canuto.

2. No serán tantas las cosas que debes hacer que no *(poder)* .... ir de vacaciones.

3. Había tal cantidad de gente que nos *(resultar)* .... imposible entrar.

4. Ojalá tenga tal suerte que *(conseguir)* .... el trabajo.

5. Tengo un hambre que me *(comer)* .... todo lo que he cocinado.

6. Estoy de vacaciones, así que, por mucho que me lo pida, no *(pensar, yo)* .... hacer nada.

7. Tenía que estar a las cuatro en Madrid, así que es posible que no *(venir, él)* .... a comer a casa.

8. Ya que mañana es el examen, *(confiar, yo)* .... en que lo que expliquen hoy de gramática no entre.

9. Hoy hay clase como todos los días, así que *(hacer, vosotros)* .... los ejercicios, por favor.

10. Los miércoles es el día del espectador y por eso *(soler, nosotros)* .... ir al cine.

⑤ Completa estos diálogos utilizando el verbo en negrita en la forma adecuada.

1. A: Me han dicho que el de Historia **es** un hueso.

B: Cómo .... que presume de ser el que más suspende.

2. A: ¿Te **dolió** mucho?

B: Si .... que me puse a llorar.

3. A: ¿Lo **había escondido** en un lugar seguro?

B: Dónde .... que luego no lo encontraba ni él.

4. A: Ya sé que se le **da** bien la cocina.

B: Si .... que el año pasado ganó un premio en la escuela.

5. A: Antes **tenía** mucho dinero, ¿no?

B: Cuánto .... que tanto él como su mujer cambiaban cada año de coche.

6. A: ¿Qué ha pasado? **¿Han discutido** de nuevo?

B: Si .... que Silvia ha dicho que no volverá a dirigirle la palabra.

6 **¿En qué casos hay intención?**

1. Lo hizo de manera que pareció un accidente.

Lo hizo de manera que pareciera un accidente.

2. Me miró de forma que comprendí lo que le pasaba.

Me miró de forma que comprendiera lo que le pasaba.

3. Tiene un comportamiento extraño, de modo que todos piensen que está loco.

Tiene un comportamiento extraño, de modo que todos piensan que está loco.

4. Es un niño con problemas; habla muy mal, de tal manera que nadie lo entiende.

Es un niño con problemas; habla muy mal, de tal manera que nadie lo entienda.

7 **Construye frases tomando un elemento de cada columna.**

▶ No vino a clase
▶ Se puso malísima
▶ Metió la pata
▶ Se fue con unos amigos
▶ Se fue de compras
▶ Estaba agotada
▶ Tenía resaca
▶ No le gustó nada aquello

de ahí que

por

así que

porque

▶ no pensar antes de hablar.
▶ estuviera callada todo el tiempo.
▶ le apetecía darse una vuelta.
▶ no quiso ayudar a Carlos.
▶ se atragantó.
▶ volviera antes a casa.
▶ se acostó.
▶ gastó mucho dinero.

8 **Utiliza diferentes conectores para formar una frase causal y otra consecutiva.**

Ej.: *Ser muy orgulloso / no dar su brazo a torcer.*
    Como es muy orgulloso, no da su brazo a torcer.
    Es muy orgulloso, por eso no da su brazo a torcer.

1. Estar de juerga toda la noche / solo dormir dos horas.

_____

_____

2. Dormirse en el cine / no enterarse de la película.

_____

_____

3. Beber mucho cava / no recordar nada al día siguiente.

_____

_____

4. Querer irse de viaje / tener que ahorrar.

_____

_____

5. Contestar mal a su jefe / tener que pedirle inmediatamente disculpas.

_____

_____

9 Completa con el conector causal o consecutivo adecuado.

1. La verdad, ese libro no es .... bueno que se merezca el primer premio.

2. Se cuida mucho; .... se conserve tan bien.

3. Lo detuvieron .... robar en una tienda.

4. He tenido .... problemas que me da igual otro más.

5. En mis tiempos se aprendía la ortografía .... copiar la palabra muchas veces.

6. A mí no me metas, ... no quiero problemas con el jefe.

7. Se toma todo .... a pecho que se lleva unos disgustos terribles.

8. El apartamento cuesta 150.000 €, ... tengo que pedir un crédito.

9. Creía que no había nadie en casa. .... estaban todas las luces apagadas...

10. —Llevo media hora esperándote.

—..................... me he dormido.

10 Completa el texto.

Jorge es mi mejor amigo. *(Conocernos)* .... desde que estudiamos juntos en la universidad. Siempre he seguido los consejos de mi amigo Jorge porque *(saber, yo)* ....que me valora y que quiere lo mejor para mí, de ahí que *(confiar, yo)* .... tanto en su criterio que, incluso, *(poner)* .... mi vida en sus manos.

Así, cuando dejé aquel empleo de 2.600 € netos, no lo hice porque *(encontrarme)* .... a disgusto con las condiciones de trabajo, con el ambiente que allí *(haber)* ...., o porque *(ser)* .... tantas las cosas que *(tener)* .... que hacer que no me *(quedar)* .... tiempo para disfrutar; lo hice porque Jorge me *(abrir)* .... los ojos a la injusticia que suponía que mis funciones *(ser)* .... impropias de alguien tan preparado como yo. Uno tiene que aprender a estimarse en su justa medida, porque, si no, los

demás tampoco lo *(hacer)* .... También tuve la fortuna de tenerlo cerca cuando estuve a punto de caer en las garras de Laura, aquella mosquita muerta que no *(querer)* .... casarse conmigo porque yo *(ser)* .... el hombre de su vida, como ella decía, sino por *(asegurarse)* .... el porvenir con alguien que, sin duda, *(alcanzar)* .... una buena posición en la vida.

Lo que más siento es que Jorge *(infravalorarse)* .... de la manera que lo hace. Considera que no *(poder)* .... ser nunca como yo porque *(carecer, él)* ....de mi inteligencia y seguridad, así que *(tener)* .... que conformarse con lo que le *(ofrecer)* .... Eso es lo que me dijo cuando *(aceptar)* .... aquel trabajo que yo *(rechazar)* .... Ahora ha empezado a salir con Laura; para él, es suficiente con que alguien le *(prestar)* .... un poco de atención.

11 Utiliza *porque, por que, por qué* o *porqué*.

1. Desconozco los motivos .... han rechazado nuestra solicitud.

2. Cada cual tiene su .... para hacer lo que hace.

3. ¿..................... te dijo que no estás enfadada con ella?

4. No sé .... está siempre tan callado.

5. Me encanta vivir solo .... no tengo que dar cuentas a nadie.

6. ¿Sabes .... lo hizo?

7. Ese es el camino .... se fueron.

8. ¿..................... has llegado tan tarde?

9. Ya nos hemos enterado de .... no quisiste venir el otro día.

10. Tuvo que estudiar muchísimo .... en tantos meses se le había olvidado todo.

11. Es necesario que sepáis la razón .... estamos hoy aquí.

12. No conozco el .... de su decisión.

12 **Completa con *con que*, *con qué* o *conque*.**

1. Ya es hora, ... empecemos.

2. No es necesario que repitas todo el ejercicio: .... hagas de nuevo esta operación es suficiente.

3. No sé .... limpiar esta mancha.

4. Empieza a llover, ... acuérdate de coger el paraguas.

5. Encontraron la pistola .... mataron a la víctima.

6. Necesito que me digas .... preparaste esta comida tan deliciosa.

7. No tienes que hacerle ningún regalo, basta .... la felicites.

8. ¿... te quedas, con el jersey o con la chaqueta?

9. No estoy para bromas, ... estáte quietecito.

10. Ahora ya veo .... intención lo hiciste.

11. Te he visto, ... no me mientas.

12. Esta es la herramienta .... me abrieron la puerta del coche.

13 **Completa con *de modo que*, *del modo que*, *de igual modo que* o *del mismo modo que*.**

1. *A:* No sé qué hacer con mi hijo. Los fines de semana viene a las tantas, y en casa no hace ni la cama.

   B: Pues dile que .... tiene edad para salir por la noche, tiene edad para ayudar un poquito en casa, ¿no?

2. Por favor, hazlo .... te he dicho, que si no, no es igual.

3. Quiso dejar por escrito lo que pensaba, ... nadie pudiera poner en duda sus intenciones.

4. Entró por el jardín, ... nadie lo vio.

5. *A:* ¿Cómo vas a preparar el cocido?

   B: Pues .... que me enseñó mi madre, ya que no sé hacerlo de otra forma.

6. Parece un espejo, oye. Tiene que hacer todo exactamente .... yo.

14 **De las dos opciones, di si ambas, solo una o ninguna son apropiadas.**

1.

a) Un anillo de esmeraldas no es tan valioso como uno de brillantes.

b) Un anillo de brillantes no es menos valioso que uno de esmeraldas.

2.

a) La lechuga no es tan picante como el chile.

b) La lechuga es más sosa que el chile.

3.

a) Jaime es tan rico como Anselmo.

b) Jaime es tan pobre como Anselmo.

Jaime

Anselmo

15 ¡Recuerdas a Rocky, el perro de Bom? Estos son sus amigos de juegos, Fifi y Toby. Compáralos haciendo frases con un elemento de cada columna.

Rocky Fifi Toby	menos no menos más no más tan no tan igual de	chato/a baboso/a ladrador/a	que como	Toby Fifi Rocky

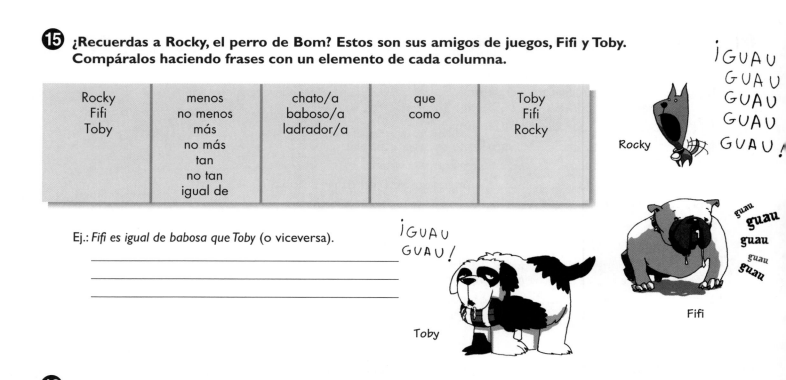

Rocky

¡GUAU GUAU GUAU GUAU GUAU!

Ej.: *Fifi es igual de babosa que Toby* (o viceversa).

¡GUAU GUAU!

_____

_____

_____

Toby

guau **guau** guau guau **guau**

Fifi

16 Estas son algunas estrofas de diversas poesías de trovadores. Complétalas con los conectores causales, consecutivos, modales o comparativos adecuados y pon los verbos en la forma correcta.

Tengo mi corazón tan lleno de alegría (Bertart de Ventadorn)

I. Tengo mi corazón ... lleno de alegría
que todo me lo (transformar) ...
El frío me parece
una flor blanca, roja y amarilla,
... con el viento y la lluvia
me (crecer) ... la felicidad,
por lo que mi mérito aumenta y sube
y mi canto (mejorar) ....
Tengo en el corazón ... amor,
... gozo y dulzura
que el hielo me parece flor
y la nieve, hierba.

II. Puedo ir sin vestido,
desnudo de camisa,
... el amor puro me da fuerza
contra la fría brisa.
Pero está loco quien se excede
y no se comporta ... es debido:
... he tenido cuidado conmigo
desde que requerí
de amor a la más bella,
de la que espero ... honor
que en vez de su riqueza
no quiero tener a Pisa.

III. Me aleja de su amistad
pero tengo la esperanza,
... he conquistado
su hermoso semblante;
y, al dejarla, tengo
... felicidad
que el día que la veo
no (sentir) ... pesadumbre.
Mi corazón está cerca de Amor
y hacia allí corre mi espíritu,
pero el cuerpo está aquí,
lejos de ella, en Francia.

VI. En el mundo no hay asunto
del que me preocupe ...
que, cuando oigo cantar algo de ella,
mi corazón no (volvérseme) ...
y mi rostro no (iluminárseme) ...,
... cualquier cosa que me oigáis
os parecerá inmediatamente
que tengo ganas de reír.
La amo ... con buen amor
que muchas veces (llorar) ...,
... mejor sabor
tienen para mí los suspiros.

Cuando el hielo, el frío y la nieve (Guiraut de Bornelh)

I. Cuando el hielo, el frío y la nieve
se van y vuelve el calor,
reverdece la primavera
y oigo los cantos de los pájaros,
me resulta ... hermoso
el dulce tiempo al final de marzo
que me encuentro ... ágil que leopardo
y ... rápido que gamuza o ciervo.
Si la bella de que la soy profeso
me quiere honrar
... que (dignarse) ... soportar
que yo sea su leal confidente,
seré más rico y poderoso ... todos.

IV. Señora, ... que en un castillo
que es asediado por poderosos señores,
cuando le derriban las torres la catapulta,
el ariete y el maganel
y es ... dura
la guerra por todas partes
... de nada (servir) ... ingenios ni artificio,
y son ... fieros el dolor y los gritos
de los de dentro, que tienen gran miedo,
que os parecería y creeríais
que deberían clamar compasión,
así yo clamo compasión humildemente
buena señora, noble y valiente.

¡Ay! Ya no hay nadie que ame (Adam de la Halle)

I. ¡Ay! Ya no hay nadie que ame
... debería amar;
todos fingen ser amantes y quieren gozar
     sin esforzarse.
... debe tener cuidado
aquella que es rogada,
... es ... codiciada la dama
que solo se puede censurar.

II. Y ... amantes es peligroso,
... la amiga se hace desear;
y además resulta que uno se adelantará
y vendrá a pedirle enaltecimiento;
que ella no se atreva a hablar
ni a decir nada; ¡ay!, cómo lamento tener
     amiga
para actuar ... villanamente.

Carlos Alvar, *Poesía de Trovadores, Trouvères y Minnesinger.*

17 **Estas son las partes que les faltan a los anuncios del ejercicio 17 del Libro del Alumno. ¿Te habías acercado al original?**

d.

Forros polares

Guantes, bufandas y gorras polares

Y miles de sandwiches y cervezas gratis

POR CADA 10 € DE CONSUMO QUE INCLUYA UN SANDWICH CALIENTE, PIDE TU RASCA Y VERÁS QUÉ PRONTO VAS A ESTAR CALENTITO.

Promoción válida del 6 de octubre al 3 de noviembre.

e.

FUNGUSOL®
Con aerosil
polvo

FUNGUSOL 60 g
polvo 60 g
con aerosil

pies en buenas manos

¿Mal olor? ¿Hongos?

FUNGUSOL es un eficaz desodorante. Cuando los pies están comprimidos en el calzado, FUNGUSOL actúa como secante, absorbiendo el sudor que causa el mal olor.

Además, cuando los pies están libres y descalzos en la ducha, piscina, gimnasio,... FUNGUSOL los protege contra las infecciones por hongos y bacterias.

Acido Bórico y Oxido de Zinc. Consulte a su farmacéutico. Utilizar únicamente sobre piel sana. Lea las instrucciones. C.P.S. 94.007

Roche ROCHE NICHOLAS S.A.

g.

ADVERTENCIA.
Se recomienda no realizar esta prueba con el panty que no sea Durabel de Dusen.

dusen

PANTY DURABEL. EL ÚNICO PANTY...¡CON GARANTÍA!

TUS MEDIAS EN TU TIENDA

h.

PREVENCIÓN DEL TABAQUISMO

Razones para dejar de fumar.

i.

OK!

Te sentirás así de optimista y vital. Las clementinas tienen todo lo que necesitas para renovar la energía a diario y cuidar tu salud: un alto poder antioxidante, fibra, minerales, vitamina C ... Y además, pelarlas es muy fácil. Las clementinas son fruta fresca del Mediterráneo. Lo más natural del mundo.

Regeneración
natural

f.

LUBRICANTES CEPSA. ELEVA TU MOTOR A LA MÁXIMA POTENCIA.

CEPSA
Nº1 en lubricantes.

18 Relaciona los productos con sus eslóganes.

- ✓ Vamos, mójate
- ✓ Eclipsa las arrugas, ilumina el rostro
- ✓ No te mosquees
- ✓ Bajo cubierta
- ✓ Expertos en decoración de interiores
- ✓ Porque es tu mejor amigo
- ✓ Para que tu vida vaya sobre ruedas
- ✓ Líbranos de la tentación, Señor
- ✓ Un poco de pasta, basta
- ✓ Para los que consideran que el tiempo es oro

- ▶ lencería
- ▶ motos
- ▶ relojes
- ▶ detergente en pasta
- ▶ comida para perros
- ▶ impermeables
- ▶ bombones
- ▶ crema facial
- ▶ seguros
- ▶ insecticida

19 Completa con el término correspondiente.

- ▶ caza furtiva
- ▶ deforestación
- ▶ pesticidas
- ▶ descenso de los niveles del agua
- ▶ efecto invernadero
- ▶ residuos tóxicos
- ▶ sobrepastoreo
- ▶ sobrepesca
- ▶ deshielo
- ▶ gases contaminantes
- ▶ agujero en la capa de ozono

1. La gran cantidad de incendios provocados que han tenido lugar durante los últimos diez años está llevando a la .... de la zona mediterránea.

2. Están organizando unas conferencias sobre el denominado .... y su repercusión en el clima de esta región.

3. En las aguas mediterráneas se lleva a cabo una .... masiva que debe ser controlada por las autoridades correspondientes para evitar grandes daños en la fauna marina. De la misma manera, el ...., asociado a la importante explotación ganadera de algunas zonas, va produciendo la desertización de grandes terrenos.

4. No se puede beber el agua de esta comarca a causa de los .... que se utilizan en las huertas de los alrededores.

5. Han publicado un listado de los productos de uso diario que incrementan el ....

6. El .... hace que los pantanos ofrezcan un paisaje desolador.

7. El vertido de .... de las grandes fábricas a los ríos y mares está provocando importantes desastres ecológicos.

8. A la policía le preocupa la .... de aves en peligro de extinción que se realiza por esta zona.

9. La gran cantidad de .... que diariamente enturbian la atmósfera de nuestras ciudades perjudica seriamente la salud de todos los que viven en ellas.

10. Muchos son los especialistas que llevan a cabo estudios y trabajos sobre las repercusiones del .... de los cascos polares.

20 El siguiente texto es el resumen de una entrevista realizada a Carlos, un joven francés que trabaja en el pub Bésame Mucho, que se encuentra en El Baluarte, en la zona de marcha de Torrevieja (Alicante). Léelo.

En cuanto a la polémica suscitada por el tema de los ruidos, él, que es francés, nunca había visto algo parecido en su país y cree que esta situación debe ser la única en Europa. No puede entender que en una zona de viviendas se pueda estar hasta las tres y media de la madrugada con la música y la gente por las calles. Para él lo ideal sería retirar un poco la zona pero quedando por el centro.

En cuanto a los niveles de música y la polémica del cierre de puertas y ventanas, el copropietario del Bésame

(.../...)

(.../...)

Mucho asegura que hay pubs que por sus relaciones con el Ayuntamiento saben de antemano cuándo van a pasar los municipales por la zona. A Carlos no le parece mal que sus compañeros lo sepan, lo que lo enfada en cierta forma es que no les avisen, ya que, al fin y al cabo, el interés de todos es que no los multen. Sin ir más lejos, hace dos fines de semana que lo multaron por no tener la ventana cerrada, pero él no puede tener a noventa personas encerradas en un local sin aire acondicionado y repleto de humo; eso es infrahumano.

Las quejas de los vecinos y las peticiones de los propietarios tienen algo en común: su destinatario, la persona a la que ambas partes acuden para ser escuchadas y en la medida de lo posible atendidas. El concejal de Actividades y Medio Ambiente, Eduardo Gil Rebollo, que, por ser uno de los máximos responsables a la hora de dar soluciones a esta polémica, nos contestó a una serie de preguntas...

Victoria Aceta y Rosa Barrantes, "El claroscuro de El Baluarte". *Vista alegre. Semanario de Torrevieja.*

La entrevista realizada al concejal de Actividades y Medio Ambiente está desordenada. Une cada pregunta con su respuesta.

1. *¿Qué medidas se están tomando desde el Ayuntamiento en relación con la zona de El Baluarte?*

2. *¿Cree usted que se habrían evitado los problemas si estos bares estuvieran más repartidos por la ciudad?*

3. *¿Qué requisitos tiene que cumplir un pub para obtener el permiso de apertura?*

4. *¿Qué tipos de licencias existen?*

5. *¿Qué tipos de sanciones existen?*

6. *En líneas generales, ¿cuál va a ser la función de la nueva ordenanza que se tiene prevista?*

7. *¿Qué opinión le merece?*

a. Existe la picaresca de que hasta el año 82 no existía la palabra *pub* y aparecía el típico bar de tercera con ambiente musical. Muchos de estos establecimientos cumplen la misma normativa que los que actualmente son pubs, pero con una licencia otorgada anteriormente. Me consta que algunos de ellos, por el problema del horario (el pub puede permanecer abierto una hora más, más media de desalojo), están solicitando un cambio de licencia y presentando un certificado técnico como que ese local reúne las condiciones necesarias.

b. Las sanciones están previstas en la ley 2.91: leves, hasta 600 euros; graves, desde 600 hasta 6.000 euros, y muy graves, por carecer de la licencia de apertura o transmitir más de 35 decibelios, más de 12.000 euros.

c. En este año en concreto, con las críticas que he recibido del jefe de la policía local de que estoy apretando demasiado para intentar cumplir la ley en todo su rigor, técnicamente, presentar todos los limitadores de sonido con puertas y ventanas cerradas, ya que el bullicio de la gente nadie lo puede evitar y eso ya va en la educación de cada uno.

d. Se intentó hace bastante tiempo trasladar la zona a la calle de la Diversión, pero la gente tiene sus costumbres y difícilmente las puedes erradicar. La juventud ha creado la zona de El Baluarte, se concentra ahí salvo que se cree una zona cercana sin vecinos, opción que se está estudiando; de momento, no se puede hacer más.

e. Yo espero que, si esta ordenanza sale, nos va a dar más potestad a los ayuntamientos, de poder, no solo controlar los bares y los pubs, sino también a todos los motoristas que van con tubos de escape libres y la música del interior de los automóviles, entre otras muchas cosas.

f. Cumplir la normativa: insonorización, sin productos inflamables y cumplir a rajatabla la ley 2.91 y C.P.96 contra incendios.

g. En principio esta ordenanza tiene el título de *Contaminación acústica y vibraciones del municipio de Torrevieja,* es decir, todo aquello que produce ruido, desde una obra hasta una motocicleta, pasando por bares y restaurantes.

21 Lee los siguientes fragmentos del libro de Manuel Delgado *Entre bichos anda el juego*. ¿Estás de acuerdo con lo que se expone en ellos? Escribe un texto expresando tu opinión.

No sé cómo hay gente capaz de relacionar el espíritu ecológico de nuestros tiempos con la tenencia y disfrute abusivo de animales de compañía. ¿Retorno a la vida natural, al contacto con el campo y las bestias? Solo alguien que no ha estado en toda su vida en una granja puede sostener semejante sandez. La manera como nos relacionamos en las ciudades con los animales domesticados no tiene absolutamente nada que ver con el tipo de vínculo que unía al campesino o al pastor con sus gatos y perros. Y no me diga que usted sí puede tener perro porque tiene un chaletito en la sierra, porque entonces tendré que decirle que el problema ecológico no es el perro, sino el chaletito.

Pocos ejemplos hay más claros de destrucción humana del equilibrio ecológico que la deportación masiva de animales a las grandes urbes, teniendo en cuenta sobre todo el peligro que representa luego devolverlos a la "madre naturaleza".

Párrafo aparte merecen las palomas, que han acabado por constituirse en un grave peligro para el bienestar ciudadano y para la conservación y limpieza de las ciudades. Es duro de reconocer, porque caen como muy simpáticas y la gente les echa de comer, pero las cosas son como son y darles de comer a las palomas es lo más parecido del mundo a darles de comer a las ratas de alcantarilla, cosa que muy pocos estarían dispuestos a hacer. Lo cierto es que estudios llevados a cabo por la Facultad de Farmacia de la Universidad de Barcelona demostraron que las palomas de la ciudad estaban altamente infectadas de pulgas, ácaros y garrapatas, fácilmente transmisibles al ser humano y que pueden ser causa de enfermedades graves. La población de palomas en Barcelona alcanzaba en 1988 los cien mil ejemplares, de los que el municipio ya ha eliminado cerca de treinta y cinco mil a base de meterlas en cámaras de gas o de ahogarlas en bidones. Antes el problema estaba controlado por la existencia de parejas de hurones que daban cuenta de las más enfermas, pero a alguien le pareció una crueldad y, ¡hala!, fuera hurones.

22 Relaciona estas palabras con cada uno de los cuatro países.

1. República Dominicana
2. Venezuela
3. Ecuador (Islas Galápagos)
4. Argentina

▶ Salto del Ángel
▶ pingüinos
▶ Tierra de Fuego
▶ ron

▶ Orinoco
▶ palmeras
▶ glaciares
▶ caimanes

▶ volcanes
▶ Roca Pináculo
▶ Samaná
▶ estepas

23 Completa estos textos publicitarios con los nombres de los países.

> Perú, Costa Rica, Colombia, Panamá, Argentina, México, Chile,
> Honduras, Brasil, Ecuador, Bolivia, Venezuela, Guatemala

AMÉRICA CENTRAL

........................., cuna de civilizaciones milenarias, siempre sorprendente y mágico, aguarda a sus visitantes con fastuosas ciudades coloniales, enclaves paisajísticos de belleza singular, remotas poblaciones con acentuado colorido indígena e inigualables playas en el Caribe y en el Pacífico. Descubra con nosotros estos encantos participando en alguno de nuestros circuitos clásicos.

América Central encierra tesoros de muy diversas índoles, capaces de satisfacer a los más experimentados viajeros: ...., célebre por la cultura maya, el bello lago Atitlán, la ciudad colonial de Antigua, los espectaculares paisajes y volcanes; y las idílicas islas de ....; o los incomparables parques nacionales de ...., que albergan una fauna inusitada. ...., con sus famosas ruinas de Copán... Una región fascinante que, sin duda, cautivará a todos los que hasta ella se acerquen.

AMÉRICA DEL SUR

América del Sur, selvas inexploradas y algunas de las playas más famosas del mundo en .... Bosques idílicos y glaciares en .... Playas en el Caribe e impresionantes ciudades coloniales en .... Desiertos, parques naturales e islas míticas en .... Actividad volcánica y especies únicas en uno de los ecosistemas más complejos de la Tierra, en .... Civilizaciones milenarias y el famoso Machu Picchu en .... Lagos sagrados y tipismo indígena en .... Soberbios espectáculos naturales y deshabitadas islas en ....

Estos son tan solo unos apuntes de la riqueza que encierra el sur del continente que aguarda al otro lado del Atlántico, acogiendo a sus visitantes con el dulce acento y la amabilidad de sus gentes, el colorido de sus tradiciones y la cadencia de su música tantas veces evocada.

Fuente: Iberojet (Catálogo de Grandes Viajes).

1 **Lee el texto y escríbelo en forma dialogada.**

Después de un día durísimo de trabajo, por fin llegó el momento de regresar a casa y relajarse. Por el camino iba pensando en que lo primero que haría al llegar sería darse una ducha; después, se prepararía algo ligero para cenar, cenaría y, finalmente, se tumbaría en su sillón a leer y a escuchar música. Se dijo para sí misma que nada podría estropear tan maravilloso plan.

Al entrar en el portal se encontró con Nati, la vecina del 5.°, que le contó que Juan había tenido un accidente y que se encontraba en esos momentos en el hospital. Margarita preguntó si era grave, a lo que la vecina contestó que no demasiado, pero que era necesario que pasara la noche allí en observación. Margarita se disculpó con Nati por no poder seguir hablando con ella, explicando que tenía mucha prisa.

En el ascensor pensó en la suerte que había tenido al poder deshacerse tan rápidamente de su vecina, y esbozó una gran sonrisa. Sin embargo, esa alegría le duró poco tiempo: al abrir la puerta de su casa encontró a Andrés en el salón, esperándola. Andrés percibió enseguida tanto su cara de asombro como su decepción y le recordó, con indignación, que habían quedado para esa noche. Margarita continuaba enfadada por la discusión que había mantenido con él esa misma mañana, por lo que le pidió que se fuera, ya que no se encontraba bien. Andrés, muy enfadado, le explicó que había hecho un gran esfuerzo para estar allí esa noche con ella, y que incluso había discutido con su mujer, que comenzaba a sospechar algo. Añadió que su mujer era muy sensible y que él no quería hacerle daño. Ante tanta desconsideración, Margarita no pudo menos que abrir la puerta y ordenarle a gritos que se fuera de su casa y que se olvidara de ella para siempre.

Andrés cogió su abrigo y se marchó. Antes de salir se detuvo ante ella y con desprecio le dijo que estaba loca y que nadie entendería jamás sus arrebatos. Añadió que sabía que al día siguiente lo habría olvidado todo y le pediría disculpas, como siempre ocurría. Margarita le contestó que esa había sido la última vez.

2 **Transforma en estilo indirecto las frases siguientes.**

1. El fontanero me dijo: "No se preocupe usted, señora; esto se lo arreglamos en un santiamén".
2. Ante el retraso del nuevo empleado, el señor Arguiñano señaló: "Hay que estar atento al reloj. Espero que no vuelva a ocurrir".
3. Sebastián le comentó al médico: "Me sigue doliendo mucho. Como si tuviera algo aquí. Es un dolor fuerte".
4. Llegó por detrás, me tapó los ojos y me dijo: "Adivina quién soy".
5. Luis replicó: "Me negué a venir porque no habían invitado a Teresa, mi mujer".
6. Con gran seriedad contestó: "Yo prefiero no meterme en la vida de los demás y que nadie se meta en la mía".
7. Cuando era niño siempre pensaba: "¿Tendré que ir al colegio durante toda mi vida o será solo mientras sea pequeño?".
8. Al enterarse de lo ocurrido se enfadó mucho y gritó: "Estoy harta, harta de que nadie me haga caso y de que todos se rían de mí".
9. El acusado insistió: "Les repito que soy inocente. Yo no he matado a nadie en mi vida".
10. Nada más entrar en la habitación le dijo: "¡Anímate, muchacho! Piensa que podría haber sido peor".
11. Después de mucho insistir, Almudena reconoció: "Sí, yo estuve ayer aquí, pero no me llevé nada que no fuera mío".
12. Eva se molestó mucho y dijo: "Dejadme en paz. Nunca más volveré a contaros nada".

13. María replicó: "Yo siempre he tenido perros en casa y nunca nos han causado ningún problema".
14. Cuando le pregunté dónde dejaba el paquete, me contestó: "Ponlo aquí mismo; ahora vendrán a recogerlo. Anteayer se llevaron dos más".
15. Se disculpó diciendo: "Perdóname. No lo he hecho adrede. No volverá a suceder".

3 **Transforma en estilo indirecto estas frases.**

I. Con cara de asombro dijo: "Fíjate, acaba de llegar y ya quiere irse".

2. Tras escuchar la historia comentó: "Tendrá mucho dinero, pero carece de educación".

3. Juana añadió con una sonrisa: "Venga, mujer, no te pongas así; es solo una broma".

4. En la carta solo ponía: "Señora Peñalver, lamento tener que comunicarle que su tío ha fallecido".

5. El representante sindical afirmó: "Compañeros, permaneced unidos y conseguiremos nuestro propósito".

6. Y uno contestó: "Claro, tú no tienes problemas porque a ti no te dejarán sin trabajo, pero ¿qué pasará con los que llevamos poco tiempo?".

7. El maestro, que ya estaba harto de tanta travesura, le dijo: "Mira, niño, vuelve a hacer otra de las tuyas y te expulso del colegio".

8. La vecina comentó: "El portero me ha dicho que la señora de la limpieza le había contado que el presidente de la comunidad llegaba todos los días borracho".

9. El sargento contestó: "No, mi coronel, todavía no ha llegado su coche; si usted lo desea, volveré a llamar".

10. Nada más llegar me preguntaron: "¿Tiene usted experiencia en un puesto similar? ¿En qué empresa?".

4 **Transforma en estilo indirecto este**

Pedro: ¿Qué dices?

Luis: A mí no me importa decir por qué me trajeron a esta escuadra. Me negué a formar un piquete de ejecución. Eso es todo. Yo no sirvo para matar a sangre fría. Lo llaman "insubordinación" o no sé qué. Me da igual. Volvería a negarme…

Pedro: Bien, cállate. No te conviene hablar ahora. Te subiría la fiebre. Lo que tienes que hacer es descansar.

Luis: Yo… he querido decir…

Pedro: Te hemos entendido. Calla.

Andrés: Mirándolo bien, es horrible lo que nos ha ocurrido a nosotros, por una cosa o por otra.

Javier: Sí.

Andrés: Esto es una ratonera. No hay salida. No tenemos salvación.

Javier: Esa es la verdad. Somos una escuadra de condenados a muerte.

Andrés: No, es algo peor…, de condenados a esperar la muerte. A los condenados a muerte los matan. Nosotros… estamos viviendo…

Pedro: Os advierto que hay muchas escuadras como esta a lo largo del frente. No vayáis a creeros que estamos en una situación especial. Lo que nos pasa no tiene ninguna importancia. No hay nada de qué envanecerse.

Andrés: No tenemos otra misión que hacer estallar un campo de minas y morir.

Pedro: Ya está bien, ¿no? Pareces un pájaro de mal agüero.

Andrés: Si es la verdad, Pedro. Es la verdad. ¿Qué quieres que haga? ¿Que me ponga a cantar? Es imposible cerrar los ojos. Yo… yo tengo miedo… Ten en cuenta que… yo no he entrado en fuego aún. Va a ser la primera vez… y la última. No me puedo figurar lo que es un combate. Y… ¡es horrible!

Alfonso Sastre, *Escuadra hacia la muerte*.

5 **Completa el texto con los tiempos y modos verbales adecuados.**

El día 24 de septiembre *(ir)* .... a la entrevista de trabajo. *(Planear)* .... este encuentro durante varios días y *(ensayar)* .... desde los saludos hasta la forma de sentarse. Llegó puntualmente, tal y como le *(aconsejar)* .... en diversas ocasiones.

Nada más llegar se *(presentar)* .... a la recepcionista y esta le sugirió que *(pasar)* .... a la sala contigua y que *(esperar)* .... allí. Antes de *(salir)* .... le preguntó si *(saber)* .... el nombre de su entrevistador; Eva contestó que no lo *(recordar)* .... y añadió que sentía mucho no *(tomar)* .... nota en el momento de *(hablar)* .... por teléfono. *(Pasar)* .... diez minutos cuando la llamaron; Eva *(entrar)* .... con paso firme y disimulando sus nervios. El entrevistador, en un tono muy seco, le pidió que *(tomar)* .... asiento y le preguntó cómo *(llamarse)* ...., cuántos años *(tener)* .... y dónde *(vivir)* .... A continuación quiso saber si *(trabajar)* .... como secretaria con anterioridad y Eva *(contestar)* .... que durante cuatro años. El entrevistador comentó que no *(ser)* .... su-

ficiente tiempo y Eva se disculpó y señaló que en el anuncio no se *(especificar)* .... la cantidad de experiencia necesaria. Él *(permanecer)* .... unos segundos callado –a Eva le *(parecer)* .... siglos– y seguidamente le informó de que *(tener)* .... que dedicarse en cuerpo y alma porque ella *(desempeñar)* .... un cargo de enorme responsabilidad que *(requerir)* .... gran esfuerzo. Eva le explicó que *(estar)* .... acostumbrada a trabajar duro y que eso no la *(asustar)* .... El señor añadió que ya la *(llamar)* .... si *(ser)* .... seleccionada y se despidió con frialdad. Eva, con la voz temblorosa, dijo que no *(querer)* .... ser grosera, pero que se *(olvidar)* .... de un tema muy importante; el entrevistador preguntó cuál *(ser)* .... ese asunto y Eva respondió que el de las condiciones económicas. Muy enfadado le dijo que allí las preguntas las *(hacer)* .... él, y que si no le *(interesar)* ...., que se *(buscar)* .... otra cosa. Eva salió dando un fuerte portazo, y pensó que ojalá no la *(llamar)* .... porque ella no *(saber)* .... si *(poder)* .... aguantar tanta desconsideración.

Narra esta misma historia haciendo uso del estilo directo cuando sea posible.

6 **Adolfo tiene una fea costumbre: le gusta escuchar tras la pared y luego contar lo que ha oído. ¿Qué crees que contará en cada caso?**

A. Oye, ¿te gustaría venir conmigo esta noche a una fiesta?

B. Pues, verás, es que tengo una cena familiar a la que debo asistir forzosamente.

A. ¿Y por qué no quedamos después de la cena?

B. Vale, de acuerdo. ¿Dónde y a qué hora?

A. ¿Qué te parece a las 11 en la cafetería Sabor?

B. Ah, muy bien. Bueno, y…, ¿cuál es el plan?

A. Bueno, en primer lugar, ir a una fiesta en casa de unos compañeros de la oficina, y después, ya veremos. Tengo en mi casa un rioja excelente.

Adolfo contará que… _____

_____

_____

***

A. Te he dicho más de mil veces que no tolero que nadie me grite, y menos aún tú.

B. Yo no te gritaría si tú no me dieras motivos.

A. ¿Motivos? Yo no te he dado ningún motivo. El problema es sólo tuyo, que eres muy celoso y no confías en mí.

B. Vale, que sí, lo que tú digas.

Adolfo contará que…
_____
_____
_____
_____

✳✳✳

A: Mira, hace ya algún tiempo que quería hablar contigo tranquilamente de algo importante.

B: Anda, ¡qué casualidad! Yo también quería hablar contigo. Bueno, a ver, ¿de qué se trata?

A: Pues, es que…, la verdad es que no sé cómo decírtelo.

B: Quieres que dejemos de salir, ¿verdad?

A: Sí, es eso; has dado en el clavo.

B: Sí, yo quería proponerte lo mismo. ¿No te parece que nuestra relación se ha vuelto monótona y aburrida? Necesitamos un cambio.

A: Oye, y… ¿hace mucho que piensas así?

B: Hombre, pues de un año acá ha sido cuando yo he notado que lo nuestro no funcionaba. Si no te lo he dicho antes ha sido para no herirte.

A: ¡Vaya, qué considerado! Entonces…, cuando me decías que me querías, ¿era mentira?

B: Mentira, lo que es mentira, no diría yo.

A: Eres un hipócrita. Espero no volver a verte más. Hasta nunca.

Adolfo contará que…
_____
_____
_____
_____
_____
_____

7 John ha escrito una carta a su novia contándole la conversación que mantuvo con su jefe. A pesar de llevar aquí un año, todavía tiene problemas con su español, por lo que de vez en cuando comete algunos errores. Corrígeselos.

Cáceres, 10 de marzo de 2007

Querida Paula:

No te imaginas lo que me pasó ayer. Estaba yo en mi mesa trabajando como siempre cuando vino Lola y me dijo que el jefe había querido hablar conmigo y que fuera a su despacho. Me levanté inmediatamente y fui. Durante el corto trayecto pasaron por mi mente mil ideas diferentes, al tiempo que me repetía una y otra vez que me tranquilice y que no esté nervioso. Cuando llegué vi que el jefe estaba muy sonriente. Me saludó con cordialidad y me pidió que me sentara. Me preguntó que estaba contento en la empresa, a lo cual le respondí que mucho. A continuación me dijo que ha leído despacio el informe que le había entregado la semana anterior y que le ha gustado bastante. Empezó a explicarme que tuvo muchos planes para mí y que creía que yo era un buen profesional; quería saber si yo estaré dispuesto a asumir la responsabilidad de desarrollar el proyecto y si podría realizarlo en un plazo inferior al previsto. Yo le contesté que si contaría con apoyo suficiente se podría hacer; él añadió que por esa cuestión no me preocupa, que él se encargará de solucionarlo. Me informó de que a partir de la semana próxima empezaría en mi nuevo cargo. Me dijo felicidades y yo le agradecía repetidamente su confianza.

John

8 **SITUACIONES**

Construye diálogos a partir de estas situaciones.

1.

Pablo llama a Juan para agradecerle que le fotocopiara los apuntes de clase, y aprovecha para pedirle otro favor: que le deje el libro que ha mandado leer el profesor. Juan le dice que no podrá y se disculpa por ello.

2.

Pablo llama a Soledad para quejarse por la descortesía de Juan al no querer hacerle un favor. Soledad le da la razón y le comenta algo parecido que le sucedió a ella.

3.

Soledad llama a Juan para decirle lo que Pablo le ha contado a ella. Ella le aconseja que acabe con esa relación. Juan le agradece la confidencia y le comenta que había pensado darle un ultimátum.

9 **Atsuko es una estudiante de español que todavía tiene problemas con los artículos, por lo que, a veces, protagoniza algunos malentendidos. Lee estos diálogos, explica la razón de los equívocos y corrige los errores.**

1. —Felicidades, Laura. Te he traído las flores. Las he dejado en el salón.

  —Muchas gracias. Increíble. ¿Cómo sabías que quería las flores secas que venden en el centro?

  —No lo sabía, ni idea. Además, no son flores secas, son otras.

2. —Ayer vi a Carmen en la librería "Todolibro", pero no hablé con ella, porque parecía que estaba muy ocupada. Estaba comprando los libros.

  —¿Qué libros?

  —Yo qué sé. Te acabo de decir que no hablé con ella.

3. —Atsuko, y tu padre, ¿dónde trabaja?

  —Mi padre es el abogado.

  —¿El abogado de la empresa?

  —¡Nooooo! El abogado de todo el mundo, para toda la gente. Tiene un despacho.

4. —Vengo de la comisaría. Según me han explicado, los ladrones entraron por la puerta y abrieron con la llave.

  —¿Y por qué tenían ellos la llave de tu casa?

  —¡No! Ellos no tenían la llave de mi casa, era otra llave; dicen que la llave de la maestra.

  —¡Qué lío! Se dice llave maestra, no llave de la maestra. La policía se refiere a que entraron en tu casa sin forzarla; lo hicieron por la puerta con este tipo de llave.

10 Elige la opción correcta en cada caso.

Instrucciones para llorar

Dejando de lado *los / unos /* ø motivos, atengámonos a *la / una /* ø manera correcta de llorar, entendiendo por esto *el / un /* ø llanto que no ingrese en *el / un / ø* escándalo, ni que insulte a *la / una /* ø sonrisa con su paralela y torpe semejanza. *El / un /* ø llanto medio u ordinario consiste en *la / una /* ø contracción general de *el / un /* ø rostro y *el / un /* ø sonido espasmódico acompañado de *las / unas /* ø lágrimas y *los / unos /* ø mocos, estos últimos a *el / un /* ø final, pues *el / un / ø* llanto se acaba en *el / un /* ø momento en que uno se suena enérgicamente.

Para llorar, dirija *la / una /* ø imaginación hacia usted mismo, y si esto le resulta imposible por haber contraído el hábito de creer en *el / un /* ø mundo exterior, piense en *el / un /* ø pato cubierto de *las / unas /* ø hormigas o en esos golfos del estrecho de Magallanes en los que no entra *la / una /* ø gente, nunca.

Llegado *el / un /* ø llanto, se tapará con *las / unas / ø* manos *el / un /* ø rostro, con *la / una /* ø palma hacia dentro. *Los / unos /* ø niños llorarán con *la / una /* ø manga del saco contra *la / una /* ø cara, y de preferencia en *el / un /* ø rincón del cuarto. Duración media de *el / un /* ø llanto, tres minutos.

Maravillosas ocupaciones

Qué maravillosa ocupación entrar en *el / un /* ø café y pedir *el / un /* ø azúcar, otra vez *el / un /* ø azúcar, tres o cuatro veces *el / un /* ø azúcar, e ir formando *el / un /* ø montón en *el / un /* ø centro de *la / una /* ø mesa, mientras crece *la / una /* ø ira en *los / unos /* ø mostradores y debajo de *los / unos /* ø delantales blancos.

Julio Cortázar, *Historias de cronopios y de famas*
(textos adaptados).

11 Lee este fragmento de *Sin noticias de Gurb,* de Eduardo Mendoza, que cuenta las aventuras de un extraterrestre en Barcelona. El texto está narrado en estilo telegráfico, con algunas expresiones o breves definiciones en lugar de términos que, se supone, desconoce el protagonista.

0:01 (hora local) Aterrizaje efectuado sin dificultad. Propulsión convencional (ampliada). Velocidad del aterrizaje: 6:30 de la escala convencional (restringida). Velocidad en el momento del amaraje: 4 de la escala Bajo-U1 o 9 de la escala Molina-Clavo. Cubicaje: AZ-0.3.

Lugar de aterrizaje: 63Ω (IIβ) 284763947836394739374927 49.

Denominación local del lugar de aterrizaje: Sardanyola.

07:00 Cumpliendo órdenes (mías) Gurb se prepara para tomar contacto con las formas de vida (reales y potenciales) de la zona. Como viajamos bajo forma acorpórea (inteligencia pura-factor analítico 4800), dispongo que adopte cuerpo análogo al de los habitantes de la zona. Objetivo: no llamar la aten-ción de la fauna autóctona (real y potencial). Consultado en Catálogo Astral Terrestre Indicativo de Formas Asimilables (CATIFA) elijo para Gurb la apariencia del ser humano denominado Marta Sánchez.

07:15 Gurb abandona la nave por la escotilla 4. Tiempos despejados con ligeros vientos de componente sur; temperatura, 15 grados centígrados; humedad relativa, 56 por ciento; estado de la mar, llana.

07:21 Primer contacto con habitante de la zona. Datos recibidos de Gurb: tamaño del ente individualizado, 170 centímetros; perímetro craneal, 57 centímetros; número de ojos, dos; longitud del rabo, 0.00 centímetros (carece de él). El ente se comunica mediante un lenguaje de gran simplicidad estructural, pero de muy compleja sonorización, pues debe articularse mediante el uso de órganos internos. Conceptualización escasísima. Denominación del ente, Lluc Puig i Roig (probable recepción defectuosa o incompleta). Función biológica del ente: profesor encargado de cátedra (dedicación exclusiva) en la Universidad Autónoma de Bellaterra. Nivel de mansedumbre, bajo. Dispone de medio de transporte de gran simplicidad estructural, pero de muy complicado manejo denominado Ford Fiesta.

07:23 Gurb es invitado por el ente a subir a su medio de transporte. Pide instrucciones. Le ordeno que acepte el ofrecimiento. Objetivo fundamental: no llamar la atención de la fauna autóctona (real y potencial).

Narra tú la historia adoptando un estilo convencional (fíjate bien en los artículos, porque faltan algunos).

12 Pon raya (—), comillas (" ") y paréntesis ( ) donde sea necesario.

1. Pedro Vicario le preguntó a Clotilde Armenta si había visto luz en esa ventana, y ella le contestó que no, pero le pareció un interés extraño.

¿Le pasó algo? preguntó.

Nada le contestó Pedro Vicario. No más que lo andamos buscando para matarlo.

Fue una respuesta tan espontánea que ella no pudo creer que fuera cierta. Pero se fijó en que los gemelos llevaban dos cuchillos de matarife envueltos en trapos de cocina.

¿Y se puede saber por qué quieren matarlo tan temprano? preguntó.

Él sabe por qué contestó Pedro Vicario.

***

Clotilde Armenta me contó que habían perdido las últimas esperanzas cuando el párroco pasó de largo frente a su casa. Pensé que no había recibido mi recado, me dijo. Sin embargo, el padre Amador me confesó muchos años después […], que en efecto había recibido el mensaje. La verdad es que no supe qué hacer, me dijo. Lo primero que pensé fue que no era asunto mío sino de la autoridad civil, pero después resolví decirle algo de pasada a Plácida Linero. Sin embargo, cuando atravesó la plaza lo había olvidado por completo.

Gabriel García Márquez,
Crónica de una muerte anunciada.

***

2. Durante siglos, se ha supuesto equivocadamente que el catalán era una variedad dialectal del provenzal lengua que se habla en la vecina región francesa de Provenza; y tanto al provenzal como al catalán se les aplicó el nombre de lemosín, es decir, el del dialecto provenzal de Limoges, por el prestigio que este había alcanzado al ser el idioma de los famosos trovadores medievales muchos poetas catalanes escribieron, efectivamente, en lemosín. Pero se trata, insistimos, de un error: el catalán es el resultado de la evolución del latín en el territorio del antiguo Principado de Cataluña. No es una lengua importada, ni dialecto de ninguna otra salvo del latín, como todos los idiomas románicos, que son sus hermanos. Al contrario, es ella la que ha dado lugar a dialectos, al extenderse fuera de su territorio originario como consecuencia de la Reconquista.

Fernando Lázaro Carreter,
Curso de lengua española.

13 ¿En qué consisten estas funciones informáticas?

1. crear un archivo _____

2. buscar y reemplazar _____

3. insertar tabla _____

4. configurar _____

5. guardar _____

14 ¿Cómo se llama cada uno de estos componentes?

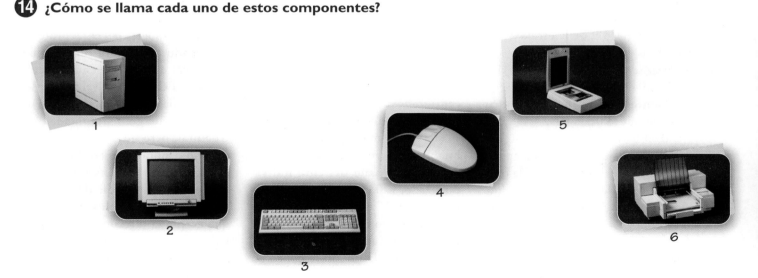

1

2

3

4

5

6

Acabas de recibir un paquete que contiene todos estos elementos. Explica de la manera más sencilla posible qué hay que hacer para que el equipo informático comience a funcionar.

15 Completa.

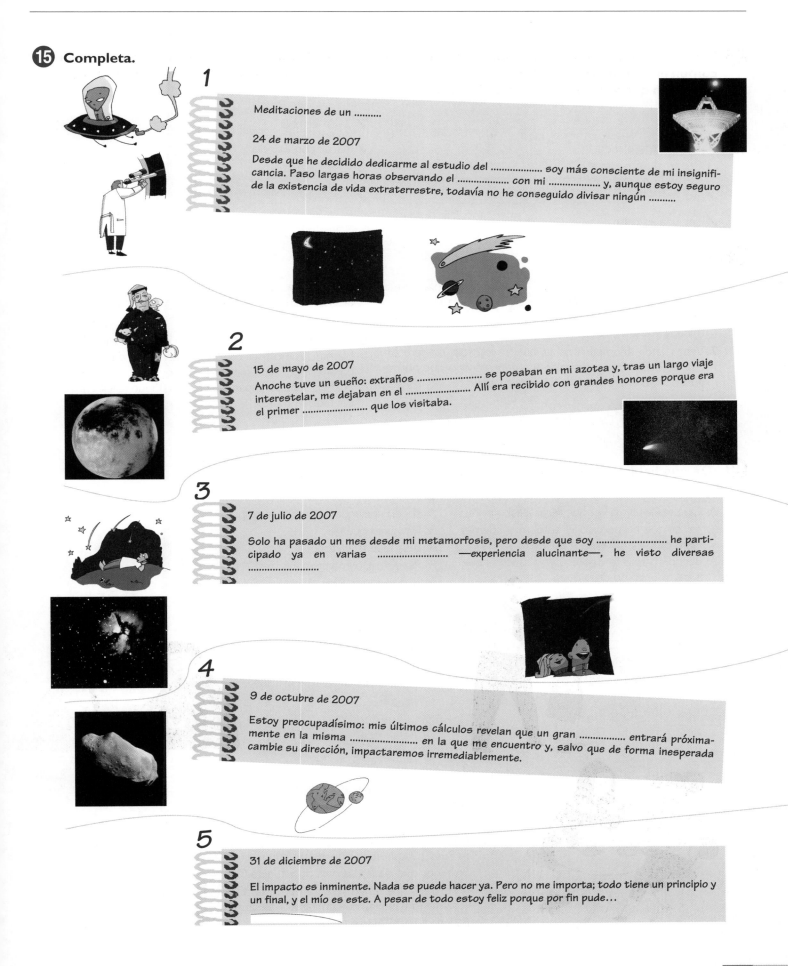

1

Meditaciones de un ....

24 de marzo de 2007

Desde que he decidido dedicarme al estudio del .... soy más consciente de mi insignificancia. Paso largas horas observando el .... con mi .... y, aunque estoy seguro de la existencia de vida extraterrestre, todavía no he conseguido divisar ningún ....

2

15 de mayo de 2007

Anoche tuve un sueño: extraños .... se posaban en mi azotea y, tras un largo viaje interestelar, me dejaban en el .... Allí era recibido con grandes honores porque era el primer .... que los visitaba.

3

7 de julio de 2007

Solo ha pasado un mes desde mi metamorfosis, pero desde que soy .... he participado ya en varias .... —experiencia alucinante—, he visto diversas ....

4

9 de octubre de 2007

Estoy preocupadísimo: mis últimos cálculos revelan que un gran .... entrará próximamente en la misma .... en la que me encuentro y, salvo que de forma inesperada cambie su dirección, impactaremos irremediablemente.

5

31 de diciembre de 2007

El impacto es inminente. Nada se puede hacer ya. Pero no me importa; todo tiene un principio y un final, y el mío es este. A pesar de todo estoy feliz porque por fin pude...

16 **Las siguientes palabras y expresiones proceden del ámbito de la astronomía, pero se utilizan en la lengua común en sentido figurado. Indica qué significado tienen en esos casos y construye frases con ellas que nada tengan que ver con el mundo de los astros.**

✓ lunático _____

✓ ser de otro planeta _____

✓ celestial _____

✓ astronómico _____

✓ ser una estrella _____

✓ ir de estrella _____

✓ nacer con estrella _____

✓ desorbitado _____

✓ ser un sol _____

17 **¿Qué hacen?**

1. Tienes toda la razón, yo que tú iba a su casa ahora mismo y le exigía un explicación de lo ocurrido. Si la explicación fuera convincente, lo perdonaba pero, si no, daba por terminada vuestra relación.

2. Venga, anda, acompáñame; es que, si voy sola, no seré capaz de decidirme, y, al final, me compraré algo que no me gusta. Si vienes, te invito a merendar, ¿vale?

3. Nunca más voy a quedar contigo, ya lo sabes. Siempre me haces lo mismo. De verdad, es que no lo entiendo. Si vas a llegar tarde, ¿por qué no me citas a otra hora?

4. Oye, ya me he enterado de que vas a tener un hijo. Me alegro mucho, y espero que todo vaya bien. Mi enhorabuena para ti y para tu marido.

5. Te aseguro que esta vez no ha sido culpa mía; es que había muchísimo tráfico porque han comenzado las obras y, para colmo, ha empezado a llover. Por si fuera poco, cuando estaba llegando, ha habido un accidente y han cortado el tráfico.

18 **¿De qué hablan? Transforma en estilo indirecto.**

1.

A: Que sea la última vez que llegas a estas horas.

B: ¡Jo!, es que he perdido el autobús y además había mucho tráfico en la carretera y…

A: Bueno, yo solo te digo eso, y ya sabes, el que avisa…, luego no digas que…

B: Vale, que sí, que sí.

2.

A: Pepe, Pepe, ¿qué tal?, ¡cuánto tiempo!

B: Hombre, ¿qué tal?

A: Bien, ¿qué tal va todo?

B: Pues mira, como siempre, bien. Y tú, ¿qué tal?

A: Trabajando mucho.

B: Ah, eso está bien. Bueno, pues nada, a ver si nos vemos algún día más despacio.

A: Sí, sí, venga, a ver si nos llamamos un día y tomamos algo. Bueno, venga, hasta luego.

B: Venga, adiós. Da recuerdos.

A: Muy bien, de tu parte. Hasta luego.

3.

A: Oye, ¿sabes lo que voy a decirle a Juan?

B: Alguna grosería.

A: No, mira, le voy a decir que hasta aquí hemos llegado.

B: ¿Así, sin más?

A: Pues…, ¿qué más quieres? Él conmigo no ha tenido ninguna consideración.

B: ¿Y por qué no le das otra oportunidad?

A: Pero ¿es que tengo yo cara de tonta? Ya estoy harta. No, mira, una y no más, santo Tomás. Hay que cortar por lo sano.

B: Pues, hala, tú misma.

19 **Enumera cinco poetas hispanoamericanos.**

1._____

2._____

3._____

4._____

5._____

¿Recuerdas alguna composición poética de alguno de los cinco poetas que has seleccionado? Escribe el nombre del libro o de la antología a la que pertenecen.

20 **Te mostramos a continuación uno de los poemas más famosos de Rubén Darío. Léelo y analiza el valor simbólico de la figura del cisne.**

El cisne

Fue en una hora divina para el género humano.
El Cisne antes cantaba solo para morir.
Cuando se oyó el acento del Cisne wagneriano
fue en medio de una aurora, fue para revivir.

Sobre las tempestades del humano océano
se oye el canto del Cisne; no se cesa de oír;
dominando el martillo del viejo Thor germano
o las trompas que cantan la espada de Argantir.

¡Oh, Cisne! ¡Oh, sacro pájaro! Si antes la blanca Helena
del huevo azul de Leda brotó de gracia llena,
siendo de la Hermosura la princesa inmortal,

bajo tus blancas alas la nueva Poesía
concibe en una gloria de luz y de harmonía
la Helena eterna y pura que encarna el ideal.

Rubén Darío, *Prosas profanas.*

Compara ahora el poema de Rubén Darío con esta otra composición poética de Gerardo Diego, poeta español que comparte el ideal poético de Rubén Darío.

Ajedrez

Hoy lo he visto claro
Todos mis poemas
son solo epitafios.

Debajo de cada cuartilla
siempre hay un poco de mis huesos.

Y aquí en mi corazón
se ha cariado el piano.

No sé quién habrá sido
pero el reloj
en vez de péndulo vivo
colgaba un ancla anclada.

Y sin embargo
todavía del paracaídas
llueven los cánticos.

Alguna vez ha de ser

La muerte y la vida
me están
jugando al ajedrez.

Gerardo Diego,
Poesía española de vanguardia.

21 **Lee estos poemas de dos autores hispanoamericanos muy conocidos, elige uno y redacta una composición con aquello que te sugiera: opinión personal, sensación tras la lectura, punto de vista sobre el tema, etc.**

Las traslúcidas manos del judío.
Labran en la penumbra los cristales.
Y la tarde que muere es miedo y frío.
(Las tardes a las tardes son iguales.)
Las manos y el espacio de jacinto.
Que palidece en el confín del Ghetto.
Casi no existen para el hombre quieto.
Que está soñando un claro laberinto.

No la turba la fama, ese reflejo.
De sueños en el sueño de otro espejo.
Ni el temeroso amor de las doncellas.
Libre de la metáfora y del mito.
Labra un arduo cristal: el infinito.
Mapa de Aquel que es todas Sus estrellas.

Borges, "Spinoza".

Es una calle larga y silenciosa.
Ando en tinieblas y tropiezo y caigo
y me levanto y piso con pies ciegos
las piedras mudas y las hojas secas
y alguien detrás de mí también las pisa:
si me detengo, se detiene;
si corro, corre. Vuelvo el rostro: nadie.
Todo está oscuro y sin salida,
y doy vueltas y vueltas en esquinas
que dan siempre a la calle
donde nadie me espera ni me sigue,
donde yo sigo a un hombre que tropieza
y se levanta y dice al verme: nadie.

Octavio Paz, "La calle".

9 Se vive bien aquí...

1 **Fíjate en estas oraciones en las que los verbos atmosféricos están utilizados en sentido figurado.**

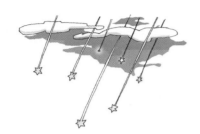

▶ Llovieron estrellas del cielo.

▶ Amaneció empapado de sudor y con mucha fiebre.

▶ Tras el largo vuelo, anochecimos lejos de nuestros hogares.

▶ Sus ojos relampagueaban de ira.

▶ Amaneció el día siguiente y salimos en dirección a Soria.

▶ Cuando se enteró del robo, Juan tronaba.

Completa las siguientes frases utilizando algunos de los verbos anteriores en forma personal.

1. Ten cuidado, porque cuando se sale con esta gente nunca se sabe dónde ....

2. De pronto le vino la inspiración y le .... una multitud de ideas atractivas e ingeniosas.

3. Al recibir la noticia, en su cara .... destellos de alegría y admiración.

4. Y como toque final .... la capa superior de la tarta con azúcar en polvo.

5. .... en casa de Andrés jugando a las cartas y sin ganas de dormir.

2 **Utiliza la construcción pasiva con *estar* como en el modelo.**

Ej.: *Las obras han sido terminadas esta mañana* → *Las obras están terminadas desde esta mañana.*

1. Su primera biografía había sido publicada hacía cuatro años.

2. La fiesta sorpresa para el cumpleaños del jefe ha sido preparada esta mañana.

3. Las calificaciones de los exámenes finales serán expuestas el día 15.

4. Las redacciones han sido leídas por los miembros del tribunal durante el fin de semana pasado.

5. El candidato al puesto había sido seleccionado hacía unos dos o tres días.

3 **Completa con la forma adecuada de los verbos *ser* o *estar*.**

1. Sus cuadros ...... expuestos durante mes y medio.

2. ¿Cómo puede ser que su casa ...... tan estropeada?

3. Tu hermano ...... suspenso en matemáticas.

4. Las luces del árbol de Navidad de la plaza ...... encendidas todos los días a las 10 de la noche.

5. Esta novela ...... traducida a varios idiomas.

6. Al concluir su conferencia ...... muy aplaudido.

7. Por fin ...... presentado el programa de actos de este año.

8. La última representación de ayer ...... suspendida por falta de público.

9. La decisión de hacer una película sobre este problema social ...... tomada desde hace varios meses.

10. La solicitud de prórroga presentada por Ana ...... aprobada esta mañana.

11. Nos hemos enterado de que ...... suspendidas las obras desde esta mañana porque han encontrado restos arquitectónicos.

12. Los cristales de los coches del barrio ...... destrozados por una banda de gamberros.

13. Toda la familia ...... destrozada por lo ocurrido.

14. Ya ...... encendidas otra vez todas las luces.

15. El pobre Antonio no ha conseguido ...... respetado ni por sus hijos.

4 **Corrige las construcciones pasivas con *ser* y con *estar* incorrectas que encuentres en esta entrevista.**

Unos periodistas encuentran a la salida de la Casa de la Cultura de la ciudad al concejal de urbanismo y aprovechan para hacerle una improvisada entrevista.

A: Por favor, señor Andreu, ¿podría responder a algunas preguntas? No lo molestaremos mucho.

B: Sí, por supuesto.

A: ¿A qué se ha dedicado su equipo durante el periodo de vacaciones? ¿Ha descansado?

B: Bueno, sí, mi equipo ha descansado, claro está, pero sin olvidar que ante todo debe pensar en los ciudadanos que día a día recorren las calles de la ciudad. También hay que trabajar durante los meses de calor. Así, por ejemplo, la reforma de las zonas infantiles de los parques era realizada este verano con el fin de que todos los ciudadanos las encontraran en perfecto estado a su vuelta; también ha estado acabado en el plazo previsto, finales de agosto, el aparcamiento de la zona centro; bueno, la reforma en las carreteras de acceso a la ciudad está vista por todos los automovilistas que han regresado ya de sus lugares de recreo, … y todos estos trabajos eran hechos mientras la mayoría de los ciudadanos disfrutaba de sus vacaciones.

A: ¿Podría decirnos cuál es el motivo por el que se ha acercado a la Casa de la Cultura? ¿Algún acto oficial?

B: No, he venido por la exposición de mi hija; ha estado expuesta gran parte de su obra y no he tenido tiempo de verla.

5 **Transforma estas oraciones en pasiva con *ser* o con *estar*. Explica por qué has escogido una u otra opción.**

1. Durante varias décadas multitud de españoles han escuchado este programa de radio.

2. Un grupo terrorista había secuestrado un avión.

3. A estas alturas ya han solucionado completamente el problema.

4. La decisión de no aceptar más miembros en el club se tomó hace varios meses.

5. El Ayuntamiento todavía no ha concedido el permiso de obras.

6 **Completa el texto con la forma adecuada de *ser* o *estar*.**

> **El presidente Álvarez anuncia que la nueva carretera de acceso a la ciudad .... terminada a primeros de año**
>
> *Las obras .... financiadas por las empresas privadas que tienen a su cargo la construcción de la nueva vía.*
>
> El presidente de nuestra Comunidad aseguró el pasado jueves, tras una visita a las obras, que la nueva carretera .... terminada con toda seguridad antes de que comience el nuevo proceso electoral. En la actualidad ya .... ejecutada alrededor de la cuarta parte de la vía, que a petición de los futuros usuarios .... formada por dos carriles por sentido de la marcha que .... separados por una mediana de unos 10 metros aproximadamente.
>
> La nueva calzada se .... ejecutando teniendo en cuenta los proyectos residenciales e industriales que la Comunidad tiene previstos para toda la zona.

7 **Transforma las siguientes oraciones pasivas en activas.**

1. Las decisiones del antiguo presidente fueron duramente criticadas por un amplio sector de la empresa.

_____

2. Este alcalde es muy estimado por todos los ciudadanos.

_____

3. La película de la que estaban hablando los profesores era muy bien conocida por sus estudiantes.

_____

4. El azafrán ha sido considerado uno de los más preciados condimentos para las comidas por toda nuestra civilización.

_____

5. Los niños y las niñas eran educados de forma diferente por los profesores de los antiguos sistemas educativos.

_____

6. El edificio es demolido por el Ayuntamiento a finales del siglo pasado tras varios siglos de abandono.

_____

7. Cuatro jóvenes son detenidos por la policía por los incidentes ocurridos en una discoteca de Atocha la pasada madrugada.

_____

8. El número de contratos eventuales será ampliado por nuestra empresa.

_____

8 **Transforma las siguientes oraciones pasivas según el modelo.**

Ej.: _El edificio fue construido en tres meses._
   Se construyó el edificio en tres meses / Construyeron el edificio en tres meses.

1. Las instrucciones fueron dadas de forma poco clara.

_____

2. Los concursos de mus han sido prohibidos en los centros educativos.

_____

3. Este año la fruta ha sido vendida fácilmente en el extranjero.

_____

4. Nuestro ministro fue recibido muy bien en vuestro país.

_____

5. Hoy los periódicos son leídos con mucho interés.

_____

6. El itinerario de la excursión ha sido programado y presupuestado.

_____

7. Tu profesor ha sido galardonado en el acto de apertura del curso académico.

_____

8. Ayer fui multado por no llevar el cinturón de seguridad.

_____

9 **Transforma las siguientes oraciones en construcciones con *se*.**

1. Vimos que Luis no lo tenía terminado. _____

2. En su casa todos leen las revistas del corazón. _____

3. En nuestro nuevo empleo ganamos más, pero también tenemos mucho más trabajo. _____

4. Al terminar la clase hablamos de lo importante que es poder viajar para practicar las lenguas. _____

5. La gente comenta que va a subir el precio de la gasolina. _____

6. Vendemos piso amueblado en zona ajardinada. _____

7. En el norte de España la gente come platos más fuertes. _____

10 **Lee los siguientes textos y fíjate en las diferentes maneras de expresar la impersonalidad.**

EL ABANICO. AIRE Y MENSAJES

Dicen que el primer abanico fue la mano de Eva. También se cuenta la leyenda de la bella Kam-Si, hija de un mandarín chino que, en un baile de máscaras, se quitó la careta para agitarla y darse aire, y de ahí nació el artilugio. Lo cierto es que todas las culturas milenarias han tenido objetos semejantes. Pero fue una vez más España la que distribuyó al mundo el abanico plegable desde Oriente, vía Portugal.

El abanico español consta de varillas, clavijo y país o paisaje, una tela o papel decorado con diversos motivos que se cierra en unas guardas. En Andalucía se desarrolló un peculiar y críptico lenguaje del abanico, donde cuatro orientaciones con cinco posiciones creaban un total de 20 signos correspondientes a las letras del alfabeto. Pero también hay gestos con mensajes directos:

- Apoyar los labios en los padrones o guardas: "No me fío".
- Abanicarse despacio: "Me eres indiferente".
- Pasar el dedo por las varillas: "Tenemos que hablar".
- Abanicarse con la mano izquierda: "No coquetees con esa".
- Cerrarlo bruscamente: "Te odio".

El País.

LA PAELLERA. LA SARTÉN DE DOS MANGOS

En Valencia, Cataluña y las islas Baleares la sartén se llama genéricamente paella, pero el instrumento para cocinar las paellas es otra cosa. Un recipiente plano, ancho y poco profundo que sirve para preparar la paella, plato que procede de la huerta valenciana y se compone de arroz con un sofrito, azafrán y diversos ingredientes de mar o de montaña.

Es, sin duda, el plato español por antonomasia y se encuentra divulgado por todo el mundo. Las paelleras apenas difieren entre sí, guardando siempre las mismas proporciones, y van desde un diámetro de 20 centímetros hasta un metro. Pero también existen paelleras gigantes que sirven para actos multitudinarios. La paella más grande del mundo hasta la fecha fue realizada por José Grugués en Cornellá, Barcelona, en 1984, y la degustaron 15.000 personas. Sus medidas eran: 10 metros de diámetro y 45 centímetros de profundidad. Este hecho está registrado en el *Libro Guinness*.

El País.

Completa el cuadro con ejemplos de los textos anteriores y explica el tipo de agente.

	ejemplo	agente
pasiva con *ser*		
pasiva con *estar*		
construcción con *se*		
3.ª persona plural		

11 Completa el siguiente anuncio publicitario que trata sobre novedades técnicas.

> **Durante este año .... una gran novedad en el mercado de la telefonía móvil: la llegada de un nuevo operador que .... o ...., aún es pronto para saberlo, con el líder actual. La incorporación al mercado de este nuevo operador .... la saturación previsible de las redes a finales de año a causa del crecimiento del número de clientes. .... que la telefonía móvil siga creciendo en España a un ritmo acelerado.**
>
> **TELEFONÍA MÓVIL**
> **QUÉ HAY DE NUEVO**

12 Completa estas frases utilizando la construcción con *se* en un tiempo adecuado y di si el agente es concreto o no.

1. En Paraguay *(hablar)* .... guaraní y castellano.

2. Al reorganizar la biblioteca central *(hallar)* .... muchos libros que no estaban catalogados.

3. Tras los disturbios, *(prohibir)* .... las manifestaciones.

4. Desde el ático de aquella casa *(divisar)* .... las montañas más altas de la zona.

5. *(Detectar)* .... un nuevo virus que está afectando a gran parte de la población infantil.

13 Indica en cada caso qué valor tiene la construcción con *se*.

▶ orden suavizada

▶ crítica suavizada

▶ modestia

1. La verdad es que se agradece su presencia en estas reuniones tan complejas.

2. No se hace eso, por favor.

3. Hombre, Juan, yo creo que eso no se hace con un compañero.

4. Luis, hijo, no se bosteza cuando te están explicando algo.

5. Si se presta poca atención, no se entienden bien las cosas.

14 ¿Quién o quiénes pueden ser los sujetos de los verbos que están en cursiva? Analiza el tipo de agente.

1. Me *han vuelto a llamar* de la oficina de empleo; tengo que presentarme allí mañana a las 10.

2. En aquella tienda *atendían* muy bien a la gente.

3. *Llevan llamando* a la puerta toda la mañana, pero no he abierto a nadie.

4. No lo *han seleccionado* para la final y está muy desmoralizado.

5. *Convocarán* nuevas plazas el próximo mes, hay que estar atento.

15 **Lee los siguientes textos y di qué recurso se ha utilizado en cada caso para expresar la impersonalidad. Clasifícalos en el cuadro según corresponda.**

formal	formal / informal	informal

16 **Subraya en las siguientes frases los elementos y las estructuras que permiten una interpretación genérica o que reflejan la impersonalidad.**

Ej.: *Cuando uno se lo propone, consigue muchas cosas.*
Cuando uno se lo propone, consigue muchas cosas.

1. Cada vez que ves estos programas de televisión, tiendes a deprimirte.

2. Si quieres conseguir algo, tienes que espabilarte.

3. A menudo te encuentras en lugares que no quieres visitar, haciendo cosas que no te apetecen.

4. A estas horas se suele salir en mangas de camisa.

5. Se vive bien aquí.

17 **Javier, corresponsal del periódico *De Mente*, ha sido enviado a la librería Cruzados para recabar datos sobre lo sucedido allí. Estas son sus notas, obtenidas después de hablar con el agredido, con un testigo presencial, con la representante de las escritoras y con la policía.**

POLICÍA

- Han sido identificadas por el editor, Benito Rodríguez, y por el librero, como Alicia Benítez y M.ª José Tárrega.
- Son autoras de novelas policiacas bastante famosas.
- Siguen en paradero desconocido.

EDITOR AGREDIDO

- No le entregaban el capítulo V, esencial para entender la novela *Sueños metódicos*.
- Pertenece a una serie de novelas que les está publicando y que se venden muy bien. Se habían bloqueado en la última, a pesar de que las llamaba y les mandaba correos electrónicos todos los días, varias veces, para animarlas.

TESTIGO PRESENCIAL

- Vio cómo dos jóvenes muy delgadas se acercaban por detrás de los dos hombres.
- Sonreían con cara de malvadas y de forma histérica lanzaron el cubo con pintura verde.
- Le gritaron ¡TOMA CAPÍTULO V! Es extraño, pero insiste en que lo oyó claramente.

M.ª ANTONIA ABAD, la representante

- Escriben novelas juveniles. Su última novela, *Sueños metódicos*, es una truculenta historia que se desarrolla en ciudades de España e Hispanoamérica.
- No ha vuelto a verlas desde el jueves.
- Sufrieron una enajenación mental motivada por las constantes reclamaciones del editor.

Con estos datos, redacta la noticia y su titular. Después, compárala con la que aparece en las claves.

18 Fíjate en el siguiente recorte de la sección de deportes del periódico *El País* que desarrolla la misma noticia estudiada en el ejercicio 25 del Libro del Alumno.

AUTOMOVILISMO *Alzamora intenta hoy en Argentina conquistar el Mundial de 125cc* ■ **RUGBY** *Australia derrota a Suráfrica en un partido apasionante* ■ **GOLF** *Sergio García, a cuatro golpes de Goosen en Jerez*

El Atlético arrasa en Chamartín

La afición madridista se amotinó contra el presidente, entrenador y jugadores después de una bochornosa derrota

REAL MADRID	1
ATLÉTICO	3

Real Madrid: Bizarri; Michel, Iván Campo, Julio César, Roberto Carlos; Seedorf, Redondo (Karembeu, m. 61), Helguera (Etoo, m. 69), Guti (Casillas, m. 50); Raúl y Morientes.

Atlético de Madrid: Molina; Gaspar, Gamarra, Chamot; Aguilera (Valerón, m. 63), Baraja, Bejbl, Capdevila; Solari, José Mari (Correa, m. 78); Hasselbaink (Paunovic, m. 89).

Goles: 1-0. M. 8. Falta que saca Roberto Carlos y Morientes cabecea.
1-1. M. 13. Aguilera quita el balón a Guti y pasa a Hasselbaink, que recorta a Iván Campo y bate por entre las piernas a Bizarri.
1-2. M. 30. Aguilera quita el balón a Redondo y cede a Hasselbaink, que desvía hacia José Mari para que este dispare cruzado.
1-3. M. 38. Gran tiro cruzado y casi raso de Hasselbaink desde fuera de la esquina izquierda del área grande.

Árbitro: López Nieto. Amonestó a Baraja, José Mari, y Roberto Carlos, y expulsó a Bizarri, por una entrada a Capdevila. Lleno en el Bernabéu, 82.000 personas. Hubo protestas del público al final.

SANTIAGO SEGUROLA, **Madrid**
El Atlético puso al Madrid frente a un motín de consecuencias incalculables, frente a una realidad intolerable para el madridismo: su equipo ha entrado en barrena, en un estado de extrema debilidad, cada vez más cerca de los puestos de descenso, con responsabilidades múltiples. Y así lo entendió la gente, que se levantó en armas y cargó de lo lindo ante dos evidencias: el desastre de su equipo y la apabullante victoria del Atlético, que se permitió el lujo perdonar la goleada en el segundo tiempo.

Circula una teoría por ahí que explica la eficacia a través de la táctica, de lo que ahora se denomina *equipo corto*. Vamos, el Atlético, que ayer juntó a todos sus jugadores a 40 metros de Molina en una estrechísima franja que resultó insuperable para el Madrid, equipo largo donde los haya. Equipo desconcertado, caótico, sin respuesta a problemas básicos en el fútbol. Por lo visto, Toshack considera que su equipo merece el tratamiento de las cuadrillas de estrellas que se reúnen para jugar los partidos de UNICEF. Congrega a los jugadores en el hotel, dice la alineación y los lleva al campo. Con una lacra añadida: a este hombre le cuesta un mundo encontrar una alineación.

Mal preparado, sin diseño ni rigor, destruido, el Madrid padeció un calvario frente al Atlético, que tiene menos pero lo aprovecha mejor. Hay partidos, y éste fue uno de ellos, donde se miden más los entrenadores que los futbolistas. Es cierto que hubo jugadores importantísimos en la victoria del Atlético —Hasselbaink y Solari a la cabeza—, pero más trascendental fue el directo de Ranieri a Toshack, incapaz de arbitrar soluciones para superar la aplastante presión del Atlético, que sólo flaqueó en los primeros diez minutos. En ese periodo de dudas, Raúl pareció dispuesto a machacar al Atlético, como es

Morientes, desolado de rodillas, en un momento del partido. / MANUEL ESCALERA

su costumbre. El gol de Morientes vino de una tenaz jugada de Raúl, que se inventó dos regates en el medio campo, encontró algo de espacio y lo aprovechó para meter un excelente pase a Roberto Carlos, que fue derribado. En la falta, Morientes estuvo en lo suyo: entró a cabecear y marcó.

Ahí se despidió el Madrid, que volvió a su ruina habitual. El Atlético hizo virtud de dos decisiones de Ranieri: la defensa adelantada y el compacto centro del campo, de una densidad mareante para el Real Madrid, el menos denso de los equipos. Con sus enormes boquetes entre líneas, con una distancia sideral entre la defensa y la delantera, con una desconfianza visible en su entrenador, el Madrid desapareció del mapa. El Atlético comenzó a acosar con firmeza en el medio campo, conquistando la pelota sin ningún problema. En algunos casos lo consiguió por puro método, en otros por errores de los centrocampistas del Madrid, aturdidos por la pujanza de sus rivales. Guti regaló un balón a Aguilera y Hasselbaink logró su primer gol. Redondo perdió la pelota y Hasselbaink apareció de nuevo para dejarle un remate franco a José Mari. Fue el segundo gol y la confirmación de Hasselbaink como protagonista de la noche. Por supuesto, intervino en el tercero. De principio a fin. Defendió con el cuerpo el balón en la esquina, esperó la incorporación de Solari y volvió para cruzar un zurdazo precioso.

Los goles trasladaron al marcador la diferencia entre los dos equipos. El Atlético jugaba de memoria, bien puesto, infranqueable, con un jugador tan decisivo como Hasselbaink. Solari, que llegó de puntillas al equipo, con el desdén de Sacchi, aprovechó la media punta con gran categoría. No le resultó difícil. Tenía sitio para hacerlo a la espalda de Redondo y Helguera. Habilidoso y listo, Solari fue una pesadilla para el Madrid, que terminó hecho una pena.

Casi le convino la expulsión de Bizzarri en el comienzo del segundo tiempo. El Atlético bajó el pistón y perdonó la vida a su rival. No hizo sangre, a pesar de disfrutar de una oportunidad histórica. Para los colchoneros más acérrimos fue una decepción, porque pocas veces han visto a su viejo rival en una situación tan lamentable. Los jugadores no lo entendieron así. Les salió una vena amable, y de alguna forma resultó más humillante para la hinchada del Madrid, que no aguantó tanta condescendencia. Porque el segundo tiempo sólo sirvió como materia de irritación para el madridismo, amotinado y harto de todo. La afición abrió la veda contra el presidente, el entrenador y los jugadores. Lo hizo con estruendo, sin reparar en gastos. La gente dijo basta. Todos no: en un rincón del Bernabéu, los hinchas del Atlético celebraban una gran victoria.

Sin Molina no habría sucedido

J. MIGUÉLEZ, **Madrid**
A primera vista, la proeza del Atlético en el Bernabéu será contada a partir de Hasselbaink y sus goles, o de Ranieri y su por una vez acertado planteamiento, o de la fabulosa y ordenada presión de los rojiblancos y de la utilidad vertiginosa que le daban a cada uno de sus robos de balón. También saldrán nombres propios del grupo perdedor (Toshack, Redondo, Guti y sus pérdidas de balón, el Madrid en general...) en aquellas interpretaciones que señalen antes a los defectos

blancos que a las virtudes rojiblancas. Y casi nadie se referirá a Molina, el guardameta del equipo vencedor. Pero el partido de ayer jamás habría sucedido sin él en la portería del Atlético. O mejor dicho, para hablar con propiedad, sin él a muchos metros de distancia de dicha portería. Porque es ahí donde juega, donde se agranda.

El Madrid apenas remató (4 tiros entre los tres palos en noventa minutos), tampoco le obligó a una actividad exagerada con frecuentes llegadas al área o

centros constantes. No le dio trabajo a Molina, en suma, en la zona por la que se acostumbra a medir a los porteros. Y por eso nadie reparó ayer en él. Pero Molina es de otra especie y no se le puede medir como a un cancerbero cualquiera. Es diferente, representa la modernidad. Su cualidad más poderosa no está en los balones que detiene, sino en el territorio que asume y del que libera, de paso, a su equipo. Un tercio del campo es suyo.

Por Molina y su compromiso con los al-

rededores del área, Ranieri pudo mandar a su equipo a presionar en el campo del rival, pudo adelantar su defensa hasta el medio campo, pudo explotar las cualidades de Hasselbaink, pudo desnudar a Toshack, pudo conceder su primer día de gloria en esta casa...

Por Molina, Ranieri hoy ríe y salta, y no tiene la amenaza de despido encima. Por Molina, sí, el mismo guardameta al que nada más llegar el italiano quiso sepultar en el banquillo. Y aún no ha sido capaz de explicar por qué.

1. Identifica qué elementos componen la noticia deportiva (sobretitular, titular, subtitular, entrada o encabezamiento, cuerpo de la noticia). Reflexiona sobre la presentación visual (tipo y tamaño de letra) y los elementos gráficos (fotos, esquemas, etc.) que posee.

2. Señala qué características lingüísticas propias del periodismo deportivo destacan en los titulares y el cuerpo de la noticia del periódico *El País*.

3. Compara el punto de vista de los redactores de esta noticia y de la del periódico *La Razón* recogida en el ejercicio 25 del Libro del Alumno. ¿Podrías deducir si son "forofos" del Real Madrid o del Atlético de Madrid?

19 **Relaciona las palabras de las dos columnas.**

- ✓ café cortado
- ✓ carné de conducir
- ✓ conducir
- ✓ falda
- ✓ faros / luces
- ✓ heladería
- ✓ judías verdes
- ✓ limpiar los zapatos con crema
- ✓ sello
- ✓ suéter / jersey
- ✓ tapas
- ✓ volante
- ✓ vomitar
- ✓ zumo

- ▶ lustrar, bolear, dar grasa, betunar, crillar, embolar, pulir
- ▶ chompa, chomba, buzo, pulóver
- ▶ faroles, fanales, focos
- ▶ licencia, pase, brevete(a), libreta, registro
- ▶ habichuelas, ejetes, frijol verde, vainicas, porotos (verdes)
- ▶ timón, guía, dirección, manubrio, rueda, manivela
- ▶ estampilla, timbre
- ▶ manejar, guiar
- ▶ nevería, sorbetería
- ▶ jugo
- ▶ botanas, bocas, boquitas, saladitos, bocadillos, bocaditos, picadera, entremeses, pasabocas, picadas, pasapalos, piqueo, picada, picadillo, ensaladas
- ▶ volver (al estómago), deponer, devolver, arrojar
- ▶ pollera, nagua, saya
- ▶ con crema, con leche, pintado, marroncito

20 **Lee el siguiente texto.**

Dentro de dos días, el siglo habrá cumplido un año más sin que la noticia tenga importancia para los que ahora me rodean. Aquí puede ignorarse el año en que se vive, y mienten quienes dicen que el hombre no puede escapar a su época. La Edad de Piedra, tanto como la Edad Media, se nos ofrece todavía en el día que transcurre. Aún están abiertas las mansiones umbrosas del Romanticismo, con sus amores difíciles. Pero nada de esto se ha destinado a mí, porque la única raza humana que está impedida de desligarse de las fechas es la raza de quienes hacen arte, y no solo tienen que adelantarse a un ayer inmediato, representado en testimonios tangibles, sino que se anticipan al canto y forma de otros que vendrán después, creando nuevos testimonios tangibles en plena conciencia de lo hecho hasta hoy. Marcos y Rosario ignoran la historia. El Adelantado se sitúa en su primer capítulo, y yo hubiera podido permanecer a su lado si mi oficio hubiera sido cualquier otro que el de componer música —oficio de cabo de raza.

Falta saber ahora si no seré ensordecido y privado de voz por los martillazos del Cómitre que en algún lugar me aguarda. Hoy terminaron las vacaciones de Sísifo.

Alejo Carpentier, *Los pasos perdidos*.

Imagínate un lugar y unas circunstancias en el que hombre actual (tú mismo) pueda escapar a su época, en el que el siglo cumpla un año más o incluso se cambie de siglo sin que la noticia tenga importancia. Descríbelo.

21 En *Cuentos de Eva Luna* se reúnen narraciones que nos hablan de la azarosa vida de una serie de personajes fascinantes, todas ellas enmarcadas en un mundo exuberante y voluptuoso. Lee este fragmento.

Belisa Crepusculario había nacido en una familia tan mísera, que ni siquiera poseía nombres para llamar a sus hijos. Vino al mundo y creció en la región más inhóspita, donde algunos años las lluvias se convierten en avalanchas de agua que se llevan todo, y en otros no cae ni una gota del cielo, el sol se agranda hasta ocupar el horizonte entero y el mundo se convierte en un desierto. Hasta que cumplió doce años no tuvo otra ocupación ni virtud que sobrevivir al hambre y la fatiga de siglos. Durante una interminable sequía le tocó enterrar a cuatro hermanos menores y cuando comprendió que llegaba su turno, decidió echar a andar por las llanuras en dirección al mar, a ver si en el viaje lograba burlar a la muerte. La tierra estaba erosionada, partida en profundas grietas, sembrada de piedras, fósiles de árboles y de arbustos espinudos, esqueletos de animales blanqueados por el calor. De vez en cuando tropezaba con familias que, como ella, iban hacia el sur siguiendo el espejismo del agua. Algunos habían iniciado la marcha llevando sus pertenencias al hombro o en carretillas, pero apenas podían mover sus propios huesos y a poco andar debían abandonar sus cosas. Se arrastraban penosamente, con la piel convertida en cuero de lagarto y los ojos quemados por la reverberación de la luz. Belisa los saludaba con un gesto al pasar, pero no se detenía, porque no podía gastar sus fuerzas en ejercicios de compasión. Muchos cayeron por el camino, pero ella era tan tozuda que consiguió atravesar el infierno y arribó por fin a los primeros manantiales, finos hilos de agua, casi invisibles, que alimentaban una vegetación raquítica, y que más adelante se convertían en riachuelos y esteros.

Belisa Crepusculario salvó la vida y además descubrió por casualidad la escritura. Al llegar a una aldea en las proximidades de la costa, el viento colocó a sus pies una hoja de periódico. Ella tomó aquel papel amarillo y quebradizo y estuvo largo rato observándolo sin adivinar su uso, hasta que la curiosidad pudo más que su timidez. Se acercó a un hombre que lavaba un caballo en el mismo charco turbio donde ella saciaba su sed.

—¿Qué es esto? —preguntó.

—La página deportiva del periódico —replicó el hombre sin dar muestras de asombro ante su ignorancia.

La respuesta dejó atónita a la muchacha, pero no quiso parecer descarada y se limitó a inquirir el significado de las patitas de mosca dibujadas sobre el papel.

—Son palabras, niña. Allí dice que Fulgencio Barba noqueó al Negro Tiznao en el tercer *round*.

Ese día Belisa Crepusculario se enteró que las palabras andan sueltas sin dueño y cualquiera con un poco de maña puede apoderárselas para comerciar con ellas. Consideró su situación y concluyó que aparte de prostituirse o emplearse como sirvienta en las cocinas de los ricos, eran pocas las ocupaciones que podía desempeñar. Vender palabras le pareció una alternativa decente. A partir de ese momento ejerció esa profesión y nunca le interesó otra. Al principio ofrecía su mercancía sin sospechar que las palabras podían también escribirse fuera de los periódicos. Cuando lo supo calculó las infinitas proyecciones de su negocio, con sus ahorros le pagó veinte pesos a un cura para que le enseñara a leer y escribir y con los tres que le sobraron se compró un diccionario. Lo revisó desde la A hasta la Z y luego lo lanzó al mar, porque no era su intención estafar a los clientes con palabras envasadas.

Isabel Allende, "Dos palabras", *Cuentos de Eva Luna*.

1. Describe cómo influye el entorno social en la formación del carácter de la protagonista.

2. ¿Qué opinas de la concepción que tiene Belisa de las palabras y de los diccionarios?

22 Analiza la siguiente cita del cuento de Jorge Luis Borges "La casa de Asterión".

"Como el filósofo, pienso que nada es comunicable por el arte de la escritura."

Escribe a continuación un texto de unas 10 líneas en el que expongas tu opinión sobre lo expresado por Borges a propósito del arte de la escritura y su capacidad de comunicar.

1 **Corrige las siguientes frases.**

1. Recogí en Correos una caja conteniendo juguetes.

2. El profesor nos mandó leer un libro explicando el uso de las formas verbales.

3. Me he encontrado un bolígrafo escribiendo muy bien.

4. Se busca asistenta sabiendo guisar.

5. Tengo un perro siendo cojo.

6. Le gustan los pasteles siendo de chocolate.

7. Nos subimos a un tren dirigiéndose a Madrid.

8. Fuimos de excursión a un lugar siendo muy bonito.

9. Le dio su bocadillo a un niño del colegio poniéndose muy contento.

10. Nos arreglamos, saliendo a dar una vuelta por la ciudad.

11. Se fueron de vacaciones, volviendo a los tres días porque todo les iba mal.

12. Sacaron las entradas, entrando en seguida al cine.

13. Detuvieron un camión en la frontera transportando mercancía robada.

14. Nos juntamos en la misma clase tres personas llamándonos igual.

15. Me caí por la escalera, rompiéndome la pierna.

2 **Como ya sabes, algunos verbos tienen un participio irregular que no funciona como tal participio. Con ayuda del diccionario, completa la siguiente lista con el participio que corresponda.**

absorber	absorbido	absorto
atender	atendido	_____
confesar	_____	confeso
confundir	_____	_____
convencer	convencido	_____
corromper	_____	corrupto
despertar	_____	despierto
difundir	difundido	_____
elegir	_____	electo
expresar	_____	_____
freír	_____	frito
imprimir	imprimido	_____
invertir	invertido	_____
manifestar	_____	_____
presumir	_____	_____
prender	_____	_____
proveer	_____	provisto
recluir	recluido	_____
soltar	_____	suelto
sujetar	_____	_____
suspender	suspendido	_____

3 Completa con la forma verbal correspondiente.

1. ¿Crees que vale la pena el tiempo *(invertir)* ....?
2. Se quedó *(absorber)* .... ante la belleza de aquel paisaje.
3. Le gusta estar *(atender)* .... a las explicaciones del guía cuando va a visitar algún edificio histórico.
4. Descubrieron que había un par de policías *(corromper)* .... que habían recibido dinero de los narcotraficantes.
5. El precio fue *(fijar)* .... en 300.550 €.
6. ¿Estás ya *(despertar)* ....? ¿A ver cómo se ha *(despertar)* .... hoy mi niño?
7. Las personas encargadas de este organismo son *(elegir)* .... directamente por el ministro.
8. No puede haber ningún problema porque el vehículo está *(proveer)* .... de todo lo necesario para cualquier emergencia.
9. A los presos peligrosos los tienen *(recluir)* .... en un pabellón de máxima seguridad.
10. La información era *(confundir)* ...., así que prefirieron esperar unos días para estar más seguros.

4 Elige los participios adecuados y señala si tienen un significado activo o pasivo. Te sobrarán dos.

| callado | cansado | entendido | precavido | esforzado | fingido | moderado |

1. Todos sus dolores son ...., en realidad no tiene nada.
2. No seas tan ...., muchas veces es mejor desahogarse con alguien.
3. Se caracteriza por ser una mujer .... y de gran ánimo.
4. Se hace el ...., pero no tiene ni idea.
5. No creo que le salga mal, porque es muy ...., lo tiene todo calculado.

Construye frases con los participios que no hayas utilizado.

VALORES DE LAS CONSTRUCCIONES CON PARTICIPIO	
Tiempo	*(Una vez) Terminada la reunión, cogió las maletas y se fue.*
Causa	*Puesto el torniquete, no hay peligro de hemorragia.*
Condición	*Destapado el escándalo, no tendría defensa alguna.*
Concesión	*(Aun) Sorprendida in fraganti, se negaba a reconocerlo.*

5 Transforma las siguientes oraciones utilizando el participio.

1. Cuando terminaron los aplausos, le entregaron un ramo de flores.

2. Como había superado la primera prueba con éxito, creía que iba a aprobar la oposición.

3. Cuando llegó el momento, todos acudieron a la cita.

4. Si se conoce la noticia, habrá que dar explicaciones.

5. Una vez que hubo terminado la película nos pusimos a cenar.

6. Aunque todos la querían mucho, ella se sentía desgraciada.

7. Si terminaras el trabajo, podrías tomarte unos días de vacaciones.

8. En el momento en que haya comenzado el espectáculo no podrán entrar ni salir de la sala.

9. Volvieron a casa porque se les había acabado el dinero.

10. Aunque había aprobado el examen, seguía estudiando.

VALORES DE LAS CONSTRUCCIONES CON GERUNDIO		

Tiempo (poco usado)	• gerundio simple:
	  - simultaneidad
	  - sucesión inmediata (es incorrecto el gerundio de posterioridad)
	• gerundio compuesto:
	  - anterioridad
		Me encontré cinco euros saliendo de la oficina.
		Diciendo aquello, se marchó.
		Cerró dando un portazo (modo)
		
		Habiendo introducido todas las reformas necesarias, se fue de allí.

Modo (uso exclusivo del gerundio)		*Ganaron haciendo trampas.*
Causa		*Estando tú aquí, ya nada me preocupa.*
Condición		*Regañándolo, vas a hacer que no te cuente nada más.*
Concesión		*(Aun) Haciendo el calor que hace, se atreve a correr al mediodía.*

6 **¿Qué significado tiene el gerundio en las siguientes oraciones?**

1. Hablando inglés no encontrarás ningún problema en ese país.

2. Consiguió llegar a tiempo cogiendo un taxi.

3. Viniendo a casa ha tenido un accidente con el coche.

4. Comiendo tanto dulce engordarás.

5. Aun diciéndolo tú, no te creemos.

6. Preocupó a sus padres no viniendo a dormir a casa anoche.

7. Consiguió tener una gran empresa trabajando duro durante toda su vida.

8. Aun comprándolo en el sitio más barato, no tengo dinero.

9. Se lesionó en una pierna jugando al fútbol.

10. Lo encontramos arreglando el coche en el garaje.

11. Salió de su casa poniéndose el jersey porque llegaba tarde.

12. Dejando la calefacción encendida toda la noche no pasaremos frío.

13. Se perdió yendo al aeropuerto a recoger a su primo.

14. Ni estudiando toda la noche conseguirás recuperar el tiempo perdido.

15. Enfadó mucho a su novia dejándola plantada en el portal durante dos horas.

7 **Expresa las siguientes oraciones mediante otras introducidas por gerundio (o por participio, cuando sea posible).**

1. Cuando fregó las copas, se dio cuenta de que faltaba una.

Gerundio: _____

Participio: _____

2. Si hubieras venido con nosotros, te habrías divertido.

Gerundio: _____

3. Aunque trabaja mucho, no consigue ganar suficiente para pagar el alquiler.

Gerundio: _____

4. Cuando se encontró mejor, volvió a trabajar.

Gerundio: _____

5. Si hubiera leche en casa, prepararíamos café.

Gerundio: _____

6. Aunque es alto, no llega a coger los vasos del armario.

Gerundio: _____

7. Si lo pensara mejor, no iría.

Gerundio: _____

8. Si viene tan deprisa, pasa algo.

Gerundio: _____

9. Aunque es muy simpático, no tiene amigos.

Gerundio: _____

10. Cuando establecieron las reglas, empezaron el concurso.

Gerundio: _____

Participio: _____

8 **Combinando los siguientes enunciados, construye frases con gerundio (y si es posible, también con participio) y señala qué valor tienen estos.**

1. Ir a buscarte – Terminar los deberes

_____

2. Antonio fumar – Tragarse el humo

_____

3. Comenzar los exámenes – Terminar las clases

_____

4. Llover tanto – No inundarse el patio

_____

5. No llegar lejos – Mentir de ese modo

_____

6. Quizá lograrlo – Intentarlo otra vez

_____

7. Aprender bien la lección – No ser necesario que nadie te ayude

_____

8. Animar la reunión – Cantar y bailar

_____

9. Decirlo él – Ser verdad

_____

10. Terminar el examen – Cada candidato realizar una entrevista personal con el tribunal

_____

9 **Transforma las frases anteriores de tal forma que no se emplee el gerundio o el participio y sin que varíe su significado.**

1. _____
2. _____
3. _____
4. _____
5. _____
6. _____
7. _____
8. _____
9. _____
10. _____

10 Lee el siguiente texto.

INSTRUCCIONES PARA SUBIR UNA ESCALERA

Nadie *habrá dejado de observar* que con frecuencia el suelo se pliega de manera tal que una parte sube en ángulo recto con el plano del suelo, y luego la parte siguiente se coloca paralela a este plano, para dar paso a una nueva perpendicular, conducta que se repite en espiral o en línea quebrada hasta alturas sumamente variables. *Agachándose* y *poniendo* la mano izquierda en una de las partes verticales, y la derecha en la horizontal correspondiente, se está en posesión momentánea de un peldaño o escalón. Cada uno de estos peldaños, *formados* como se ve por dos elementos, se sitúa un tanto más arriba y más adelante que el anterior, principio que da sentido a la escalera, ya que cualquier otra combinación produciría formas quizá más bellas o pintorescas, pero incapaces de trasladar de una planta baja a un primer piso.

Las escaleras se suben de frente, pues hacia atrás o de costado resultan particularmente incómodas. La actitud natural consiste en mantenerse de pie, los brazos *colgando* sin esfuerzo, la cabeza erguida aunque no tanto que los ojos *dejen de ver* los peldaños inmediatamente superiores al que se pisa, y *respirando* lenta y regularmente. Para subir una escalera se comienza por levantar esa parte del cuerpo *situada* a la derecha abajo, *envuelta* casi siempre en cuero o gamuza, y que salvo excepciones cabe exactamente en el escalón. *Puesta* en el primer peldaño dicha parte, que para abreviar llamaremos pie, se recoge la parte equivalente de la izquierda (también *llamada* pie, pero que no *ha de confundirse* con el pie antes *citado*), y *llevándola* a la altura del pie, se le *hace seguir* hasta colocarla en el segundo peldaño, con lo cual en este descansará el pie, y en el primero descansará el pie. (Los primeros peldaños son siempre los más difíciles, hasta adquirir la coordinación necesaria. La coincidencia de nombre entre el pie y el pie hace difícil la explicación. Cuídese especialmente de no levantar al mismo tiempo el pie y el pie.)

Llegado en esta forma al segundo peldaño, basta repetir alternadamente los movimientos hasta encontrarse con el final de la escalera. Se sale de ella fácilmente, con un ligero golpe de talón que la fija en su sitio, del que no se moverá hasta el momento del descenso.

Julio Cortázar, *Historias de cronopios y de famas.*

1. Clasifica las formas que aparecen en cursiva según sean construcciones con gerundio, con participio o agrupaciones verbales. Explica su significado.

Construcciones con gerundio:

_____   _____
_____   _____
_____   _____

Construcciones con participio:

_____   _____
_____   _____
_____   _____

Agrupaciones verbales:

_____   _____
_____   _____
_____   _____

2. ¿Sabrías dar las instrucciones necesarias para abrir una puerta? Imagínate la situación y redacta un texto en el que tengas que explicar cómo se abre una puerta. Utiliza para ello las agrupaciones verbales de obligación.

11 **Completa estas frases con el tiempo adecuado de *tener que* o *deber*.**

1. Anoche me encontré con Nuria, que estaba buscando a Luis. Le había comprado un regalo, incluso. El caso es que .... contarle la verdad sobre él. La pobre no se lo podía creer.

2. Juan Carlos .... explicar a sus alumnas que estaba casado, porque no dejaban de perseguirlo.

3. M.ª Jesús .... hablar primero con su jefe antes de divulgar la noticia por ahí.

4. Los niños .... pedir permiso al dueño en lugar de saltar la valla para buscar la pelota.

5. El acusado no .... mentir, porque ahora el juez lo acusará de perjuro.

12 **Completa con la forma correspondiente de los verbos *tener*, *llevar* o *ir*.**

1. Le .... completamente prohibido llegar a casa más tarde de las once de la noche, ¿crees que soy severo?

2. No .... estudiado ni la mitad del examen y solo le quedan dos días.

3. Ya .... leídos todos los libros que le han pedido en esta asignatura.

4. .... registrados treinta accidentes en este tramo de carretera en lo que va de año; debería replantearse su trazado.

5. .... analizadas prácticamente veinte películas de acción y todas presentan el mismo esquema argumentativo.

13 **Completa el texto con las formas verbales propuestas.**

> Nuestro Ayuntamiento .... a cabo un plan de rehabilitación de espacios públicos y edificios de gran interés arquitectónico. Ha comenzado por las fachadas de las iglesias y los conventos de la ciudad y ya .... tres de las siete que .... arreglar. Para finales de la primavera se cree que .... estas obras. Respecto a los monumentos y edificios públicos, José González afirmaba lo siguiente:
>
> "A la vista del estricto cumplimiento de los plazos de entrega de las obras de restauración que ...., todas ellas de carácter religioso, podemos afirmar que para finales del próximo año .... la totalidad de los edificios incluidos en el plan de rehabilitación, salvo, y no es casualidad, nuestro Ayuntamiento. .... más de diez proyectos de acondicionamiento del edificio y ninguno de ellos coincide con nuestros planteamientos; por eso ya .... una nueva oferta de contratación que sacaremos a concurso a primeros de mes y que .... para que puedan presentarse todos los expertos que así lo deseen".

▸ tendrán terminadas
▸ está pensada
▸ tenemos preparada
▸ está llevando
▸ llevamos estudiados
▸ tenemos terminadas
▸ lleva restauradas
▸ tiene previsto
▸ estará restaurada

14 Completa con la forma correspondiente de los siguientes verbos.

▶ venir   ▶ venir a   ▶ deber   ▶ deber de   ▶ volver a

1. Todas las noches .... decirnos lo mismo, que tenemos que ver menos televisión, que la televisión no nos deja tiempo para leer...

2. La barra de pan .... costando entre 0,45 y 0,80 €.

3. No .... dejar de asistir a clase.

4. El tipo de lámparas que tú buscas .... costar unos 100 euros.

5. .... haberse metido en la gasolinera, porque no lo veo.

15 Sustituye en estas frases el verbo *empezar* por un sinónimo.

1. Cuando salimos del cine, empezó a llover a cántaros.

_____

2. En cuanto le dieron la noticia, empezó a gritar y a dar saltos de alegría.

_____

3. Le cambió las pilas y empezó a andar.

_____

4. Todos empezamos a golpear la mesa con los cubiertos para que nos sirvieran ya la comida.

_____

5. Al final de la película empezó a llorar desconsoladamente.

_____

16 Completa lo que le cuenta Ramón a su amigo Roberto.

Bueno, verás; ayer, cuando salimos de clase, se me acercó Lucía y se puso a .... como desesperada, de verdad; y yo, lógicamente, comencé a ...., pero no dio resultado. De pronto, empezó a ...., así que tuvimos que .... y, andando, llegamos al parque, el lugar donde Eugenio y ella comenzaron a .... Y, ¿qué crees que pasó? Empezó a .... hasta que .... y .... sobre la hierba. De repente, se echó a ...., y en un momento, sin saber cómo, comenzamos a .... de esto y de lo otro, ya sabes. El caso es que nos dimos cuenta de que nos .... muy bien. Bueno, no creo que sea necesario darte más detalles.

¿Quiénes son y qué crees que les pasa a los protagonistas?

17 Completa con infinitivo, gerundio o participio.

1. Lleva varias horas (*estudiar*) .... sin descansar.

2. No lleva ni dos semanas (*andar*) ...., todavía tiene poca estabilidad.

3. Lleva (*analizar*) .... casi cinco mil oraciones para su estudio.

4. Lleva sin (*venir*) .... por el despacho casi cinco días y no ha dado ninguna explicación.

5. Lleva (*aprender*) .... más de veinte canciones para el concierto.

18 **Indica la forma o formas verbales correctas.**

I. ¿Todavía .... queriéndote ir a vivir a Andalucía?

     a) estás   b) andas   c) vas

2. Ahora descansa, que mañana tendrás tiempo de .... haciendo poco a poco lo que no has

    podido terminar.

     a) estar   b) andar   c) ir

3. Cada vez .... teniendo más confianza en sí mismo.

     a) está   b) anda   c) va

4. Por favor, ... terminando el examen porque ya va a ser la hora.

     a) estad   b) andad   c) id

5. De momento .... repasando la lección hasta que termine con esto y te la pueda preguntar.

     a) estate   b) anda   c) ve

6. Poco a poco .... aprendiendo a manejarse solo.

     a) está   b) anda   c) va

7. No tiene por qué .... preguntando lo que no le importa.

     a) estar   b) andar   c) ir

8. Los estudiantes .... teniendo cada vez más problemas para encontrar piso.

     a) están   b) andan   c) van

9. Siempre .... metiéndose en problemas.

     a) está   b) anda   c) va

10. Cada día .... comiendo un poquito más.

     a) está   b) anda   c) va

19 **Sustituye las construcciones en cursiva por las expresiones propuestas.**

▶ echarse a perder
▶ echar a perder
▶ ¡vete tú a saber!
▶ no darse por enterado
▶ no darse por vencido
▶ venga a + fumar
▶ llegar a ser
▶ estar al venir
▶ estar al llegar
▶ estar hecho un lío

I. Al contarle lo que habíamos pensado, *estropeaste* la sorpresa que queríamos darle.

2. –¿Está ya Alberto en casa?

    –No, pero *llegará enseguida.*

3. Hemos llamado a la policía hace diez minutos, o sea que *vendrá dentro de un momento.*

4. Es una lástima que *se haya estropeado* toda esa comida.

5. Cuando Alicia estaba de parto, su marido *estuvo fumando un cigarrillo detrás de otro.*

6. Ya se lo he advertido cincuenta veces, pero él *hace como si no supiera nada.*

7. A todos les ocurre lo mismo. Tras *ser elegidos* jefes, no se acuerdan de nadie.

8. La verdad es que *no sé qué hacer.*

9. Aunque no ha conseguido ganarlo ni una sola vez, *sigue intentándolo.*

10. –¿Se sabe quién va a ser el nuevo presidente?

    –*No tengo ni idea.*

Busca en esta sopa de letras las palabras cuyas definiciones se proponen (todas ellas aparecen en el contrato de arrendamiento del Libro del Alumno).

1. dinero que se da como garantía del cumplimiento de una obligación
2. lista de bienes
3. dejar sin efecto una obligación legal
4. saldar o liquidar una cuenta
5. compensación por un daño o mal
6. comenzar un proceso que puede llevar al castigo de una falta
7. pagando un precio o cantidad
8. efecto de echar legalmente de una casa a la persona que la ocupa
9. cantidad que hay que pagar a un profesional por su trabajo
10. tributo o impuesto pagado al Estado

T	F	I	N	I	Q	U	I	T	A	R	T	U	I	R
M	I	S	A	H	U	I	N	O	B	E	U	Q	M	E
I	A	B	R	O	I	R	A	T	N	E	V	N	I	T
E	T	N	E	M	A	S	O	R	E	N	O	E	N	R
N	A	D	S	I	N	E	R	I	B	I	U	R	D	E
T	R	E	C	D	I	N	D	E	C	N	A	H	E	B
S	U	S	I	I	T	D	O	U	H	I	T	Z	M	U
F	I	A	N	Z	A	Q	B	Q	O	V	O	I	N	C
E	N	H	D	O	M	I	N	U	T	A	Z	N	I	I
V	N	U	I	T	R	N	H	I	N	V	O	R	Z	O
O	I	C	R	T	U	V	E	B	U	E	N	Q	A	N
R	A	I	N	B	N	E	N	Z	T	N	I	A	C	I
I	T	O	I	C	U	T	T	R	A	O	C	N	I	V
O	C	D	E	M	N	I	Z	A	U	R	U	V	O	F
N	O	R	S	E	I	R	A	R	Q	U	E	A	N	O

Completa.

hecho	persona	verbo
atraco	atracador	atracar
secuestro		
allanamiento		
contrabando		
chantaje		
asesinato		
malversación		
soborno		
calumnia		
espionaje		
atentado		
violación		
estafa		
hurto		
acoso		
amenaza		
fraude		

22 **Completa con las palabras anteriores que correspondan.**

1. A: Como te vayas de la lengua, ya sabes lo que te puede ocurrir.

   B: ¿Es una ....?

   A: ¡Nooo...! Simplemente, una advertencia.

2. Me lo encontré .... por el ojo de la cerradura, ¿te imaginas qué vergüenza?

3. A: Ayúdame con este crucigrama. ¿Un sinónimo de *difamar*, de nueve letras?

   B: ....

4. No esperaba eso de ti, Ángeles, me has ....

5. ¿Sabes lo que me dijo? Que me necesitaba y que sin mí estaba perdido. ¡Vamos!, un .... sentimental.

6. No pensarás que me voy a dejar .... por una comida, ¿verdad?

7. ¿180 euros? ¡Esto es un ...., hombre!

8. Amnistía Internacional se encarga de denunciar todos los casos de .... de los Derechos Humanos.

23 **Son muchas las palabras que comienzan por *ju-* procedentes de la raíz latina *jus- [judic-]*, que significa 'derecho, justo' y 'juzgar'. Tenéis dos minutos para escribir todas las que conozcáis.**

▶ jud- _____

▶ juic- _____

▶ jur- [juris-] _____

▶ just- _____

▶ juzg- _____

24 **Hemos sacado estos términos del texto. Reconstrúyelo teniendo en cuenta que uno lo vas a necesitar dos veces.**

▶ justicia
▶ juristas
▶ justo
▶ judiciales
▶ Jurado
▶ juicio
▶ juez

Los .... se muestran divididos ante la institución del ...., cuya implantación en España no ha sido todo lo feliz que pudiera esperarse. Los partidarios de tal institución consideran que la aplicación de la .... por los propios ciudadanos es la fórmula más democrática y garantizadora de un ....

Miembros de diversos órganos ...., sin embargo, opinan que el .... ha de ser el que siga encargándose de administrar ...., pues solo el conocimiento profundo de las leyes garantiza su aplicación ecuánime.

25 **Relaciona cada símbolo con la respuesta o respuestas más adecuadas.**

a Salida de emergencia

b. Bar

c. Circule

d. Relaciones con un cliente (en un banco)

e. Haga cola y luego acérquese al mostrador

f. Precaución colegio

g. Aquí se puede correr

h. Cruce (en un semáforo)

i. Frágil

j. Prohibido entrar con un carrito de niño

26 Expresa tu opinión sobre la interpretación simbólica que el fotógrafo y dibujante Óscar Mariné Brandi hizo de la norma de urbanidad *Antes de entrar dejen salir*.

Mariné, usuario habitual del metro madrileño dice que observa la calle palmo a palmo, "y allí el único que sonríe es Hugh Grant anunciando una película". Su señal a modo de *grafitti* es "un guiño callejero que lo acerca al usuario, jóvenes en su mayoría". La sonrisa intenta romper la robótica tristeza de los pictogramas porque dice que "el metro ya es bastante tenso de por sí". Mariné, además, opina que "Ningún programa vale más que una palabra. A mí me encanta llegar a un país y aprender su idioma a través de los carteles callejeros".

J. A. Millán, "¿Pero qué diablos quiere decir esta ¡@#*!?", *El País Semanal*.

En grupos, diseñad un cartel que refleje esta norma. Después, inventad otro para que vuestros compañeros descubran cuál es su mensaje.

27 Reorganiza los siguientes datos y escríbelos donde corresponda.

| 1991 |
| 1993 |
| 1997 |

Alfonso Arau
Tomás Gutiérrez Alea
Adolfo Aristaráin
Juan Carlos Tabío

Senel Paz
Kathy Saavedra
Adolfo Aristaráin
Laura Esquivel

Federico Luppi
Lumi Cavazos
Jorge Perugorría
Vladimir Cruz
Lumi Cavazos
Mirtha Ibarra
Juan Diego Botto
Marco Leonardi
Francisco Gattorno
Cecilia Roth
Eusebio Poncela

Siglo XIX, norte de México
En la Cuba actual
Argentina-Madrid

Pedro Múzquiz   Martín   Dante
David   Hache   Alicia
Diego   Tita de la Garza

Excelentes dotes culinarias
Joven revolucionario e intelectual maduro
Mundo de drogas y alcohol
Círculo problemático de adultos en torno a un joven
Formación, ideales y preferencias sexuales enfrentadas
Rígidas costumbres

Martín (Hache)	Como agua para chocolate	Fresa y chocolate
Año:	Año:	Año:
Director:	Director:	Director:
Guión:	Guión:	Guión:
Intérpretes:	Intérpretes:	Intérpretes:
Argumento:	Argumento:	Argumento:
Escenario:	Escenario:	Escenario:
Personajes:	Personajes:	Personajes:

1.

1. para / por
2. para
3. por
4. para
5. por
6. Para
7. para
8. por
9. Para
10. por
11. para
12. para / por
13. por
14. para
15. por

2.

1. Por lo general
2. Por lo menos
3. por último
4. para terminar / por último
5. Por lo visto
6. Por fin
7. por encima
8. para colmo
9. Por entonces
10. por ejemplo

3.

1. Para; por
2. para
3. Para; por
4. para
5. por
6. por; por
7. para; para
8. Para
9. por
10. por
11. para
12. por
13. por
14. por / para
15. para

4.

En ese momento Nicolás se acordó **de** Amanda y sacó la cuenta de que no la había visto deambular **por** la casa **desde** hacía tres semanas y que no había asistido **al** fracasado intento de elevarse **en** globo, ni **a** la inauguración **de** la industria doméstica de pan **con** pollo. Fue **a** preguntar a Clara, pero su madre tampoco sabía nada **de** la joven y estaba comenzando **a** olvidarla, debido **a** que había tenido que acomodar su memoria **al** hecho ineludible **de** que su casa era un pasadero de gente, como ella decía, no le alcanzaba el alma **para** lamentar a todos los ausentes. Nicolás decidió entonces ir **a** buscarla, porque se dio cuenta **de** que le estaban haciendo falta la presencia **de** la mariposa inquieta **de** Amanda y sus abrazos sofocados y silenciosos **en** los cuartos vacíos de la gran casa **de** la esquina, donde retozaban como cachorros cada vez que Clara aflojaba la vigilancia y Miguel se distraía jugando o se quedaba dormido **en** algún rincón.

5.

1. fuera de
2. fuera / afuera; dentro de(l)
3. fuera / dentro / arriba / abajo
4. dentro de(l)
5. dentro
6. fuera; dentro / adentro
7. donde
8. donde / a donde
9. atrás
10. bajo / debajo de
11. adelante; delante
12. delante; detrás
13. delante de / ante / detrás de

6.

1. acordó
2. se acuerda de(l)
3. admirando
4. Me admiro de / Admiro
5. aprovechar
6. se aprovecha de
7. creemos
8. Se cree
9. dormir
10. se duerme
11. encontrar
12. me encuentro
13. Me encontré a / con
14. te fíes de(l)
15. fían
16. hemos fijado
17. Fíjate en
18. Juega
19. jugándose
20. resuelve
21. se resolvió a
22. teme
23. me temo

7.

Respuesta libre.

8.

El guerrero, delirando, fue conducido **por** sus compañeros **a** la sala **de** operaciones, víctima **de** un fuerte golpe **de** macana —maza **de** guerra— **en** la cabeza, que ni el casco ni el forro de algodón lograron amortiguar. **Sobre / en** un plato, **en / sobre** el suelo, aún quedaban cenizas **de** harina **de** maíz y una rara fragancia invadía la habitación. Uno de los soldados despejó las dudas **de** sus compañeros: le habían asegurado que aquello servía **para** purificar y desinfectar el recinto.
Los soldados depositaron cuidadosamente el cuerpo semiinconsciente del herido **sobre / en** unas pieles **de** llama, **en / sobre** el suelo.

9.

- fue conducido **a** la sala de operaciones
- un fuerte golpe **en** la cabeza
- **sobre / en** un plato, **sobre / en** el suelo
- depositaron el cuerpo del herido **sobre / en** unas pieles de llama, **sobre / en** el suelo

10.

Entró entonces el cchuksihampic **con** su hijo, al que ordenó traer hojas **de** coca y varias hierbas nada más ver el estado **del** enfermo. A uno **de** los soldados le pidió una jarra **de** chicha, bebida alcohólica **de** maíz. Mientras el soldado salía **del** aposento, llegaba el hijo **del** cchuksihampic **con** las hierbas y la coca. Los soldados abandonaron la habitación y el cchuksihampic principió a mascar las hierbas y la coca al tiempo que despojaba **al** guerrero **del** casco y el forro **de** algodón.
Los ojos **del** enfermo estaban desorbitados y el forro **de** algodón se había teñido parcialmente **de** rojo. Cuando las

hierbas y la coca adquirieron una contextura pastosa, el cchuksihampic se las depositó **en** la mano y comenzó **a** extenderlas **sobre** la herida. Llegó entonces el soldado **con** la chicha y, obedeciendo **al** cchuksihampic, dejó la jarra **en** el suelo y salió **de** la habitación. Acabada **de** extender la pasta, el cchuksihampic acercó el jarro **de** chicha a los labios **del** guerrero. Este bebió **con** avidez hasta quedar completamente embriagado. El cchuksihampic le ofreció unas cuantas hojas **de** coca y más chicha. El guerrero se adormeció: no hacía falta someterlo a hipnosis.

Mientras quitaba la pasta que había aplicado **en** la herida, el cchuksihampic pidió el sirkak a su hijo. Este le mostró una caja **con** los instrumentos quirúrgicos: unos tumis —cuchillos semicirculares en forma de T invertida, fabricados **con** una durísima aleación (champi) **de** oro, plata y cobre—, sierras **de** obsidiana y sílex, cinceles, cuchillos, pinzas, raspaderas, escalpelos de obsidiana **con** mango **de** madera, cucharillas o curetas de diente **de** cachalote para sacar fragmentos de hueso, agujas para suturas, hilo, finísimas gasas, vendas y algodón.

El cirujano examinó la tumefacta herida. Había que trepanar.

11.

1. in fraganti	9. aparte
2. además	10. enfrente
3. en medio	11. a propósito
4. alrededor	12. deprisa
5. adrede	13. o sea
6. A veces	14. a través de
7. a partes iguales	15. Asimismo
8. sobre todo	

12.

Posibles respuestas

1.
Ayer recibí una carta de Silvia en la que me dice que está muy contenta porque sus nuevos compañeros son encantadores con ella, y que se alegra de haber cambiado de trabajo.

Ayer recibí una carta de Silvia en la que me dice que está muy contenta y se alegra de haber cambiado de trabajo, ya que sus nuevos compañeros son encantadores con ella.

2.
He comprado un coche de segunda mano a una persona de confianza, un amigo de Lorenzo que además me ha hecho un buen precio.

He comprado un coche de segunda mano a buen precio, pues el antiguo dueño es un amigo de Lorenzo y, por tanto, una persona de confianza.

3.
Ayer habíamos quedado con Felisa y Ángeles, pero esta se puso mala por comer demasiado chocolate y no pudo venir a la cita, por lo que llamó por teléfono a Felisa, que nos lo contó después.

Ayer habíamos quedado con Felisa y Ángeles, pero ésta llamó a Felisa por teléfono para decirle que no podía venir a la cita porque, según nos contó después la propia Felisa, se había puesto mala por comer demasiado chocolate.

13 y 14.

Aparecen en negrita los marcadores empleados en el texto.

introducción del tema	en lo que se refiere a, en lo referente a, **en cuanto a,** a propósito (de), por cierto, a todo esto (los tres últimos introducen normalmente una digresión)
ordenación	en primer (segundo, tercer, … último) lugar, primero, después, luego, por último, por una parte… por otra, finalmente
adición	aparte, así como, **asimismo, además,** más aún, encima, también, por otra parte, por otro lado
continuación / consecuencia	así, entonces, **en consecuencia, así pues,** pues, pues bien, así que, por consiguiente
conclusión	en conclusión, en resumen, **en definitiva,** en resumidas cuentas, en fin
aclaración	es decir, o sea, **dicho de otra forma,** esto es, en otras palabras, dicho de otra manera, mejor dicho
oposición	pero, en cambio, **sin embargo, ahora bien, con todo,** no obstante, aun así, por el contrario
ejemplificación	(como) por ejemplo, así (por ejemplo), pongamos por caso

15.

Posibles respuestas

En los últimos tiempos, juguetes virtuales inundan las redes electrónicas y los videojuegos para seducir a pequeños y grandes. **Así / por ejemplo,** en menos de dos años se vendieron más de 10 millones de *tamagochis* en todo el mundo. Son estos unos pequeños llaveros provistos de una pantalla líquida en la que aparece una especie de pollito que requiere los cuidados de su dueño. Un sonido agudo avisa a este de las necesidades del animalito, que de no ser satisfechas incrementará el volumen del pitido hasta "morir".

Respecto / en cuanto a las causas del éxito de los *tamagochis,* pueden apuntarse, **en primer lugar / por un lado / por una parte,** el entusiasmo del público por todo objeto nuevo y sorprendente; **en segundo lugar / por otro / por otra,** porque este tipo de juguetes electrónicos ofrece un medio fácil y sencillo de responder al deseo natural que tienen las personas de ocuparse de los otros, **es decir / esto es,** de ser necesarios. **Además / por otra parte,** no hay por qué comprometerse por largo tiempo ni cargar con pesadas responsabilidades, como, **por ejemplo / pongamos por caso,** con un verdadero animal de compañía.

Sin embargo / no obstante, una minoría de niños, aquellos que viven en un entorno afectivo pobre, pueden volcar todo su cariño en el juguete y, **en consecuencia / por consiguiente,** … llegar a sufrir graves trastornos por la muerte de su *tamagochi.*

Algunos psicólogos ven en los *tamagochis* un formidable medio de hacer que el niño asuma una responsabilidad; otros, **en cambio / por el contrario,** dicen que no constituyen en absoluto un aprendizaje de las relaciones con los demás ni de la vida en general.

En definitiva / en resumidas cuentas, la invasión de la realidad virtual en nuestra vida cotidiana es un hecho cuyas consecuencias en el posible cambio de comportamiento humano no son del todo previsibles.

16.

- dar en el clavo: acertar;
- darse de narices (de bruces): chocarse, encontrarse bruscamente con algo;
- darle a uno por algo / por hacer algo: adoptar o adquirir la costumbre de hacer algo;
- dar de sí: hacerse más ancho o grande; tener más capacidad;
- darle vueltas a algo: pensar, reflexionar excesivamente sobre algo;
- dar a entender: apuntar una cosa o idea sin explicarla con claridad;
- dar a conocer: comunicar o hacer saber algo a alguien;
- dar a luz: tener un hijo, parir.

Respuesta libre.

17.

1. por	11. en; con
2. a	12. a(l) / sobre
3. con	13. a
4. a(l)	14. con; en / a(l)
5. por	15. con
6. con / contra	16. a
7. con	17. con / contra
8. por	18. a
9. a	19. con
10. por	20. a(l)

18.

1. en	8. para; con; a
2. con; para / en	9. por
3. por / sin	10. en
4. con	11. en
5. por	12. por
6. en	13. en
7. con	14. por

19.

1. corto	5. con tres palmos de narices
2. frío / de piedra / helado	6. tan ancho / tan fresco
3. con la boca abierta	7. frío / helado
4. en blanco	8. limpio

20.

1. de bote en bote; de arriba abajo
2. por si las moscas
3. de buenas a primeras
4. con el agua al cuello

21.

1. de mala gana	5. a la parrilla
2. de oídas	6. a disgusto
3. de gorra	7. a empujones
4. a pedir de boca	8. a tiro hecho

Respuesta libre.

22.

1.

Diosa de la Tierra
Coatlicue

Los Centzon Huitznahua
(los innumerables del sur
– las estrellas)

Coyolxahuqui
(la de los cascabeles en la
cara – la Luna)

Huitzilopochtli
(la serpiente de fuego – el Sol)

2.

- Los seres de la luz: el Sol – Huitzilopochtli.
- Los seres de las tinieblas: la Luna – Coyolxahuqui y las estrellas – los Centzon Huitznahua.
- Los seres que nacen de la tierra: la Tierra – Coatlicue y de ella nace Huitzilopochtli – el Sol, que surge todos los días por el horizonte de las entrañas de la Tierra.
- Los seres que nacen en el cielo: la Luna y las estrellas.

3.
Posible respuesta

La diosa Coatlicue, madre de los Centzon Huitznahua y de Coyolxahuqui, lleva una vida retirada en Coatépec. Un día, mientras barre el templo, una bola de plumas baja sobre ella y al poco tiempo se encuentra misteriosamente embarazada. Cuando sus hijos conocen la noticia, indignados por lo que creen que es ofensivo y deshonroso, deciden matarla. La diosa madre Coatlicue se entristece al conocer sus planes, pero de su vientre sale una voz que apacigua sus temores. Los Huitznahua, excitados por su hermana Coyolxahuqui, se preparan para la guerra, pero uno de ellos, arrepentido, informa de los preparativos a Huitzilopochtli, el niño que Coatlicue lleva en su seno. Llegado el momento, los hermanos se acercan en orden de batalla, y cuando alcanzan la cumbre del Coatépec, la montaña de las serpientes, nace prodigiosamente Huitzilopochtli armado de sus dardos y su escudo. Huitzilopochtli coge la serpiente de fuego, y con ella descuartiza a Coyolxahuqui, cuya cabeza queda en la montaña mientras el cuerpo destrozado rueda por la ladera. Entonces, el dios ataca a los Huitznahua, persiguiéndolos con saña hasta dar muerte a la mayoría.

23.

1. se; con / por
2. ø; a
3. se; con / por
4. ø; a
5. se; con / por
6. ø; a
7. Nos; de
8. me
9. Se; a
10. te; con / por

11. se; con / por; se; con / por

12. Se; por; le

13. nos

14. se; por

15. Se; con / por

24.

1. se; a
2. ø; a; a
3. me
4. nos
5. ø; a

6. nos
7. ø; a
8. se; a
9. ø / os
10. ø / se; a

25.

1. ø
2. se
3. te
4. ø
5. Nos

6. Se
7. Se; le
8. le
9. te
10. ø / se

26.

Yucatán y la actual Guatemala se encuentran entre el océano Atlántico y el Pacífico, en el trópico, lo que es causa de lluvias torrenciales. Por otra parte, también tienen un inacabable caudal de agua dulce. El agua es, así, fuente de vida y causa de muerte en la región.

LECCIÓN 2

1.

Respuesta libre.

2.

En esta casa **vivió / vivía** Elena Pérez.

Elena **era** muy brillante e inteligente. **Era** abogada; **aprobó / había aprobado** unas oposiciones para juez poco después de terminar sus estudios. **Fue** en uno de sus juicios donde conoció a su marido, que se **llamaba** Ernesto. Él también **era** abogado, concretamente abogado criminalista. En una ocasión **tuvo** que defender a un famoso capo de la mafia que **estaba** acusado de tráfico de drogas y de corrupción de menores. Ernesto **consiguió** que lo declararan inocente; **fue** su primera gran victoria. La juez **fue** Elena, su futura mujer.

Elena y Ernesto **se casaron** ocho meses después de conocerse. Lo suyo sí que **fue** un verdadero flechazo, amor a primera vista. **Compraron** un bonito piso en el Paseo de la Castellana. Elena **se encargó** de la decoración, especialmente de la habitación de matrimonio. **Era** una mujer detallista, cuidadosa y con buen gusto. **Odiaba** las excentricidades y las "modernidades". Por eso **decoró** la casa con estilo muy clásico, aunque siempre **decía** que **era** la casa la que **se había decorado** a sí misma, la que **había impuesto** sus criterios; Elena solo **se había dejado** llevar por la casa.

En esta casa **fueron** muy felices; **tuvieron** dos hijos, **lograron** grandes éxitos en su carrera profesional: **parecía** la familia perfecta. Pero de forma inesperada **comenzaron** a suceder extraños hechos que **destruyeron** toda la felicidad y **acabaron** finalmente en una desgracia.

Todo **sucedió** hace un año aproximadamente. Ernesto **estaba** trabajando en un caso muy importante: **debía** defender a un aristócrata muy conocido que **estaba** acusado de haber asesinado a su mujer como consecuencia de un ataque de celos. **Se trataba** de un crimen pasional: el conde Rodríguez, que así **se llamaba** el presunto asesino, **creía** que su mujer lo **engañaba** con otro hombre; una noche, después de celebrar una fiesta, la condesa **apareció** muerta.

En la casa, por las noches, Elena **empezó** a oír extraños sonidos, **parecían** voces de mujer, lamentos lejanos, gritos que **pedían** ayuda. Pero únicamente los **oía** Elena. Su marido **decía** que **eran** sueños de Elena, que todo **estaba** en su imaginación. Estos sonidos **fueron** haciéndose cada vez más claros y fuertes. Además, **desaparecían** objetos de la casa, las ventanas y las puertas **se abrían** solas. Ernesto siempre **encontraba** una explicación lógica a todos los sucesos, pero Elena **sabía** que algo **ocurría**. Todo esto **sucedía** especialmente en la habitación donde **dormía** el matrimonio. Elena **se puso** en contacto con expertos en parapsicología y ellos también **decían / dijeron** que algo extraño y maléfico **ocurría** en la casa, y sobre todo, en la habitación: allí se **podían** sentir dolor y sufrimiento; a pesar de que la habitación **era** muy cálida, la sangre **parecía** que **se helaba** al entrar en ella.

Elena **insistió** repetidamente en vender la casa y en comprar otra, pero Ernesto **se reía** y **decía** que **eran** cosas de brujas y que ella **tenía** una gran imaginación. Ernesto, claro, no **sabía** lo que le **esperaba.** Una noche de diciembre que **hacía** un frío horrible y **llovía** intensamente, Ernesto **se levantó** porque no **podía** dormir; Elena **oyó** cómo **se levantaba**, pero no **dijo** ni **hizo** nada; **se quedó** dormida. **Se despertó** una hora después sobresaltada al escuchar las voces, pero ahora no **eran** voces, sino risas alocadas, carcajadas. **Se levantó** al ver que no **estaba** Ernesto y **salió**: en la puerta **encontró** el cadáver de su marido; le **habían cortado** la cabeza y le **habían arrancado** el corazón. En la pared **habían escrito**: VENGANZA, POR LOS SIGLOS DE LOS SIGLOS. Al otro lado del pasillo Elena **creyó** ver la figura de una mujer.

Elena, lógicamente, **vendió** la casa y **se fue** con sus hijos a otro lugar, lejos de allí. Pero antes **hizo** algunas averiguaciones…

• Respuesta libre.

3.

Sobre las diez de la mañana un ex policía que se dedica a la compraventa de coches portaba un maletín en cuyo interior había 6.000 euros y la documentación de un vehículo. **Se dirigía** a Madrid para realizar una operación relacionada con su negocio. Estuvo conversando con su cuñado en una calle muy cercana a su domicilio, y un descuido hizo que cogiera su coche dejándose olvidado sobre el capó de otro vehículo el maletín con el dinero y la documentación. Ajeno a todo esto, el hombre siguió su camino hasta que se dio cuenta de que no llevaba la valija porque se la **había dejado** olvidada sobre el coche.

Mediante un teléfono móvil se puso en contacto con el familiar con el que **estuvo / había estado** conversando y le pidió que regresara urgentemente al punto en el que se habían encontrado. El cuñado volvió al lugar y se encontró con que, en efecto, allí **estaba** la cartera.

Entre tanto, un trabajador municipal vio el maletín sobre el coche y, tras comprobar su contenido, se **puso** en contacto con la policía municipal. Un coche radio-patrulla se dirigió al lugar para hacerse cargo del mismo, pero no le dio tiempo, dado que, avisado por el propietario, ya había llegado su cuñado.

4.

A Serafina las prisas y el desorden la estresaban. Siempre **planificaba** sus acciones con varios días de antelación y **anotaba** lo que debía hacer cada hora del día. Todas las mañanas **repasaba** durante 15 minutos su agenda, y en 15 años de trabajo en aquella empresa nunca **faltó** a sus obligaciones. Pero un día sucedió algo inesperado. Llegó a la oficina un nuevo compañero, Ricardo, que se **pasó** la mañana entera revolviendo papeles y cambiando las cosas de sitio: "Espero que no te moleste", dijo, "pero nunca **he soportado** tanto orden, me pone nervioso. Tienes unos ojos preciosos. ¿Comemos juntos?". Serafina no se lo **podía** creer. El desorden **llamaba** a su puerta, y lo cierto es que **resultaba** irresistible.

5.

Por fin había terminado el trabajo; solo me faltaba hacer la portada e imprimirlo. Total, que **encendí** el ordenador, **abrí** el fichero y me **encontré** con un texto incomprensible. **Miré** una a una las páginas y todas estaban igual. Desesperada, **salí** del programa, **activé** el antivirus y ¡bingo!, el ordenador tenía un virus. ¡Qué susto! Menos mal que me desperté enseguida.

6.

Respuesta libre.

7.

19.00 **Entré** en una joyería, me **compré** un Rolex de oro auténtico, sumergible, antimagnético y antichoque y lo **rompí** *in situ*.

19.30 **Entré** en una perfumería y me **compré** quince frascos de Eau de Ferum, que **acababa** de salir.

20.00 **Decidí** que el dinero no **da / daba** la felicidad, **desintegré** todo lo que **había comprado** y **continué** caminando con las manos en los bolsillos y el ánimo ligero.

20.40 Mientras **paseaba** por las Ramblas, el cielo se **cubrió** de nubarrones y **retumbaron** unos truenos: **era** evidente que se **aproximaba** una perturbación acompañada de aparato eléctrico.

20.42 Por culpa de mi puñetera radiactividad, me **cayeron** tres rayos encima. Se me **fundió** la hebilla del cinturón y

la cremallera de la braqueta. Se me **pusieron** todos los pelos de punta y no **había** quien los **domeñara: parecía** un puercoespín.

8.

1. ¿Dónde has dicho que **quedamos?:** duda u olvido de una información ya dada.
2. Si pudiera me lo **comería** a besos: deseo hipotético.
3. Yo que tú lo **denunciaría** a la policía: futuro hipotético en oraciones condicionales.
4. La semana pasada nos dijo que se **divorciaría,** y ahora ya están otra vez como dos tortolitos: futuro respecto a un pasado.
5. Ahora mismo **haría** las maletas y **desaparecería** durante un par de semanas: deseo hipotético.
6. **Quiero** pedirte algo importante: cortesía.
7. Aunque supiera la verdad, no te la **diría:** futuro hipotético en oraciones concesivas.
8. Tu amiga **llega** a las diez, ¿verdad?: duda u olvido de una información ya dada.

9.

Antes de elegir el curso conviene, como apunta Cristina Hurtado, directora de Always School of Languages, tener en cuenta una serie de consideraciones generales.

Destino: cuanto más pequeño sea el niño, menos experiencia tenga o más corto sea el curso, conviene que vaya lo más cerca posible.

Edad: aunque existen centros que admiten niños más pequeños, lo normal es enviar al niño a partir de los 10 años.

Alojamiento: las familias permiten una mayor práctica del idioma, involucrarse en las costumbres del país y, además, el coste es inferior; los colegios, por su parte, ofrecen mayor seguridad, lo que resulta ideal para los más pequeños.

Aprendizaje: para que la estancia sea efectiva, se debe tener un conocimiento previo del idioma; si no, el resultado será muy pequeño en comparación con el esfuerzo económico.

Francés

Pese a que el inglés es el idioma mayoritario, cada vez hay más demanda de cursos de francés. Las organizaciones ofrecen cursos en Francia, Bélgica y Suiza, y en distintos regímenes de alojamiento.

En Francia, la Cámara Franco-Española de Comercio e Industria ofrece tres cursos:

- **En familia:** estancia de dos a cuatro semanas en familias en Biarritz y clases en el Lycée Hôtelier para niños de entre 13 y 17 años.
- **En colegio:** en el complejo CIPEC-IBS, en la Provenza, dos o tres semanas de estancia para niños de entre 9 y 17 años. En Azurlingua, Niza, cursos de una a cuatro semanas para niños de entre 13 y 17 años. No incluye viaje.

Blanco y Negro (texto adaptado).

10.

Posibles respuestas

¿Cómo no? Sabes lo que ha ocurrido.
¡Cómo no! ¡Sabes lo que ha ocurrido!

¡Lo que ha ocurrido! Como no sabes...
¿Qué ha ocurrido? ¡Cómo!, ¿no lo sabes?
¿Que cómo ha ocurrido? ¡No lo sabes?
¿Que cómo ha ocurrido? ¡No lo sabes!
¿Que lo sabes? ¿Cómo ha ocurrido?
¡Qué! ¿Lo sabes? ¿Cómo ha ocurrido?
¿No ha ocurrido? ¿Cómo lo sabes?
Como lo sabes, no ha ocurrido.
Que no ha ocurrido, lo sabes. ¿Cómo?
Que cómo ha ocurrido, no lo sabes.

11.

Ver la versión titulada "Relato" en el ejercicio siguiente.

12.

Una mañana a mediodía, junto al parque Monceau, en la plataforma trasera de un autobús casi completo de la línea S (en la actualidad el 84), **observé** a un personaje con el cuello bastante largo que **llevaba** un sombrero de fieltro rodeado de un cordón trenzado en lugar de cinta. Este individuo **interpeló,** de golpe y porrazo, a su vecino, pretendiendo que le **pisoteaba** adrede cada vez que **subían** o **bajaban** viajeros. Pero **abandonó** rápidamente la discusión para lanzarse sobre un sitio que **había quedado** libre.

Dos horas más tarde, **volví** a verlo delante de la estación de Saint-Lazare, conversando con un amigo que le **aconsejaba** disminuir el escote del abrigo haciéndose subir el botón superior por algún sastre competente.

13.

Con el pretérito indefinido las acciones únicas se presentan como pertinentes desde el punto de vista de la narración, salvo en el caso de "un señor joven *llevó* en la cabeza un sombrero", y especialmente en la última frase, "*fue* necesario poner un botón más", que resulta anómala si se interpreta como contenido de la recomendación hecha por el compañero.

El imperfecto tiene diversos valores en el texto:

- Observa la diferencia entre "*fue* a mediodía" (donde *ser* significa 'sucedió') y "*era* mediodía" (descripción del contexto).

- "Los viajeros *subían*" y "*había* apreturas" pueden interpretarse como descripciones de la situación o como acciones repetidas, pero la frase "En cuanto *veía* un sitio libre, se *precipitaba* sobre él y se *sentaba*" tiene obligatoriamente sentido de acción repetida, frente al indefinido, que expresa acción única.

- "Lo *veía* más tarde…" se entiende como imperfecto narrativo, es decir, equivalente al indefinido.

14.

Posibles respuestas

Como siempre, a Pepe Gáfez se le **hacía** tarde. Aquel día **era** importante, pues **tenía** una entrevista de trabajo. La noche anterior **había preparado** las cosas y **había practicado** su presentación delante del espejo, pero el despertador no **había sonado / sonó** a su hora. Afortuna-

damente no **necesitaba** el coche, pues la empresa **estaba** a dos pasos de su casa. **Cogió** el portafolios y **pensó** que **podía** terminar de hacerse el nudo de la corbata en el ascensor. Pero **estaba** ocupado, así que **bajó** corriendo las escaleras, de tal suerte que en el último tramo **se cayó.** Además del daño, se **hizo** una rozadura en el pantalón. **Siguió** corriendo y **llegó** sin aliento al edificio. ¡Lo **había conseguido!** Aún **faltaba** un minuto para las 9. Al entrar en el ascensor **reconoció** al Sr. Sánchez, encargado de su entrevista y a quien **había visto** cuando **había presentado** su currículum pocos días antes. El sudor le **caía** por la frente y **llevaba** la corbata colgando por la espalda. Lamentablemente, el Sr. Sánchez también lo **reconoció.**

15.

En una fiesta de la Ascensión **había reunido / reunió** el rey Arturo su corte, tan rica y hermosa como le **gustaba,** tan espléndida como a un rey **convenía.**

Después de la comida **se quedó** el rey entre sus compañeros. En la sala **había** muchos nobles barones, y con ellos también **estaba** la reina. Además **había** muchas damas bellas y corteses que **hablaban** con refinamiento la lengua francesa.

Entre tanto, Keu, que **había dirigido / dirigía** (habitualmente) el servicio de las mesas, **comía** con los condestables. Mientras Keu **estaba** sentado ante la comida, he aquí que **se presentó** un caballero ante la corte, muy pertrechado para el combate, vestido con todas sus armas.

El caballero con tales arreos **se llegó** ante el rey, donde **estaba** Arturo sentado entre sus barones, y, sin saludar, así **dijo:**

"¡Rey Arturo, retengo en mi prisión a caballeros, damas y doncellas de tu tierra y mesnada! Pero no te digo tales nuevas porque piense devolvértelos. Por el contrario, te quiero advertir y hacer saber que no tienes poder ni haberes con los que puedas recobrarlos".

El rey **respondió** que se resignaría a sufrir si no **podía** remediarlo; pero mucho le **pesaba** tal penar.

Entonces el caballero **hizo** ademán de querer partir. **Se dio** la vuelta, sin detenerse ante el rey, y **vino** hasta la puerta de la sala. Pero no **traspasó** los peldaños. **Se detuvo** de pronto y **dijo** desde allí:

"Rey, si en tu corte hay caballero, siquiera uno, en quien puedas fiarte hasta el punto de atreverte a confiarle a la reina para conducirla en pos de mí, a ese bosque adonde yo me dirijo, allí lo guardaré con la promesa de devolverte todos los prisioneros que están en cautividad en mi tierra; con tal que pueda defenderla frente a mí y recobrarla aquí por su propio mérito".

Esto **oyó** todo el palacio, y toda la corte **se quedó** pasmada y conmovida.

La noticia **llegó** a oídos de Keu, que **estaba** comiendo con los mayordomos. **Dejó** su yantar y **acudió** corriendo junto al rey, a quien **amenazó** con irse de la corte y dejar de servirle si no le **otorgaba** de antemano lo que le **iba** a pedir.

El rey **prometió** cumplir su petición, fuera la que fuera.

"Señor, sabed, pues, cuál es el don que me habéis asegurado: la custodia y defensa de la reina que aquí está; así que iremos tras el caballero que nos aguarda en el bosque".

Al rey le **entristeció** su promesa, pero la **confirmó,** y aunque a su pesar, no **se desdijo** de ella.

16.

Se trata de la versión "Médico" de *Ejercicios de Estilo* de R. Queneau.

17.

1. verdadero	6. falso
2. falso	7. falso
3. verdadero	8. verdadero
4. verdadero	9. falso
5. verdadero	

18.

fémur, vértebra, cráneo, columna, costilla

19.

1. mandíbula; el resto de las palabras tienen que ver con el sistema nervioso;
2. recto; el resto son músculos;
3. nalga; el resto son órganos;
4. tendón; el resto de las palabras tienen que ver con el sistema circulatorio.

20.

El aparato digestivo convierte los **alimentos** en partículas tan pequeñas que la **sangre** las puede llevar como nutrientes a todas las partes del **cuerpo.** El elemento principal es un tubo de nueve metros que se extiende desde la **boca** hasta el **ano;** un sistema muscular a lo largo de todo el canal permite la progresión de los alimentos. Los alimentos masticados viajan a través del esófago al **estómago,** el cual los mezcla y los licua antes de pasarlos al duodeno, yeyuno e íleon, que constituyen las tres partes del **intestino** delgado, caracterizado por sus innumerables asas intestinales. Aquí, los jugos provenientes de la vesícula **biliar** y del páncreas desdoblan los alimentos en partículas, que son filtradas a la **sangre** a través de pequeñas vellosidades en forma de dedo que posee el intestino **delgado** en su pared interna. Los alimentos no digeridos ni absorbidos forman las heces en el intestino **grueso,** siendo expulsadas a través del **ano.**

21.

1. Verdadero.
2. Verdadero.
3. Falso. Es en Paraguay donde son cooficiales.
4. Verdadero.
5. Falso. *Maní* es un término de origen arahuaco; *cacahuete* es un término de origen náhuatl.

22.

- náhuatl - México
- maya - América Central, Yucatán
- araucano - Chile
- aimara - Bolivia y Perú
- quechua - Bolivia y Perú
- guaraní - Paraguay

23.

Arahuaco: barbacoa, huracán, loro, maíz, tabaco.
Náhuatl: cacahuete, cacao, chicle, tiza, tomate.
Quechua: cancha, coca, cóndor, pampa, patata.

LECCIÓN 3

1.

1. El señor Aguado permaneció callado; **habría comprendido** que era mejor no hacer comentarios al respecto.
2. Cuando llegamos a la estación Antonio ya no estaba. Se **cansaría** de esperar y se **marcharía,** o **pensaría** que todo era una broma.
3. Aquel hombre **sabría** algo de alemán, pues estaba discutiendo con Peter acaloradamente.
4. A: ¿Sabes algo de Rebeca?
   B: **Estará** enferma, porque hoy no ha venido a trabajar.
5. A: ¿De quién es este libro?
   B: No sé, **será** de Andrés; lo **habrá dejado** aquí para que no se le olvide al salir.
6. La semana pasada se comportó de una manera extraña; ya se **habría enterado** de lo que había ocurrido durante su ausencia.
7. A: ¿Has visto qué seria está Mónica?
   B: Le **habrán dado** una mala noticia.
8. Como no recibía noticias mías, **pensaría** que estaba enfadado con él.
9. Es una casa fantástica. **Medirá** más de 200 m².
10. Los ladrones **entrarían** por la ventana del salón, pues era la única que permanecía abierta por las noches.

2.

1. iré
2. se habrían conocido
3. habría sacado
4. marcharás; separarás
5. será; será; habrá llegado
6. haré; gustaría
7. estaría
8. podría
9. sabrá
10. costaría
11. te habrías equivocado
12. habrá salido
13. estarán
14. habría realizado; descubriría
15. buscaría; compraría; habría vendido; dispondría

3.

1. habrán salido
2. vendrá; se quedará
3. compraré
4. serían; podría; querría
5. Será
6. se habrán marchado
7. saldrá; llegará
8. estaría
9. me habría quedado
10. llamarás; dirás
11. juraría
12. habrían terminado; acabarían; estarán listas
13. vendrá
14. tendría
15. costaría

4.

1. duda, probabilidad en el pasado cercano
2. tiempo futuro; tiempo futuro
3. sorpresa
4. concesión
5. tiempo futuro anterior a otro momento en el futuro; tiempo futuro; tiempo futuro
6. tiempo futuro anterior a otro momento en el futuro
7. tiempo futuro
8. orden
9. duda, probabilidad en el pasado próximo
10. duda, probabilidad en el presente

5.

1. vamos a ir
2. acompañaré
3. voy a empezar / empezaré; voy a independizarme / me independizaré; voy a hacer / haré; voy a viajar / viajaré; vas a sacar; trabajaré
4. otorgarán; considerará
5. confeccionará; tomarán; estudiará; van a cobrar; van a pagar
6. llegará
7. lloverá; disfrutarán
8. Encontrarás; proporcionará; irán

6.

1. cortesía / descripción
2. cortesía / deseo
3. cortesía / enunciación de una acción habitual
4. petición sin recurso de cortesía / petición con cortesía

7.

1. Recursos de cortesía muy formales en una situación de gran informalidad.
2. La expresión *deseaba* se utiliza para dirigirse a los clientes en situaciones que se pretende que sean muy formales. Al margen de este caso, expresa un deseo.
3. El verbo *desear* ('querer conseguir algo o a alguien con vehemencia') sólo puede utilizarse dentro de un contexto de peticiones bajo la forma que hemos visto anteriormente (*¿Qué deseaba?*).

8.

1. condición
2. futuro en el pasado
3. cortesía, modestia
4. concesión
5. condición
6. duda, probabilidad en el pasado
7. duda, probabilidad en el pasado
8. cortesía
9. duda, probabilidad en el pasado
10. cortesía.

9.

1. ya me explicaréis
2. Quién sabrá
3. ya lo verás
4. Si lo sabré yo
5. tú verás lo que haces
6. Como ustedes comprenderán

10.

Respuesta libre.

11.

Respuesta libre.

12.

1. En estos momentos **es**
4. Puede que no **tenga**
5. quizás mis hermanos **vengan**
6. pero todos pensaban que a lo mejor **estaba**
8. seguramente **está** durmiendo
11. Puede que no **supieran**
12. a lo mejor se **acercaba**
13. me **iré** a las 10, quizás
15. es posible que no **hablaran**

13.

sucediera - actuó / había actuado - veía - habría pasado - estaría - dijo - comenzaron - dije - estaría - aseguró - pensé - había tenido - mantenía - señaló - se debiera - estaba - negó - fuera - estábamos - Sería - estaría - extrañaría - conozcamos

14.

Respuesta libre.

15.

Respuesta libre.

16.

Respuesta libre.

17.

El movimiento de renovación en la plástica hispanoamericana arranca en México con el muralismo, promovido por Vasconcelos en 1921 desde el Ministerio de Educación, en el que destacan los llamados "Tres Grandes": José C. Orozco, Diego Rivera y David A. Siqueiros, de personalidades diferentes.

David Alfaro Siqueiros participó en el movimiento de renovación artística desde sus antecedentes políticos, pero su obra mural es posterior a la de sus dos compañeros de fama. Su importante obra de caballete data —en su mayoría— de 1930, constituyendo magnífica expresión dramática su *Madre obrera* y su *Madre proletaria*. En la década de los 30 va a Los Ángeles (California), donde realiza una pintura en equipo usando nuevas técnicas. Viaja a Buenos Aires, Nueva York y España, participando en la Guerra Civil. En 1941 está en Chillán (Chile), donde realiza un gran mural por encargo del Gobierno mexicano, *Muerte al invasor,* en el que muestra su barroquismo formal. En Cuba (1943) deja tres grandes composiciones de contenido político. Ya plenamente reconocido en su país, realiza varias obras hasta nuestros días, entre las que figuran la del Instituto Técnico Nacional (1952), relieves en mosaico de vidrio en la Ciudad Universitaria; las del Centro Médico (1958), del Museo de Historia de Chapultepec (1957-60) y del "Polyforum" (1972), que, a juicio de los críticos, es bastante discutible.

Historia del Arte, Salvat.

18.

traspiés	diose
parabién	hincapié
dócilmente	sacapuntas
dieciséis	perdidamente
cómelo	enhorabuena
tiovivo	decimoséptimo
tiralíneas	rioplatense
llanamente	metomentodo
sabelotodo	girasol
pararrayos	curvilíneo

19.

matasellos, pasatiempo, bocacalle, camposanto, tragaluz, rompeolas, sordomudo

20.

compuestos	verbos	sustantivos	adjetivos	adverbios
bocacalle		X X		
pararrayos	X	X		
sordomudo			X X	
camposanto		X	X	
puntapié		X X		
maldecir	X			X
hazmerreír	X (+ pronombre) X			
pasamontañas	X	X		
pelirrojo		X	X	
catalejos	X			X
limpiaparabrisas	X X	X		
baloncesto		X X		
tiovivo		X	X	

21.
Respuesta libre.

22.
Respuesta libre.

23.
1.
tendremos, habrá, figurarán, despedirá, habrá, dirá, hará, pulsará, podrá, confesará, declarará, especificarán, desplazará, valdrá

No pueden sustituirse por el grupo verbal *ir a* + infinitivo porque son acciones cuya realización no depende de la voluntad o decisión explícita del agente que las realiza. Es el futuro de predicción.

2.
- **memez:** cualidad de memo (tonto). Obra y dicho simple y tonto.

- **necedad:** cualidad de necio (tonto, torpe para aprender). Obra o dicho torpe o poco adecuado.
- **ignorante:** que no tiene conocimiento sobre un asunto o materia. Que no tiene cultura, educación o formación.

3.
Para el autor, la nueva escritura es una regresión del lenguaje que potencia la necedad. De momento, no puede sustituir a la escritura tradicional por sus limitaciones expresivas.

4.
Actitud del autor: ironía, enfado.

24.

presentar	realizar	producir	diseñar	actuar
presentador / -a	realizador / -a	productor / -a	diseñador / -a	actor / actriz
presentable	realizable	producible	diseñable	
presentación	realización	producción	diseño	actuación
representar		reproducir	rediseñar	
representación		reproducción	rediseño	
impresentable	irrealizable	improducible		
copresentar	correalizar	coproducir	codiseñar	coactuar

25.

- A- / IN-: 'negación'.
- ANTE-: 'delante'.
- ANTI-: 'en contra de'.
- AUTO-: 'por sí mismo'.
- BI- / BIS-: 'dos'.
- CONTRA-: 'contra'.
- EX-: 'fuera, que ya no es'.
- INTER- / ENTRE-: 'entre, en medio, mitad'.
- MULTI-: 'mucho'.
- POS(T)-: 'después'.
- PRE-: 'antes'.
- RE-: 'repetición'.
- SEMI-: 'mitad'.
- SUB-: 'debajo de'.
- SUPER-: 'encima de, grande'.
- SOBRE-: 'encima de'.
- TRANS- / TRAS-: 'al otro lado de'.
- ULTRA-: 'más allá de, extremadamente'.

26.

El tango **argentino** es un baile que nació en los arrabales de **Buenos Aires** durante la primera mitad del siglo **XIX** pero que ha llegado a convertirse en un símbolo nacional. La pareja baila enlazada en un amplio espacio; tiene un ritmo violento, con ciertos toques de erotismo, lo que hizo que estuviese **prohibido** durante mucho tiempo **en la alta sociedad** bonaerense. Expresa el desgarro y el desarraigo de los **inmigrantes.** Enrique Santos Discépolo es considerado el más inspirado autor de tangos, y **Carlos Gardel,** el mejor **intérprete.**

27.

rumba, bolero, danzón, conga - Cuba
corrido, mañanita, jarana - México
tango - Argentina
bolero - Antillas

1.

1. pidan
2. se encontrase
3. siento
4. había discutido
5. estáis
6. hablar
7. había conseguido
8. sea
9. tenía
10. necesito
11. es; sea
12. comer / que comiera
13. quiere
14. os vayáis
15. llegar
16. debas
17. haya
18. saliéramos
19. perseguía
20. haya vuelto
21. visteis
22. se produzca
23. tomara
24. chocamos
25. pidió / pedirá

2.

regla I	regla II
hace falta	que conste
más vale	para mí
el peligro de	resulta
la posibilidad de	la evidencia de
el riesgo de	la conciencia de
las ganas de	la convicción de
la razón de	la prueba de
la esperanza de	el convencimiento de
la utilidad de	la impresión de
la culpa de	la noticia de
la conveniencia de	la seguridad de
la sugerencia de	la certeza de
el motivo de	
la probabilidad de	
la sorpresa de	
la satisfacción de	

3.

Posibles respuestas

1. La posibilidad de que le hicieran daño la llenaba de inquietud.
2. La certeza de que había sido él la tranquilizó.
3. La convicción de que nada había cambiado le trajo buenos recuerdos.
4. La razón de que se lo hubiera ocultado fue protegerla.
5. La sugerencia de que hiciera de nuevo las cosas la enfureció.
6. La conciencia de que contaba con una buena amiga la llenaba de alegría.

4.

1. temeroso
2. partidario
3. convencida
4. dispuesta
5. consciente
6. decidido

5.

Respuesta libre.

6.

1. ¿Sigues sin encontrar el libro?, ¿no será que te lo has dejado en casa?
   ▶ No, estoy convencida de que lo **tenía** hace un rato.

2. Dudo que **tengas** una buena excusa para lo de hoy.
   ▶ Te juro que la tengo.
3. y 4. Oraciones correctas.
5. ¡Soy incapaz de montar este cacharro! ¡Las instrucciones no dicen cómo se **hace!**
6. Supongo que **estás / estarás** muerta de cansancio, después de la noche que has pasado.
   ▶ Sí, la verdad es que he dormido tres horas.
7. Es muy probable que **se haya enterado** por Javier; vamos, estoy casi segura de que se lo ha dicho él.
8. ¡Qué grosero! Está visto que con gente así no se **puede** hablar.
9. y 10. Oraciones correctas.

7.

1.
A: He visto a Rosa con Alberto, ese "amigo" de la facultad.
B: No seas mala, Sonia, que te conozco.
A: ¡Hombre! ¡No me digas que no **es** su novio!
B: Yo no creo que lo **sea.**
A: ¿Que no crees que lo **sea?** Pues a mí me parece que sí.

2.
A: Soy incapaz de hacer este ejercicio, ¿me ayudas?
B: ¡Por Dios, Emilio! ¿No te das cuenta de que **haces** mal la resta? ¿Cuánto es 35 menos 12?
A: ¡Jo, me he equivocado! ¿Qué pasa?, ¿me estás llamando imbécil?
B: Yo no he dicho que **seas** imbécil, pero...

3.
A: Paco no cree que **va / vaya** a haber un expediente regulador en la empresa, pero yo el otro día se lo oí a unos del sindicato.
B: ¿Quieres decir que nos van a echar a todos?
A: No, yo no pienso que nos **vayan** a despedir a todos, pero sí a unos cuantos.

8.

A: No creas que **soy** tonta, ya sé que **piensas** que **pierdo** el tiempo intentando cambiar su manera de ser.
B: ¿Pero no te das cuenta de que **es** así y que no **hay** nada que hacer?
A: No puedo comprender que me **digas** eso.
B: ¿Que no puedes comprender que te **diga** eso? Mira, ya ni me acuerdo de cuándo lo **conociste,** y siempre dices que no **es** lo que parece, que en el fondo te **quiere** mucho; pero ¿no crees que esa no **es** manera de demostrarlo? ¿Te has olvidado de lo que te hizo el otro día? La verdad, no sé cómo lo **aguantas.**
A: Yo no te he dicho que **se porte** mal conmigo.
B: No hace falta; de todas formas, ya he notado que no **quieres** contarme nada.
A: Porque siempre me dices que no **sea** idiota y que **corte** con él.
B: Porque es verdad.
A: Mira, creo que es mejor que **dejemos** el tema.

9.

Respuesta libre.

10.

1. ¿Sabes **que** está trabajando en una compañía aérea? Me lo dijo su primo.
2. No sé **si** fuma, pero su ropa huele que apesta.
3. ¡Anda! No sabía **que** hubierais vuelto ya.
4. Mi madre aún no sabe **que** he suspendido, pero seguro que mi hermano se lo dice.
5. Aún no sé **si** he suspendido, pero me enteraré pronto.
6. No sé **si** se molestó, pero no me importa.
7. ¿No sabes **si** va a tardar mucho? Es que tengo prisa.
8. Cuando sepa **que** ha perdido la mejor oportunidad de su vida, ya se arrepentirá, ya.
9. Nadie sabe **si** va a ocurrir o no, pero todos están pendientes.
10. No sabíamos **si / que** dormía en casa de Ángela, pero nos extrañaba que nunca contestara al teléfono por la noche.

11.

Posibles respuestas

Anselma

Asegura que creía que se trataba de un ladrón.
No asegura que nadie más escuchara los ruidos.
Niega que estuviera acompañada.
No niega que la vecina ha podido confundirse.
No ignora que su situación es difícil.
Insiste en que no le vio la cara a su marido.

La vecina

Asegura que Anselma estaba con un hombre.
No asegura que haya atacado al marido.
Niega que tuviera por costumbre fisgar por la mirilla.
No niega que ese día sintió curiosidad y estuvo espiando.
No ignora que el ángulo de su mirilla permite ver muy poco espacio.
Insiste en que su vecina no estaba sola aquella tarde.

12.

- Me ha dicho que estuvo en casa toda la tarde (informar).
- Me ha dicho que estuviera en casa toda la tarde (aconsejar u ordenar).
- Le recordé que yo cogería el autobús de las cinco (informar).
- Le recordé que cogiera el autobús de las cinco (aconsejar u ordenar).
- Sintió que algo le pasaba por el brazo (notar físicamente)
- Sintió que le pasara algo malo (lamentar).
- Muchas veces, los hijos suponen que es la obligación de los padres darles dinero para sus diversiones (creer, pensar).
- Muchas veces, un pequeño error supone que haya que repetir todo de nuevo (implicar, traer consigo).

- Pensó que contar lo sucedido era lo mejor para todos (creer, considerar).
- Pensó que fuera José quien contara lo sucedido (decidir).
- Por tu actitud, entiendo que hoy estás cansado (darse cuenta).
- Por la paliza que te has dado corriendo, entiendo que hoy estés cansado (parecer lógico).
- Los convencí de que aquello no era realmente un problema (demostrar).
- Los convencí de que se olvidaran del problema (influir en otros para modificar su comportamiento).
- Me temo que hemos llegado demasiado tarde (sospechar, creer).
- Temo que hayamos llegado demasiado tarde (tener miedo).

13.

decir
- contar o comunicar algo: indicativo.
- pedir, mandar, aconsejar: subjuntivo.

recordar, insistir, repetir
- comunicar a otra persona algo que ha olvidado o que puede haber olvidado: indicativo.
- comunicar a otra persona una orden, consejo, etc., expresado con anterioridad: subjuntivo.

sentir
- lamentar: subjuntivo.
- notar físicamente: indicativo.

suponer
- implicar, traer consigo (sujeto no personal): subjuntivo.
- hacer una hipótesis, imaginar (sujeto personal): indicativo.

pensar
- creer, tener una idea u opinión: indicativo.
- tomar la decisión de que alguien haga algo: subjuntivo.

entender, comprender
- parecer lógico, normal, razonable: subjuntivo.
- notar, darse cuenta: indicativo.

convencer de
- demostrar: indicativo.
- influir en otra persona para que actúe de una determinada manera: subjuntivo.

temer
- tener miedo: subjuntivo.

temerse
- sospechar algo negativo: indicativo.

14.

1. había venido	8. esperes
2. soporta / soportaba	9. tuviera
3. estamos	10. dormían
4. ha / había sido tomada; hay / había	11. provoque
5. dirán	12. dejara
6. cueste	13. compraré
7. seamos	14. haya conseguido
	15. perdiera

15.

1. estuviera
2. van a cerrar
3. es
4. debamos
5. contribuyeran
6. invitemos
7. ha sido
8. estás / estuvieras
9. llevemos
10. está

16.

1. Que no hay nada que hacer en el planeta en el que viven y que es necesario emigrar a otro lugar.
2. – Ya nunca podrán asustar a los bortianos porque se han acostumbrado a sus ruidos, se saben todos los trucos, no los impresionan sus procesiones.
   – Conoce el planeta adecuado:
   – La Tierra, donde viven millones de niños que con solo oír a los fantasmas esconden la cabeza debajo de las sábanas. Se lo ha dicho una persona digna de confianza.
   – Propone que se marchen a la Tierra y votan para tomar una decisión.

17.

Respuesta libre.

18.

1. disponga de
2. padece
3. acarrear(nos, les, os)
4. contiene
5. surtió
6. superar
7. fue cobrando / ha ido cobrando
8. adopta / ha adoptado / adoptó
9. contar con
10. desempeñar

19.

Posibles respuestas

1. No conviene albergar esperanzas.
2. No quiero que sufras una decepción.
3. Su madre ejerce mucha influencia sobre él.
4. Es importante asumir una responsabilidad en la vida.
5. Su posición económica le permite gozar de privilegios.

20.

1. extienda
2. compuso / escribió
3. comete
4. trazar (correcto)
5. formula
6. expedirme
7. trabó
8. se celebrará (correcto)
9. amasó
10. causó

21.

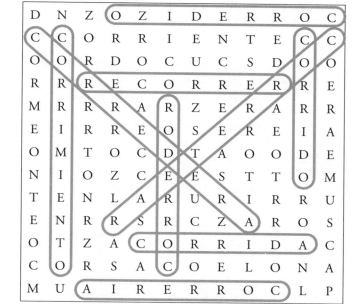

22.

1. correderas
2. corredizo
3. corredor
4. recorrer
5. corretear
6. corriente
7. corrimiento
8. corrido
9. correrías
10. corrida

23.

acepción: 7
aceptación: 12
ascendente: 2
ascendiente: 3
competer: 5
competir: 9
imprecar: 10
increpar: 1
preeminente: 11
prominente: 6
rallar: 8
rayar: 4

24.

1. increpar
2. acepciones
3. compete
4. ralles
5. prominente
6. ascendientes

25.

1. Día de la Hispanidad y de Colón.
2. El 12 de octubre de 1492.
3. Cartagena, en Colombia.
4. Argentina.
5. Colombia y Chile.
6. La cueca.
7. Las flores de cempasúchil, el copal, agua y velas.
8. Calaveras.

26.

El chocolate con pasteles no se toma en Colombia, sino en Argentina.

1.

- *necia*: persona que es tonta o torpe para aprender o para obrar; que no sabe lo que debe saber;
- *ilusa*: persona que cree lo que es falso o lo que todavía no es real; que se hace ilusiones infundadas;
- *altruista*: persona que tiende a hacer el bien sin esperar nada a cambio; que es generosa;
- *reaccionaria*: persona que defiende la tradición y se opone a las reformas;
- *creativa*: persona que tiene capacidad y facilidad para inventar o crear; que tiene imaginación;
- *frustrada*: persona que ha perdido una alegría o una esperanza; que ha fracasado en un intento y no admite el fracaso;
- *temeraria*: persona que no tiene miedo o que no pone cuidado al hacer una cosa;
- *sarcástica*: persona que acostumbra a hacer uso de dichos irónicos y crueles para molestar e insultar indirectamente;
- *sagaz*: persona que es hábil e inteligente; que se da cuenta de lo que puede ocurrir;
- *locuaz*: persona que habla mucho o demasiado;
- *afable*: persona de trato y conversación agradables;
- *melancólica*: persona que siente o tiende a sentir tristeza indefinida, profunda y permanente;
- *escrupulosa*: persona que siente o tiende a sentir asco por cualquier cosa; persona muy preocupada por la exactitud y que pone mucho cuidado en todo lo que hace;
- *impertinente*: persona que molesta con lo que dice o hace; que provoca enfado;
- *soberbia*: persona que posee un orgullo excesivo y un sentimiento de superioridad frente a los demás.

2.

Respuesta libre.

1. Respuesta libre.
2. Parejas de antónimos:
   tierno – rudo
   inteligente – necio
   tosco – sensible
   reaccionario – revolucionario
   apático – inquieto
   cálido – frío
   impulsivo – moderado
   conservador – progresista
   sincero – hipócrita
   presumido – modesto
   iluso – realista
   austero – derrochador
   carismático – sencillo
   conformista – contestatario
   retrógrado – moderno
   educado – maleducado
3. Respuesta libre.

3.

1. No me traigas ningún regalo que no **sea** práctico.
2. Confía en Pedro. Puedes contar con él para esto que me **estás diciendo**.
3. Confía en Pedro. Puedes contar con él para todo lo que **quieras / quieres**.
4. En la fiesta de anoche, yo no conocía a ninguno de los que **estaban** allí.
5. No sabemos de nadie que nos **pueda** dar pistas sobre su paradero.
6. Los estudiantes que no **hayan presentado / han presentado** el trabajo no serán examinados.
7. Los estudiantes, que no **han presentado** el trabajo, no serán examinados.
8. Hay mucha gente en el mundo que no **tiene** escrúpulos.
9. No compraron ninguno de los productos que les **había recomendado,** a pesar de mi insistencia.
10. –¿Qué haces por aquí?
    –Estoy buscando ayuda para traducir esto. Busco a un chico que me **puede** ayudar, porque es experto en informática.
11. No te estoy contando nada que no **sepas.** No conozco al chivato que te lo ha contado, pero debe de ser un cretino.
12. Compro sellos que **tienen / tengan** esta marca porque eso significa que son auténticos.
13. No pienso hablar con ninguna de las personas que **vengan / vienen.** Que lo haga el jefe.
14. Nada de lo que me **digas / dices** me molestará ya. Estoy por encima de todo.
15. Fue una situación muy extraña. Ninguna de las personas que allí **estaban** se enteraba de lo que estaba ocurriendo.

4.

1. Anoche soñé que iba a una agencia de viajes porque quería ir a una isla de la Polinesia que **estaba / estuviese** habitada solo por mujeres.
   Indicativo: la isla existe para el hablante, es real.
   Subjuntivo: la isla es no-específica. El hablante no sabe si existe o no.

2. Ana quiere comprar un coche que prácticamente se **conduce / conduzca** solo, pero eso no existe.

   Indicativo: el coche existe para Ana, que está segura de su existencia.

   Subjuntivo: Ana desea un coche con esas características —es su coche ideal–, pero no sabe si existe o no.

3. Ana dice que se ha comprado un coche que **conduce** prácticamente solo, pero no es verdad.

   Indicativo: el hablante —Ana— afirma la existencia del coche, independientemente de que sea mentira.

   Subjuntivo: no es posible, dado que no existe ningún elemento en la oración de relativo que favorezca el carácter inespecífico del referente.

4. Quería que le mostraran los libros que **habían escondido / hubieran escondido** antes de que comenzara la persecución contra ellos.

   Indicativo: se trata de un conjunto de libros específicos, concretos, para hablante y oyente.

   Subjuntivo: se trata de un conjunto de libros inespecíficos; el hablante sólo sabe que eran varios y cree —sólo cree— que se escondieron. Para él es una realidad difusa.

5. Quería que le mostraran los libros, que **habían escondi-do** en el sótano, antes de que comenzara la persecución contra ellos.

Indicativo: se trata de una realidad específica y concreta; las oraciones explicativas (que van entre pausas) llevan siempre indicativo.

Subjuntivo: no es posible.

6. ¡Vaya! ¡Qué extraño que tú hayas ido a ver una película que **muestra / muestre** esas escenas tan crueles!

Indicativo: el referente es real, existe para ambos. El hablante informa de todo el contenido.

Subjuntivo: el hablante no tiene constancia de que el referente exista, de que sea realmente como su interlocutor dice.

7. Me sorprende que todos estén hablando de un tema que **desconocen,** porque, en realidad, nadie sabe lo que pasó.

Indicativo: el hablante expresa su sorpresa sobre un hecho que admite como real.

Subjuntivo: no es posible.

5.

Posibles respuestas

1. Eso lo puede hacer cualquiera que **haya practicado mínimamente.**
2. Quien tenga miedo a decir la verdad **que le eche valor y se atreva. De lo contrario, será siempre un cobarde.**
3. No es posible que haya terminado el trabajo que **le ha ocupado tantos años de su vida. Le parecerá un sueño.**
4. Era el estudiante más constante que **se haya / ha cruzado en mi camino.**
5. Iré a la zapatería y me compraré cualquiera de las botas que **tienen / me muestren. No tengo ganas de pensar mucho.**
6. No hallaron señal alguna que **condujera al responsable de tales acciones.**
7. Solo he visto dos películas en las **que este actor trabaje / trabaja decentemente. Me parece malísimo.**
8. Los que hablan sin saber **acostumbran a meter la pata cada dos por tres.**

6.

1. ¡Anda, Enrique! Tráeme una carpeta que me **he dejado** olvidada en la sala de reuniones.
2. Correcta.
3. Correcta.
4. Me parece bien que vendas ese coche que te ha dado tantos problemas; ahora, entre los dos que me dices, cómprate este, el que **tiene** aire acondicionado.
5. Tenían una secretaria que hablaba inglés perfectamente, pero querían una que **dominara** cinco idiomas. Obviamente, por el sueldo que ofrecían, no la encontraron.
6. Correcta.
7. Me prohibió salir con una persona que no **fuera / era** del pueblo. (Afecta al significado: con indicativo, *una persona* tiene como referente un individuo real —es concreto, existe—; con subjuntivo, *una persona* significa 'cualquier persona, no importa cuál', y es, por lo tanto, inespecífica.)

8. Me prohibió salir con una persona que **había venido / hubiera venido** del pueblo vecino. (Afecta al significado: con indicativo, *una persona* tiene como referente un individuo real —es concreto, existe—; con subjuntivo, *una persona* significa 'cualquier persona, no importa cuál', y es, por lo tanto, inespecífica.)
9. Quien a hierro **mata,** a hierro muere.
10. Tiene los discos más extraños que yo **he visto / haya visto** nunca. (No afecta al significado, sino a la expresividad del enunciado y a lo que es más importante desde el punto de vista de la información.)

7.

Nombre	Edad	El / ella quiere ser...	Sus padres quieren que sea...
Rosi	10	enfermera	periodista
Quique	5	tenista	ingeniero
Luna	11	cantante	cirujano
Jaime	7	espía	lo que quiera

8.

Posibles respuestas

1. **Sea quien sea,** no tiene derecho a hablarle así a nadie.
2. La investigación de los casos de corrupción tiene que llegar hasta el final, **caiga quien caiga.**
3. **Se ponga como se ponga,** si no tiene razón no hay por qué dársela.
4. **Digan lo que digan,** yo creo que su labor ha sido muy beneficiosa para la compañía.
5. **Haga lo que haga,** me temo que nunca conseguiré ganarme su confianza.
6. **Esté donde esté,** lo encontraré.

9.

1. El / la que	5. que	9. que
2. que	6. que	10. que
3. los que	7. el que	11. el que
4. el que	8. el / la que	12. lo que

10.

1. que	6. que
2. la que	7. que
3. la que	8. el que
4. las que	9. las que
5. la que	10. que

11.

1.

A: Mamá, cuéntame cómo se te declaró papá.

B: ¿Declarárseme? Fui yo **la que** dio el paso.

A: ¡No me digas! ¡Pero si en vuestra época eran los chicos **los que** tenían que llevar la iniciativa!

B: Mira, si hubiera esperado a que fuera él **el que** se decidiera, tú aún no habrías nacido. Pero como era el hombre **que** siempre había soñado, no iba a arriesgarme a que se me escapara, ¿no crees?

2.

A: Mira, ven a ver esto.

B: ¡Anda, la manifestación de esta mañana!

A: Sí, son los médicos **que** hemos visto ante el Ministerio.

B: ¿Y qué es lo que pasa?

A: Pues que las autoridades dicen que son los médicos **los que** tienen la culpa de las largas listas de espera, y ellos dicen que son las autoridades **las que** deben poner más medios.

12.

1. cubiertos
2. nevera
3. grifo
4. batidora
5. tabla de cocina
6. cocina
7. cafetera
8. exprimidor
9. ensaladera
10. jarra

- **Posibles respuestas**

2. Una nevera es un electrodoméstico en el que conservamos los alimentos gracias al frío que hace en su interior.
3. Un grifo es un objeto por el que sale el agua.
4. Una batidora es un aparato con el que trituramos y batimos los alimentos.
5. Una tabla es una superficie plana de madera o plástico sobre la que cortamos y troceamos la carne, las verduras…
6. La cocina es el electrodoméstico con el que se cocinan y calientan los alimentos.
7. La cafetera es el aparato en el que preparamos el café.
8. Un exprimidor es un objeto o aparato con el que obtenemos el zumo de las naranjas, los limones…
9. La ensaladera es el objeto en el que aliñamos y servimos la ensalada.
10. La jarra es un objeto de cristal o de plástico con el que se sirve el agua.

13.

Posibles respuestas

1. ¿Qué es lo que quieres saber sobre quien tú ya sabes?
2. Trabaja para el profesor con el que estuvo en aquel proyecto.
3. Al que te lo preguntó dile qué es lo que pasa.

14.

1. La noche que nació Lolo hacía un frío horrible.
2. No es posible.
3. No es posible.
4. No es posible.
5. Los que apoyen ellos saldrán beneficiados.

15.

1. la que / quien / la cual
2. lo que / cuanto
3. el que / la que / quien

4. que / el cual
5. cuyo
6. que
7. cuyas
8. como
9. los cuales
10. donde
11. los que / cuantos
12. cuando
13. el que
14. lo que / lo cual
15. los cuales

16.

1. Hay una tienda **en la que / donde** venden solo cosas para zurdos.
2. Va con gente **a la que** le gusta trasnochar.
3. Han detenido a un hombre **cuyos** hijos le han acusado de malos tratos.
4. Haciendo gimnasia fue como se rompió el brazo. (Correcta.)
5. El tema **del que** habláis no me interesa.
6. **A quien** madruga, Dios lo ayuda.
7. Le hicieron una revisión rutinaria, gracias **a la cual** detectaron el problema a tiempo.
8. El libro **cuya** autora es esa famosa presentadora de televisión, ha sido retirado de las ventas por plagio.
9. Si te gusta alguno, llévate **el que** quieras.
10. En ese instante fue **cuando** me di cuenta.

17.

1. cómo
2. donde
3. dónde / cómo
4. cuanto
5. donde
6. cuántos; cuántas
7. cuánto / dónde / cómo
8. Quiénes / Cuántos / Cómo / Dónde
9. cuando
10. dónde / cuándo / cómo
11. quienes
12. quien
13. quien / quién
14. Cuando
15. como
16. cómo
17. Cuando / Donde
18. quien
19. dónde / cuándo / cómo
20. Quien
21. donde
22. quién
23. Dónde / Cuánto / Donde
24. Quien

18.

Posible respuesta

Doña Viveka Larsson, con domicilio en Estocolmo, en Malmögatan, 25, con número de pasaporte 09384721

EXPONE

1- Que ha tenido noticia de las becas de colaboración que el Ministerio de Asuntos Exteriores han convocado.

2- Que es estudiante de Filología Hispánica en la Universidad de Umea y se halla en estos momentos en su último año de carrera.

3- Que su especialidad es la de Traducción e Interpretación y que tiene experiencia profesional en la enseñanza del español.

4- Que siente una enorme preocupación por los problemas sociales actuales de grupos desfavorecidos y que desea poder ayudar de alguna manera.

5- Que reúne todas las condiciones necesarias para acceder a una de las mencionadas becas.

Por lo que

SOLICITA

Que se incluya su candidatura en la relación de aspirantes.

Estocolmo, 1 de noviembre de 2007

EXCMO. SR. MINISTRO DE ASUNTOS EXTERIORES

19.

1. Quien algo quiere, algo le cuesta.
2. Quien mucho abarca, poco aprieta.
3. Quien tiene boca, se equivoca.
4. Quien a buen árbol se arrima, buena sombra le cobija.
5. Quien calla, otorga.
6. Quien a hierro mata, a hierro muere.

20.

1. Donde fueres haz lo que vieres.
2. Quien no llora no mama.
3. Lo que no mata engorda.
4. En el reino de los ciegos, el tuerto es el rey.
5. Quien parte y reparte se lleva la mejor parte.

21.

1. (3 de febrero) Por San Blas **la cigüeña** verás.
2. (13 de diciembre) Por Santa Lucía igualan **las noches con los días.**
3. (30 de noviembre) Por San Andrés **el vino nuevo** añejo es.
4. (11 de noviembre) Por San Martino **el ajo fino** y por San Vicente el ajo fuerte.
5. (11 de noviembre) Por San Martino mata **tu cochino.**
6. (24 de junio) Agua de por San Juan **quita vino y no da pan.**
7. (24 de junio) Tarde que temprano por San Juan es **el verano.**
8. (25 y 26 de julio y 15 de agosto) Por Santiago y Santa Ana pintan las uvas y por Nuestra Señora ya **están maduras.**
9. (6 de enero y 3 de febrero) Por los Reyes lo conocen los bueyes y por San Blas **una horica más.**
10. (25 de abril) Por San Marcos **tu garbanzal** ni nacido ni de por sembrar.

22.

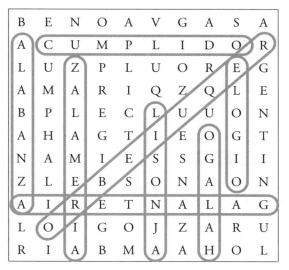

Todas estas palabras hacen referencia a las cosas buenas o bonitas que podemos decir sobre otra persona para agradarle.

23.

Posibles respuestas

1.

- La imposibilidad de encontrar una comunidad de vecinos que responda a sus exigencias.
- La vecindad perfecta es aquella en la que todos sus miembros son ordenados, son silenciosos y sacan la basura a su hora, donde no hay niños, etc.
- No exactamente, pues se compró un gallo que se ponía a cantar a las 4.30.
- No, porque afirma que el vecino tiene derecho a tener un gallo si así lo desea.

2.

metódico: persona que procede con gran orden en su vida y en su trabajo;

puntilloso: persona que tiene un amor propio o pundonor exagerado y basado en cosas sin importancia;

pijotero: persona que molesta o fastidia; en este texto, persona extremadamente puntillosa con los asuntos propios y ajenos;

remilgado: persona que muestra escrúpulo o repugnancia excesivos.

Son siempre peyorativos *pijotero* y *remilgado.*

3.

- *Hacer las cosas a su manera:* de una manera propia, como esa persona considera, sin tener en cuenta la opinión o deseo de los demás.
- *Ser tal para cual:* ser iguales.
- *Ir sobre ruedas:* ir o salir todo bien, como uno desea.
- *Dar una lección a alguien:* dar un escarmiento a alguien; hacerle comprender a alguien algo con dureza.

4.

1. Porque el referente es no específico.
2. Necesariamente el antecedente ha de ir precedido de *uno de, cualquiera de* o *alguno de.*

3.

- Querían un piso del que habían oído hablar a su sobrino: un piso que estaba orientado hacia el este, que tenía mucha luz, que era calentito…
- Habían visto un piso que estaba orientado hacia el este, que tenía mucha luz, que era calentito…
- Sabían que el padre del chico de la panadería vendía un piso que estaba orientado hacia el este, que tenía mucha luz, que era calentito…

- Pensaron que podían comprar el piso de Alfonso, que estaba orientado hacia el este, que tenía mucha luz, que era calentito…

5.

Respuesta libre.

24.

Respuesta libre.

LECCIÓN 6

I.

Posibles respuestas

1. ganara	9. tocara
2. viene / viniera	10. cuentas / contaste
3. hubiera actuado	11. contaras
4. habría tenido	12. sabe
5. cree	13. tuviera
6. estuviese	14. ofrecieran
7. hubiera comido	15. venía; podíamos hacer
8. hacía; bajábamos; llovía; estaba; nos quedábamos	

2.

Posibles respuestas

COMBINACIÓN	EJEMPLO	VALOR TEMPORAL
1. imperfecto + cond. simple	Si Sebastián viniera hoy, resolvería el problema.	futuro (improbable)
2. imperfecto + cond. simple	Si tuviese dinero estaría ahora de vacaciones en el Caribe.	presente (imposible)
3. imperfecto + cond. simple	Si fuera millonaria viviría por todo lo alto.	atemporal (imposible)
4. imperfecto + cond. compuesto	Si estuviera trabajando, me habría comprado el mes pasado ese coche.	atemporal – pasado (imposible)
5. plusc. + cond. simple	Si te hubiera hecho caso, no tendría ahora tantos problemas.	pasado – presente (imposible)
6. plusc. + cond. simple	Si me hubiese comprado el coche, me podría ir de vacaciones a Barcelona.	pasado – futuro (imposible)
7. plusc. + cond. compuesto	Si me hubiera tocado la lotería, me habría com-	pasado (imposible)

3.

Posibles respuestas

1. Hemos venido a invitarte a salir, **siempre y cuando** te **apetezca** estar con nosotros.
2. Ha dicho que no irá al médico **salvo que empeore.**
3. **Sal** por esa puerta y no me volverás a ver nunca más.

4. Trabajaba hasta altas horas de la noche **a cambio de que le dieran** una pequeña bonificación extraordinaria.
5. **De no conocerte** bien, pensaría que me estás engañando.
6. Iremos todos al campo **a no ser que haga** mal tiempo.
7. No te lo pienses más: **que te gusta**, cómpratelo; **si no te convence** demasiado, busca otro mejor.
8. Sólo quiero decirte una cosa: **estudia** y tendrás la posibilidad de ascender de categoría.
9. Acepté este trabajo **a condición de que me subieran** el sueldo después de un año.
10. Vamos a visitar a Andrés **a no ser que** él **decida** venir a vernos.
11. Compraremos este piso **siempre que baje** el precio un poco.
12. Hemos decidido salir al atardecer; **mientras no nieve** de nuevo.
13. Ya no aguanto más: **como continúe** así, me veré obligada a pedirle que se vaya de mi casa.
14. Están muy contentos, pues **con obtener** sólo dos puntos, habrán ganado el concurso.
15. Yo que tú me habría ido, **a menos que** Sebastián **hubiera pedido** disculpas.

4.

Posibles respuestas

1. Alfredo preparará una buena comida a cambio de que Marta limpie la casa.
2. Con lograr un trabajo con un salario medio estaré satisfecho y contento.
3. Te contaremos el último cotilleo del vecindario siempre y cuando no se lo digas a nadie.
4. Como no estudiéis más os quedaréis sin vacaciones este año.
5. Te haré un nuevo contrato siempre que estés de acuerdo con las condiciones laborales.
6. Si te gusta el pantalón, cómpralo; que no te gusta, busca otro modelo.
7. Iremos a la playa el sábado, salvo si hace mal tiempo.
8. Entregarán los pisos en mayo, a menos que haya alguna causa mayor que lo impida.
9. Me compraré este modelo en caso de que se haya agotado el que me gusta.
10. No tendréis que hacer examen siempre y cuando entreguéis un trabajo sobre el tema.
11. No iré otra vez al médico salvo que empeorara mi situación de forma alarmante.

12. Sigue mintiendo continuamente y perderás la confianza de tus amigos.

13. Te prestaré mi coche esta noche a cambio de que me prometas cuidarlo mucho y tener mucha precaución.

14. Si ellas no dicen nada las invitaremos a cenar.

5.

Respuesta libre.

6.

Posibles respuestas

Antes de llegar a Sevilla yo ya sabía que mi misión sería difícil, aunque no me enteré de qué se trataba hasta una semana **después de** estar allí. Lo primero que hice **al** llegar fue buscar a mi contacto en la biblioteca municipal, tal como me habían dicho. Su misión era informarme poco a poco de la situación **antes de que** yo comenzara a actuar, por lo que **cada vez que** nos veíamos me proporcionaba nuevos datos de gran interés. El día 7 no acudió a la cita. Habíamos quedado a las 4 de la tarde, como siempre. Yo lo esperé toda la tarde en vano. Estaba asustado y preocupado, pues en nuestra última reunión me dijo que, **desde que** llegó, alguien le estaba siguiendo los pasos. Aquella tarde tuve la impresión de que todos en la biblioteca me observaban. **Conforme** avanzaba la tarde, mi temor iba en aumento. **Mientras** esperaba, oí que cerca de allí un coche había atropellado a un hombre. "Seguro que es mi contacto, que lo han asesinado", pensé. Mis sospechas se confirmaron sobre las 8 de la tarde, **cuando** un estudiante entró y le contó al bibliotecario lo ocurrido, describiéndole con detalle al desafortunado. **Tan pronto como** se sentó para leer, me acerqué a él para hacerle algunas preguntas; por suerte, mi contacto había muerto en el acto. **Apenas** terminó su relato salí corriendo en dirección a la pensión. **Nada más** llegar, la casera me informó de que la policía había estado allí preguntando por mí, que llegaron justo **después de que** yo me fuera. Tenía que salir de aquel lugar, por lo que decidí que **en cuanto** preparara las maletas me marcharía y permanecería escondido **hasta que** me enviaran nuevas órdenes.

7.

Posibles respuestas

- A medida que te voy conociendo me voy enamorando más de ti.
- Apenas llegué a este país empecé a conocer gente interesante.
- Según pasan las horas aumenta la tensión.
- Tan pronto como den las ocho empezaré a poner en práctica mi plan.
- Conforme anochece comienzo a sentir miedo.
- Cada vez que ve a esta chica se pone colorado.
- Hasta que no se rompa una pierna no dejará de hacer travesuras.

8.

1. mientras	6. mientras
2. mientras que	7. y, mientras,; mientras
3. mientras que	8. mientras que
4. mientras	9. y, mientras,
5. mientras	10. mientras.

9.

Posibles respuestas

1. Pepa estaba trabajando y, mientras tanto, Pepe se divertía con sus amigotes por los bares.
2. Estaremos de vacaciones y, mientras, los albañiles arreglarán los desperfectos.
3. Yo compro la carne y, entre tanto, vosotros id a la pescadería a comprar el besugo.
4. Nosotros lo buscábamos en la escuela y, mientras, sus padres preguntaban a los vecinos.
5. Tomad una decisión y yo, mientras, esperaré en casa.
6. El año que viene prepararé oposiciones y, mientras tanto, buscaré trabajo.
7. Álvaro le explicará a la policía lo ocurrido y, mientras, yo llamaré al médico.
8. Los niños dormían plácidamente y, mientras tanto, sus padres organizaban la fiesta.
9. Los trabajadores estaban en huelga y, entre tanto, los sindicatos intentaban negociar con la patronal.
10. Marta entretendrá a los clientes y, mientras, vosotros terminaréis de preparar el presupuesto.

10.

Posibles respuestas

- *cuando* + presente de subjuntivo + futuro de indicativo: *Cuando esté de vacaciones pasaré más tiempo contigo.*
- *mientras* + presente de indicativo + futuro de indicativo: *Pensaré en ti mientras me baño en la playa.*
- *mientras, mientras tanto, entretanto* + futuro de indicativo o imperativo + futuro de indicativo: *Yo me ocuparé de todo; tú, mientras tanto, intenta relajarte.*

11.

Posibles respuestas

- No cederemos a sus peticiones por más que nos amenacen con hacer huelga indefinida.
- Pidió el crédito en esta entidad bancaria, aun a sabiendas de que su tipo de interés es más alto.
- El paro sigue siendo una de las mayores preocupaciones, pese a que en los últimos años haya descendido el número de desempleados.
- Para montar el negocio hemos hipotecado todos nuestros bienes, aun a riesgo de perderlo todo.
- El sueldo que me ofrecen es muy bajo, si bien me aseguran que las comisiones serán altas.
- Conseguirá el empleo por poco que se prepare: está bien relacionado.
- Avalarán la operación financiera, a pesar de que saben que tienen pocas probabilidades de éxito.
- Prefiero trabajar como autónomo, aunque esto suponga más problemas y preocupaciones.
- No voy a dejar la empresa en la que trabajo ahora, por mucho dinero que me ofrezcan en otra.
- La empresa se ha recuperado milagrosamente, y eso que cerró el año con déficit.

12.

1. a) Jamás. Aunque me regalaras un camión lleno de flores, no saldría contigo; hay fútbol.

b) Aunque me hubieras regalado un camión lleno de flores, no habría salido esa noche contigo; había fútbol.

c) Aunque me regales un camión lleno de flores, no saldré contigo esta noche; hay fútbol.

2. a) No, ya no sabe qué hacer, porque, aunque salga a las 6, siempre llega tarde; por las mañanas hay mucha caravana.

b) No creo. Aunque haya salido a las 6, habrá llegado tarde; por las mañanas hay mucha caravana.

c) No lo sé, porque aunque saliera a las 6 llegaría tarde; mañana habrá mucha caravana como consecuencia de la huelga de transportes.

3. a) Tú me obligas a mentirte, porque aunque te dijera la verdad no me creerías.

b) Tú me obligabas, porque aunque te dijera la verdad nunca me creías.

13.

AUNQUE + SUBJUNTIVO	VALOR TEMPORAL	PROBABILIDAD
aunque + presente Ejs.: - Aunque me regales un camión lleno de flores, no saldré contigo esta noche; hay fútbol.	futuro	posible
- Aunque salga a las 6, siempre llega tarde.	presente habitual	posible
aunque + imperfecto Ejs.: - Aunque me regalaras un camión lleno de flores, no saldría contigo; hay fútbol.	presente	imposible
- Aunque saliera a las 6 llegaría tarde.	futuro	improbable
- Aunque te dijera la verdad, no me creerías.	futuro	improbable
- Aunque te dijera la verdad, nunca me creías.	pasado	posible
aunque + pretérito perfecto Ej.: - Aunque haya salido a las 6, habrá llegado tarde.	pasado cercano	posible
aunque + pluscuamperfecto Ej.: - Aunque me hubieras regalado un camión lleno de flores, no habría salido esa noche contigo; había fútbol.	pasado	imposible

14.

1. Habría vuelto contigo aunque no me lo hubieras pedido.
2. Se habrá encontrado con el jefe aunque haya salido por la puerta de atrás.
3. En estos momentos seguiría trabajando aunque tuviera mucho dinero.
4. Vive de forma ruin y miserable, aunque posea una gran fortuna.
5. No renunciaría a mis principios aunque me lo pidiera mi familia.
6. Se comportaba con naturalidad y agrado, aunque estuviera muy enfadada.
7. Le diré toda la verdad, aunque lo hiera.

15.

uso general	registro culto y lengua escrita	registro informal y lengua hablada
- *aunque* - *a pesar de (que)* - *pese a (que)* - *aun* - *futuros y condicionales*	- *(aun) a sabiendas de que* - *si bien* - *aun a riesgo de (que)* - *por mucho + sust. + que* - *por (muy) + adj. o adv. + que* - *por más que* - *así* - *aun cuando*	- *y eso que* - *por mucho, a, os, as + sust. + que* - *por (muy) + adj. o adv. + que* - *por más que* - *así* - *cuando* - *con + infinitivo* - *con lo + adj. o part. + que* - *con + art. + sust. + que* - *... + y todo* - *diga lo que diga* - *mal que le pese* - *queramos / quieras que no*

16.

1. Se casó con esa tal Martina Pérez, **cuando** era a mí a quien de verdad amaba.
2. **Porque** todos los periódicos publiquen la noticia, no significa que sea verdad.
3. El mes de agosto me voy de vacaciones, **pase lo que pase.**
4. El hombre tiene siempre buenas ideas, y, **queramos que no,** hay que reconocer que es inteligente.
5. **Será** muy inteligente, pero todavía no ha conseguido que lo nombren director de zona.
6. Ya tienes 20 años y, **mal que te pese,** debes empezar a buscar trabajo.
7. **Cojeando y todo,** acudió a la cita.
8. José se mantiene siempre joven y en forma, **con la vida que lleva.**

17.

Posibles respuestas

1. Decidieron matar al canario **con el propósito de que** la marquesa no le dejara todos sus bienes.
2. Lo raptaron y pidieron un rescate **a fin de que** pareciera un secuestro.
3. Acompañaron a la marquesa a la comisaría **con el objeto de que** nadie sospechara de ellos.
4. Escogieron a Paquito, alias el Duro, **con el propósito de que** llevara a cabo la cruel acción.
5. La sobrina de la marquesa puso un anuncio en la prensa **por** ver si alguien sabía algo del pobre animal.
6. El día del crimen fueron a la pajarería **a** comprar comida para aves.

7. El mismo día de la desaparición, la marquesa oyó que decían: "Cierra bien, **que** no se escape", pero no le dio importancia.

8. Enterraron el cuerpo esa misma noche, **no fuera a ser que** lo encontraran en el sótano, muerto.

9. Lo pusieron cerca de un pino y plantaron encima margaritas **de manera que** no se notara que habían removido la tierrra.

10. Una semana después la marquesa fue al despacho de sus abogados **a** cambiar el testamento; la acompañaba el nuevo beneficiario.

18.

Posibles respuestas

Le dijeron que…

- llevara bufanda y gorro de lana, no fuera a ser que hiciera mucho frío.
- hiciera fotografías, de manera que a su vuelta pudiera recordarlo todo bien.
- hablara con ingleses para poder practicar su inglés.
- asistiera todos los días a clase, de manera que aprovechara bien su estancia.
- fuera a todas las fiestas posibles para disfrutar de su viaje.
- hiciera excursiones por la zona con objeto de conocerla bien.
- no bebiera demasiada cerveza negra, no fuera a ser que se emborrachara.
- se buscara una novia irlandesa con objeto de que alguien le enseñara las costumbres y la forma de vida.
- limpiara semanalmente el apartamento, que no pensaran de él que era un guarro.
- condujera con precaución para que no tuviera ningún accidente.

19.

Posibles respuestas

1. Se vacunó contra la gripe **no fuera a ser que enfermara** nuevamente.

2. Ve rápidamente a hablar con Paula, **que te explique** qué hay que hacer.

3. Asistió a la reunión, más que nada **por comprobar** si eran ciertos los rumores sobre la dimisión del director.

4. Abarataron los productos **a fin de poder** mejorar las ventas.

5. El arquitecto subió a la azotea **a comprobar** los desperfectos causados por las intensas lluvias.

6. Entraron sigilosamente en la habitación **de manera que** el pequeño no **se despertara.**

7. El presidente bajó a la fábrica **a informar** sobre la crisis que atravesaba la empresa.

8. Van a crear nuevos cursos de formación **con objeto de hacer frente** a toda la demanda.

9. Se acercó a ella **con la intención de besarla,** pero durante el corto trayecto se arrepintió.

10. Giró bruscamente la cabeza **para** no besarla y se dio con la farola; se rompió la nariz.

20.

```
                    ALMACENES RICO, S.A.
                       Vallejo, 88-90
                      28039  MADRID
                                        19 de agosto de 2007
Sr. D. Pablo Santisteban Cortés
Comisionista
Apartado 1075
28080  MADRID

       Estimado señor:
       Agradeceremos trasladen a sus representantes, Importadores y Co-
   loniales, S. L., la nota adjunta de pedido n.º 4558-F, y rogamos envíen
   las mercancías inmediatamente, pues hemos agotado las existencias.
       Entendemos que los precios vigentes son los que figuraban en su úl-
   tima circular, fechada en febrero del año en curso. Toda variación dejará
   sin efecto el pedido del artículo o artículos afectados, en espera de
   nuestra confirmación.
       El envío, franco de portes, se recibirá en nuestros almacenes. El im-
   porte total del pedido, que asciende a 5.251 €, se cargará en dos mi-
   tades, giradas a 30 y 60 d/f.
       Esperamos que, como siempre, se ocupen de la pronta expedi-
   ción de las mercancías así como de que se entreguen bien emba-
   ladas.
       En espera de sus noticias, les saluda atentamente,

                                          ALMACENES RICO
```

21.

Respuesta libre.

22.

1.

trabajar, trabajo, profesión, oficio, promoción, remuneración, desempleo, condiciones laborales, sueldos, sindicatos, mercado laboral, despidos, experiencia, cargos, promocionarse, secretaria, enfermera, señora de la limpieza, Auxiliar administrativo, Secretariado internacional, empresas

2.

médico - **la médico / médica**
sargento - **sargenta** (valor peyorativo)
catedrático - **catedrática**
cabo - **la cabo**
dependiente - **dependienta**
representante - **la representante**
comercial - **la comercial**
sacerdote - **sacerdotisa** (varía el significado)
alcalde - **alcaldesa**
asistente - **asistenta** (hace referencia especialmente a otra realidad: señora de la limpieza; no sucede con el masculino, de ahí que se diga, por ejemplo, *la asistente social, la asistente de dirección…*).
contable - **la contable**

3.

enfermera - **enfermero**
secretaria - **secretario**
señora de la limpieza - (no tiene)
matrona - (no tiene)
modista - **sastre / modisto** (no hay exacta correspondencia de significado)
ama de casa - (no tiene)
azafata - se utiliza **auxiliar de vuelo**

23.

Mundo laboral	Empresa	Banca	Bolsa / Finanzas
comisión, contrato, cotizar, descuento, indemnización, nómina, recursos humanos, rendimiento, sueldo	activo, capital, compañía, cooperativa, embalaje, filial, inventario, mayorista, mercancía, pasivo, pedido, recursos humanos, rendimiento	acreedor, activo, aval, capital, comisión, crédito, debe, descuento, entidad, financiar, haber, letra de cambio, pasivo, rendimiento, saldo, sucursal	acción, accionista, capital, comisión, cotizar, financiar, letra de cambio, rendimiento

24.

distribuir	distribución	distribuidor
producir	producción	productor
consumir	consumo	consumidor
rentabilizar	rentabilidad	rentabilizador
importar	importación	importador
invertir	inversión	inversor
liberalizar	liberalización	liberalizador
suscribir	suscripción	suscriptor
exportar	exportación	exportador
comercializar	comercialización	comercializador
administrar	administración	administrador
fabricar	fabricación	fabricante
vender	venta	vendedor
suministrar	suministro	suministrador
comprar	compra	comprador

25.

1.
desempleo: **paro**
asalariado: **trabajador por cuenta ajena**
sueldo: **salario**
beneficio: **ganancia**
comisión: **incentivo**
cotizar: **pagar una cuota; tener valor las acciones**
trabajar por cuenta propia: **ser autónomo**
dar la cuenta: **dar el finiquito**
oficio: **profesión**
contrato indefinido: **contrato fijo**

2.
dar de alta: **dar de baja**
empleo: **desempleo**
contratar: **despedir**
pagar: **cobrar**
ser responsable de: **depender de**
pérdida: **ganancia**
minorista: **mayorista**
pago en metálico: **pago con tarjeta / con cheque**
iniciar: **finalizar**
incapacidad: **capacidad**
desgravar: **gravar**

26.
Respuesta libre.

LECCIÓN 7

1.

1. tienes
2. estaba
3. supiera; es
4. quisiera; pedí
5. se cree
6. hacer
7. se atreve
8. me fíe; tengo
9. eres
10. dude
11. pedían / pidieron
12. vino; encontramos

2.

1. Podría negar el verbo principal, la causa o ambos, aunque en este caso sería preferible la repetición del adverbio de negación delante de *por* para evitar tanta ambigüedad.
2. Puede negar solo la causa o el verbo principal y la causa.
3. Puede estar negando el verbo principal, el carácter único de la causa o ambas cosas.
4. Se niega la causa; se podría interpretar que está negando el verbo principal y la causa si suponemos que hay una intención de ofender a la persona del cumpleaños yendo a su fiesta sin un regalo.

• 1.
A: Todos sus compañeros tan orgullosos con sus trabajos de fin de curso y él, ¡hala!, con las manos vacías. Bueno, ya se sabe que a estas edades se vuelven rebeldes.

B: Ya, Charo, pero **no es que no haya hecho el trabajo sólo por ser diferente a los demás,** seguro que hay otra razón.

Niega el verbo principal y el carácter único de la causa.

2.
A: ¿Has visto qué amable? Vino a mi fiesta con un detalle.
B: **No se presentó con un regalo porque supiera que era tu cumpleaños.**
A: ¿Entonces?

Se niega la causa.

3.
A: Me sorprendió mucho que Begoña se presentara en la fiesta. Entonces, ¿sigue con tu hermano?
B: ¡Qué va! **No vino porque hubiera quedado con mi hermano, sino porque había quedado con Luis.**

Se niega la causa.

4.
A: La jefa felicitó ayer a Marisa por su trabajo.
B: ¿Y no le dijo que lo habíamos hecho a medias?
A: ¿Qué? ¡Inocente! Con la manía que te tiene Marisa. **No se lo dijo por fastidiarte.**

Se niega el verbo principal.

3.

1. a) Se puso enferma porque se tomó un yogur en mal estado.
2. a) Lo han despedido por llegar tarde.
3. b) Podemos empezar ya que estamos todos.
4. a) Anda, baja la basura; como vas a salir...
5. a) Porque me he puesto a planchar tú llevas la ropa impecable.

4.

1. sabe
2. puedas
3. resultó
4. consiga
5. comería

6. pienso
7. venga
8. confío
9. haced
10. solemos

5.

1.
A: Me han dicho que el de Historia es un hueso.
B: Cómo **será** que presume de ser el que más suspende.

2.
A: ¿Te dolió mucho?
B: Si **me dolería** que me puse a llorar.

3.
A: ¿Lo había escondido en un lugar seguro?
B: Dónde **lo habría escondido** que luego no lo encontraba ni él.

4.
A: Ya sé que se le da bien la cocina.
B: Si **se le dará bien** que el año pasado ganó un premio en la escuela.

5.
A: Antes tenía mucho dinero, ¿no?
B: Cuánto **tendría** que tanto él como su mujer cambiaban cada año de coche.

6.
A: ¿Qué ha pasado? ¿Han vuelto a discutir?
B: Si **habrán discutido** que Silvia ha dicho que no volverá a dirigirle la palabra.

6.

Siempre que se utiliza el subjuntivo hay intención.

7.

Posibles respuestas

- No vino a clase porque le apetecía darse una vuelta.
- Se puso malísima porque se atragantó.
- Metió la pata por no pensar antes de hablar.
- Se fue con unos amigos, de ahí que volviera antes a casa.
- Se fue de compras, así que gastó mucho dinero.
- Estaba agotada, así que se acostó.
- Tenía resaca, de ahí que estuviera callada todo el tiempo.
- No le gustó nada aquello, así que no quiso ayudar a Carlos.

8.

Posibles respuestas

1.
- Como estuvo de juerga toda la noche, solo ha dormido dos horas.

- Estuvo de juerga toda la noche, así que solo ha dormido dos horas.

2.
- No se enteró de la película porque se quedó dormido en el cine.
- Se quedó dormido en el cine y no se enteró de la película.

3.
- Como bebió tanto cava, no recordaba nada al día siguiente.
- Bebió tanto cava que no recordaba nada al día siguiente.

4.
- Puesto que quieres irte de viaje, tendrás que ahorrar.
- Quieres irte de viaje, así que tendrás que ahorrar.

5.
- Tuvo que pedirle inmediatamente disculpas por haber contestado mal a su jefe.
- Contestó mal a su jefe, de ahí que tuviera que pedirle inmediatamente disculpas.

9.

1. tan
2. de ahí que
3. por
4. tantos
5. a fuerza de

6. que
7. tan
8. así que
9. Como
10. Es que

10.

Jorge es mi mejor amigo. **Nos conocemos** desde que estudiamos juntos en la universidad. Siempre he seguido los consejos de mi amigo Jorge porque **sé** que me valora y que quiere lo mejor para mí, de ahí que **confíe** tanto en su criterio que, incluso, **pondría** mi vida en sus manos.

Así, cuando dejé aquel empleo de 2.600 € netos, no lo hice porque **me encontrara** a disgusto con las condiciones de trabajo, con el ambiente que allí **había,** o porque **fueran** tantas las cosas que **tenía** que hacer que no me **quedara** tiempo para disfrutar; lo hice porque Jorge me **abrió** los ojos a la injusticia que suponía que mis funciones **fueran** impropias de alguien tan preparado como yo. Uno tiene que aprender a estimarse en su justa medida, porque, si no, los demás tampoco lo **hacen / harán**. También tuve la fortuna de tenerlo cerca cuando estuve a punto de caer en las garras de Laura, aquella mosquita muerta que no **quería** casarse conmigo porque yo **fuera** el hombre de su vida, como ella decía, sino por **asegurarse** el porvenir con alguien que, sin duda, **alcanzaría / alcanzará** una buena posición en la vida.

Lo que más siento es que Jorge **se infravalore** de la manera que lo hace. Considera que no **podrá** ser nunca como yo porque **carece** de mi inteligencia y seguridad, así que **tiene / tendrá** que conformarse con lo que le **ofrecen / ofrezcan**. Eso es lo que me dijo cuando **aceptó** aquel trabajo que yo **rechacé**. Ahora ha empezado a salir con Laura; para él, es suficiente con que alguien le **preste** un poco de atención.

11.

1. por (los) que
2. porqué
3. Por qué / Porque
4. por qué
5. porque
6. por qué
7. por (el) que
8. Por qué
9. por qué
10. porque
11. por (la) que
12. porqué

Cuando *que* es un relativo, es preferible anteponerle el artículo.

12.

1. conque
2. con que
3. con qué
4. conque
5. con (la) que
6. con qué
7. con que
8. Con qué
9. conque
10. con qué
11. conque
12. con (la) que

13.

1. del mismo modo que / de igual modo que
2. del modo que
3. de modo que
4. de modo que
5. del modo que
6. del mismo modo que

14.

1. Ambas son apropiadas.
2. Sólo la segunda es apropiada.
3. Sólo la segunda es apropiada.

15.

Posibles respuestas

Fifi es tan babosa como Toby (o viceversa).

Fifi no es menos babosa que Toby (o vicecersa).

Fifi es más chata que Rocky.

Fifi es más chata que Toby.

Toby es menos chato que Fifi.

Toby no es tan chato como Fifi.

Rocky es más ladrador que Toby.

Rocky es igual de ladrador que Fifi (o viceversa).

Rocky es tan ladrador como Fifi (o viceversa).

Rocky no es menos ladrador que Fifi (o viceversa).

Toby no es tan ladrador como Rocky.

Toby no es tan ladrador como Fifi.

Toby no es más ladrador que Rocky.

Toby no es más ladrador que Fifi.

16.

Tengo mi corazón tan lleno de alegría
(Bertart de Ventadorn)

I. Tengo mi corazón **tan** lleno de alegría
que todo me lo **transforma.**
El frío me parece
una flor blanca, roja y amarilla,
pues con el viento y la lluvia
me **crece** la felicidad,

por lo que mi mérito aumenta y sube
y mi canto **mejora.**
Tengo en el corazón **tanto** amor,
tanto gozo y dulzura
que el hielo me parece flor
y la nieve, hierba.

II. Puedo ir sin vestido,
desnudo de camisa,
pues el amor puro me da fuerza
contra la fría brisa.
Pero está loco quien se excede
y no se comporta **como** es debido:
por eso he tenido cuidado conmigo
desde que requerí
de amor a la más bella,
de la que espero **tal** honor
que en vez de su riqueza
no quiero tener a Pisa.

III. Me aleja de su amistad
pero tengo la esperanza,
pues he conquistado
su hermoso semblante;
y, al dejarla, tengo
tanta felicidad
que el día que la veo
no **siento** pesadumbre.
Mi corazón está cerca de Amor
y hacia allí corre mi espíritu,
pero el cuerpo está aquí,
lejos de ella, en Francia.

VI. En el mundo no hay asunto
del que me preocupe **tanto**
que, cuando oigo cantar algo de ella,
mi corazón no **se me vuelva**
y mi rostro no **se me ilumine,**
de forma que cualquier cosa que me oigáis
os parecerá inmediatamente
que tengo ganas de reír.
La amo **tanto** con buen amor
que muchas veces **lloro,**
por lo que mejor sabor
tienen para mí los suspiros.

Cuando el hielo, el frío y la nieve
(Guiraut de Bornelh)

I. Cuando el hielo, el frío y la nieve
se van y vuelve el calor,
reverdece la primavera
y oigo los cantos de los pájaros,
me resulta **tan** hermoso
el dulce tiempo al final de marzo
que me encuentro **más** ágil que leopardo
y **más** rápido que gamuza o ciervo.
Si la bella de la que soy profeso
me quiere honrar
tanto que **se digne** soportar
que yo sea su leal confidente,
seré más rico y poderoso **que** todos.

IV. Señora, **del mismo modo** que en un castillo
que es asediado por poderosos señores,
cuando le derriban las torres la catapulta,
el ariete y el maganel
y es **tan** dura
la guerra por todas partes
que de nada **sirven** ingenios ni artificio,
y son **tan** fieros el dolor y los gritos
de los de dentro, que tienen gran miedo,
que os parecería y creeríais
que deberían clamar compasión,
así yo clamo compasión humildemente
buena señora, noble y valiente.

¡Ay! Ya no hay nadie que ame
(Adam de la Halle)

I. ¡Ay! Ya no hay nadie que ame
tal como debería amar;
todos fingen ser amantes y quieren gozar sin esforzarse.
Por eso debe tener cuidado
aquella que es rogada,
pues es **tan** codiciada la dama
que solo se puede censurar.

II. Y **tantos** amantes es peligroso,
pues la amiga se hace desear;
y además resulta que uno se adelantará
y vendrá a pedirle enaltecimiento;
que ella no se atreva a hablar
ni a decir nada; ¡ay!, cómo lamento tener amiga
para actuar **tan** villanamente.

17.

a-3	f-5
b-1	g-9
c-2	h-8
d-6	i-4
e-7	

18.

Vamos, mójate: impermeables.
Eclipsa las arrugas, ilumina el rostro: crema facial.
No te mosquees: insecticida.

Bajo cubierta: seguros.
Expertos en decoración de interiores: lencería.
Porque es tu mejor amigo: comida para perros.
Para que tu vida vaya sobre ruedas: motos.
Líbranos de la tentación, Señor: bombones.
Un poco de pasta, basta: detergente en pasta.
Para los que consideran que el tiempo es oro: relojes.

19.

1. deforestación
2. efecto invernadero
3. sobrepesca; sobrepastoreo
4. pesticidas
5. agujero en la capa de ozono
6. descenso de los niveles del agua
7. residuos tóxicos
8. caza furtiva
9. gases contaminantes
10. deshielo

20.

- 1-c
  2-d
  3-f
  4-a
  5-b
  6-g
  7-e

21.

Respuesta libre.

22.

República Dominicana: ron, palmeras, Samaná.
Venezuela: Salto del Ángel, Orinoco, caimanes.
Ecuador (Islas Galápagos): pingüinos, volcanes, Roca Pináculo.
Argentina: Tierra de Fuego, glaciares, estepas.

23.

América Central: **México, Guatemala, Panamá, Costa Rica, Honduras.**
América del Sur: **Brasil, Argentina, Colombia, Chile, Ecuador, Perú, Bolivia, Venezuela.**

LECCIÓN 8

1.

Después de un día durísimo de trabajo, por fin llegó el momento de regresar a casa y relajarse. Por el camino iba pensando: —Lo primero que haré al llegar será darme una ducha; después, me prepararé algo ligero para cenar, cenaré y, finalmente, me tumbaré en mi sillón a leer y a escuchar música. Nada podrá estropear tan maravilloso plan.
Al entrar en el portal se encontró con Nati, la vecina del 5.°, que le dijo:
—Juan ha tenido un accidente y se encuentra en estos momentos en el hospital.

Margarita preguntó:
—¿Es grave?
—No demasiado, pero es necesario que pase la noche allí en observación.
—Lo siento, Nati, pero no puedo seguir hablando contigo; es que tengo mucha prisa.
En el ascensor pensó:
—¡Qué suerte he tenido al poder deshacerme tan rápidamente de mi vecina! —y esbozó una gran sonrisa. Sin embargo, esa alegría le duró poco tiempo: al abrir la puerta de su casa encontró a Andrés en el salón, esperándola. Andrés

percibió enseguida tanto su cara de asombro como su decepción y le dijo con indignación:

—Te recuerdo que hemos quedado para esta noche.

Margarita continuaba enfadada por la discusión que había mantenido con él esa misma mañana:

—Te ruego que te vayas, no me encuentro bien.

Andrés, muy enfadado, añadió:

—He hecho un gran esfuerzo para estar aquí esta noche contigo, incluso he discutido con mi mujer, que comienza a sospechar algo. Mi mujer es muy sensible y yo no quiero hacerle daño.

Ante tanta desconsideración, Margarita no pudo menos que abrir la puerta y gritarle:

—¡Vete ahora mismo de mi casa y olvídate de mí para siempre!

Andrés cogió su abrigo y se marchó. Antes de salir se detuvo ante ella y con desprecio le dijo:

—Estás loca; jamás nadie entenderá tus arrebatos. Sé que mañana lo habrás olvidado todo y me pedirás disculpas, como siempre ocurre.

Margarita le contestó:

—Esta ha sido la última vez.

2.

1. El fontanero me dijo que no me preocupara, que eso me lo arreglaban en un santiamén.
2. Ante el retraso del nuevo empleado, el señor Arguiñano señaló que había que estar atento al reloj y que esperaba que no volviera a ocurrir.
3. Sebastián le comentó al médico que le seguía doliendo mucho, como si tuviera algo ahí, y que era un dolor fuerte.
4. Llegó por detrás, me tapó los ojos y me dijo que adivinara quién era.
5. Luis replicó que se negó a ir porque no habían invitado a Teresa, su mujer.
6. Con gran seriedad contestó que prefería no meterse en la vida de los demás y que nadie se metiera en la suya.
7. Cuando era niño siempre pensaba en si tendría que ir al colegio durante toda mi vida o si sería solo mientras fuera pequeño.
8. Al enterarse de lo ocurrido se enfadó mucho y gritó / dijo a gritos que estaba harta de que nadie le hiciera caso y de que todos se rieran de ella.
9. El acusado insistió en que era inocente y que no había matado a nadie en su vida.
10. Nada más entrar en la habitación le dijo que se animara y que pensara que podría haber sido peor.
11. Después de mucho insistir, Almudena reconoció que había estado allí, pero que no se había llevado nada que no fuera suyo.
12. Eva se molestó mucho, pidió que la dejaran en paz y dijo que nunca más volvería a contarles nada.
13. María replicó que siempre había tenido perros en casa y que nunca les habían causado ningún problema.
14. Cuando le pregunté dónde dejaba el paquete, me contestó que lo pusiera allí mismo, que en ese momento irían a recogerlo; añadió que dos días antes se habían llevado dos más.
15. Se disculpó pidiendo perdón, dijo que no lo había hecho adrede y que no volvería a suceder.

3.

1. Con cara de asombro dijo que acababa de llegar y que ya quería irse.
2. Tras escuchar la historia comentó que tendría mucho dinero, pero que carecía de educación.
3. Juana añadió con una sonrisa que no se pusiera así, que era solo una broma.
4. En la carta solo ponía que lamentaba tener que comunicarle que su tío había fallecido.
5. El representante sindical pidió que permanecieran unidos y así conseguirían su propósito.
6. Y uno contestó que él no tenía problemas porque a él no lo dejarían sin trabajo, y preguntó qué pasaría con los que llevaban poco tiempo.
7. El maestro, que ya estaba harto de tanta travesura, le dijo que como volviera a hacer otra de las suyas lo expulsaría del colegio.
8. La vecina comentó que el portero le había dicho que la señora de la limpieza le había contado que el presidente de la comunidad llegaba todos los días borracho.
9. El sargento le contestó al coronel que todavía no había llegado su coche, que si lo deseaba, volvería a llamar.
10. Nada más llegar me preguntaron si tenía experiencia en un puesto similar y en qué empresa.

4.

Pedro preguntó qué decía y Luis dijo que a él no le importaba decir por qué lo llevaron a esa escuadra. Explicó que se había negado a formar parte de un piquete de ejecución, y que eso era todo. Añadió que él no servía para matar a sangre fría. Por esa razón, lo habían acusado de algo así como insubordinación, pero que le daba igual, que volvería a negarse.

Pedro le pidió que se callara, que no le convenía hablar en ese instante porque le subiría la fiebre, y le aconsejó que descansara. Luis intentó explicarse nuevamente, pero Pedro lo interrumpió asegurándole que lo habían entendido y ordenándole que se callara.

Andrés señaló que era horrible lo que les había ocurrido a ellos, a lo que Javier asintió. Andrés dijo que aquello era una ratonera, que no había salida y que no tenían salvación. Javier le dio la razón y añadió que eran una escuadra de condenados a muerte. Andrés lo corrigió y dijo que era aún peor, porque eran una escuadra de condenados a esperar la muerte. Explicó que a los condenados a muerte los matan, pero que ellos estaban vivos. Pedro indicó que había muchas escuadras semejantes a lo largo del frente y que esa no era una situación especial. Afirmó que lo que les pasaba no tenía ninguna importancia y que no había de qué envanecerse.

Andrés comentó que su única misión era hacer estallar un campo de minas y morir. Pedro se quejó y le pidió que se callara porque parecía un pájaro de mal agüero. Andrés insistió en que lo que decía no era más que la verdad y le dijo que no podía hacer otra cosa que lamentarse, que no podía olvidarlo porque tenía miedo; se justificó explicando que era la primera vez que entraba en fuego y que sería la última, que estaba horrorizado porque no sabía qué era un combate.

5.

fue - había planeado - había ensayado - habían aconsejado - presentó - pasara - esperara - salir - sabía - recordaba - haber tomado - hablar - habían pasado - entró - tomara - se llamaba - tenía - vivía - había trabajado - contestó - era - especificaba - permaneció - parecieron - tenía - desempeñaría - requiere / requería - estaba - asustaba - llamarían - era - quería - olvidaba - era - hacía - interesaba - buscara - llamaran - sabía - podría

• Posible respuesta

El día 24 de septiembre fue a la entrevista de trabajo. Había planeado este encuentro durante varios días y había ensayado desde los saludos hasta la forma de sentarse. Llegó puntualmente, tal y como le habían aconsejado en diversas ocasiones.

Nada más llegar se presentó a la recepcionista:

—Buenos días, soy Eva Martínez; estaba citada para una entrevista de trabajo.

—Sí. Pase a la sala contigua, por favor, y espere allí.

Eva se disponía a salir cuando la recepcionista se dirigió nuevamente a ella:

—¿Sabe usted el nombre de su entrevistador?

—No, no lo recuerdo. Debería haber tomado nota cuando hablé con él, pero con los nervios no caí en ello. Lo siento.

—No se preocupe, no importa.

Habían pasado diez minutos cuando la llamaron; Eva entró con paso firme y disimulando sus nervios. El entrevistador se dirigió a ella en un tono muy seco.

—Buenos días. Tome asiento. Me dice su nombre, por favor.

—Eva Martínez.

—¿Cuántos años tiene, señorita Martínez?

—32.

—Dígame su dirección, por favor.

—Calle Jacinto Benavente, 18, 1.º C.

—¿Ha trabajado antes como secretaria?

—Sí, durante cuatro años.

—No es mucho tiempo, la verdad.

—Disculpe, pero si no recuerdo mal en el anuncio no se especificaba la cantidad de experiencia necesaria.

Él permaneció unos segundos callado —a Eva le parecieron siglos—. Continuó diciendo:

—Para este trabajo tiene usted que dedicarse en cuerpo y alma porque desempeñará un cargo de enorme responsabilidad que requiere gran esfuerzo.

A lo que Eva contestó:

—Estoy acostumbrada a trabajar duro; es algo que no me asusta.

El señor añadió que ya la llamarían si era seleccionada y se despidió con frialdad.

Eva, con la voz temblorosa, dijo:

—Disculpe, no quiero ser grosera, pero se ha olvidado usted de un tema muy importante.

—¿Sí? ¿De cuál?

—El de las condiciones económicas.

El entrevistador, visiblemente enfadado, contestó:

—Mire, señorita, aquí las preguntas las hago yo; si no le interesa lo que le ofrecemos, búsquese otro trabajo.

Eva salió dando un fuerte portazo, y pensó: "Ojalá no me llamen porque no sé si podré aguantar tanta desconsideración".

6.

Posibles respuestas

1. Adolfo contará que A invitó a B a ir a una fiesta con él, pero B rechazó la invitación porque tenía una cena familiar a la que debía asistir forzosamente. A le propuso que quedaran después de cenar y B aceptó y le preguntó el lugar y la hora. A dijo que en la cafetería "Sabor", con lo que B estuvo de acuerdo. B le preguntó acerca del plan para la noche y A le dijo que, en primer lugar, irían a una fiesta en casa de unos compañeros de la oficina y después podían ir a su casa, con la excusa de tomar un buen vino.

A está intentando ligar con B.

2. Adolfo contará que A le dijo a B que no toleraba que nadie le gritara y B contestó que gritaba porque ella le daba motivos para hacerlo. A negó que le diera motivos y añadió que el problema era sólo suyo porque era muy celoso y no confiaba en ella.

A y B están discutiendo por un problema de celos.

3. Adolfo contará que A le dijo a B que desde hacía ya tiempo quería hablar con él tranquilamente de algo importante. B señaló que él también quería hacerlo y preguntó a A de qué se trataba. A no sabía cómo explicárselo y B preguntó si lo que quería es que dejaran de salir, a lo que A respondió afirmativamente. B le dijo que él pensaba lo mismo y le explicó que a él le parecía que su relación se había vuelto monótona y aburrida y que necesitaban un cambio. A quiso saber si hacía mucho tiempo que pensaba de esa manera y B le contó que desde hacía un año había notado que lo suyo no funcionaba. Añadió que si no se lo había dicho antes había sido para no herirla. A se enfadó y le preguntó si, durante ese tiempo, sus palabras de amor fueron falsas. B reconoció que no eran auténticas y A se enfureció, le insultó, y se despidió.

A y B se confiesan mutuamente sus respectivos deseos de romper su relación sentimental.

7.

Cáceres, 10 de marzo de 2007

Querida Paula:

No te imaginas lo que me pasó ayer. Estaba yo en mi mesa trabajando como siempre cuando vino Lola y me dijo que el jefe **quería** hablar conmigo y que fuera a su despacho. Me levanté inmediatamente y fui. Durante el corto trayecto pasaron por mi mente mil ideas diferentes, al tiempo que me repetía una y otra vez que me **tranquilizara** y que no **estuviera** nervioso. Cuando llegué vi que el jefe estaba muy sonriente. Me saludó con cordialidad y me pidió que me sentara. Me preguntó **si** estaba contento en la empresa, a lo cual le respondí que mucho. A continuación me dijo que **había leído** despacio el informe que le había entregado la semana anterior y que le **había gustado** bastante. Empezó a explicarme que **tenía** muchos planes para mí y que creía que yo era un buen profesional; quería saber si yo **estaría** dispuesto a asumir la responsabilidad de desarrollar el proyecto y si podría realizarlo en un plazo inferior al previsto. Yo le contesté que si

contaba con apoyo suficiente se podría hacer; él añadió que por esa cuestión no me **preocupara,** que él se **encargaría** de solucionarlo. Me informó de que a partir de la semana **siguiente** empezaría en mi nuevo cargo. Me **felicitó** y yo le **agradecí** repetidamente su confianza.

8.

Posibles respuestas

1.

Pablo: Hola, Juan, soy Pablo. ¿Qué tal? Mira, te llamaba para agradecerte que me fotocopiaras los apuntes de clase: si no es por ti no me habría podido preparar el examen; además, estaban muy bien y muy claros. Y, bueno, quería aprovechar para pedirte otro favor; ¿me podrías dejar el libro que ha mandado leer el profesor? Es que no tengo tiempo de ir a comprarlo porque estoy muy liado; además, me han surgido una serie de problemas personales… El caso es que no me puedo mover de casa.

Juan: Lo siento, Pablo, pero es que lo necesito yo. Todavía no he empezado a leerlo, por lo que creo que me será imposible dejártelo a tiempo.

2.

Pablo: ¿Soledad? ¡Hola!, ¿qué tal?… Yo bien, como siempre, aunque ahora mismo un poco enfadado: fíjate, acabo de llamar a Juan para pedirle un pequeño favor y no ha querido hacérmelo. Últimamente está muy antipático: no quiere hacer nada por nadie. No sé qué le pasará.

Soledad: Sí, es verdad. Hace poco yo le pedí que me dejara un día su coche para ir al aeropuerto a buscar a unos amigos y me dijo que se lo había llevado su padre; yo creo que era mentira, lo que pasaba era que no me lo quería dejar.

3.

Soledad: ¿Juan?… No te vas a creer con quién acabo de hablar. Pues con Pablo, que me llamaba para contarme que te había pedido un favor y que no has querido hacérselo, y que, además, habías estado muy antipático con él. La verdad es que es un desagradecido, porque tú estás haciéndole favores constantemente. Yo que tú, lo mandaba a paseo.

Juan: Nunca imaginé que Pablo fuera tan mal amigo. ¡Encima que estoy siempre pendiente de él me lo agradece poniéndome verde y cotilleando de mí! Muchas gracias por la información; ahora ya tengo un buen motivo para dejar de hablarle. Había pensado darle un ultimátum, porque empezaba a estar harto de trabajar para él, pero ahora creo que voy a cortar por lo sano.

9.

1. El malentendido surge como consecuencia de la presencia del artículo con *flores,* que lleva a pensar a la amiga que se trata de unas flores determinadas, concretamente, unas flores en las que ella había pensado. Forma correcta: *Te he traído (unas) flores.*

2. *Los libros* se refiere a unos determinados. Forma correcta: *Estaba comprando libros.*

3. *El abogado* se refiere a uno en concreto, determinado, al único de un lugar. Si lo que queremos es clasificar el sustantivo *padre* dentro de un grupo, debe aparecer sin especificador. Forma correcta: *Mi padre es abogado.*

4. El malentendido surge al confundir el modo como abrieron la puerta *(abrir con llave)* con el instrumento *(abrir con la llave).* Forma correcta: *abrieron con llave.*

10.

Instrucciones para llorar

Dejando de lado **los** motivos, atengámonos a **la** manera correcta de llorar, entendiendo por esto **un** llanto que no ingrese en **el** escándalo, ni que insulte a **la** sonrisa con su paralela y torpe semejanza. **El** llanto medio u ordinario consiste en **una** contracción general **del** rostro y **un** sonido espasmódico acompañado de **ø** lágrimas y **ø** mocos, estos últimos **al** final, pues **el** llanto se acaba en **el** momento en que uno se suena enérgicamente.

Para llorar, dirija **la** imaginación hacia usted mismo, y si esto le resulta imposible por haber contraído el hábito de creer en **el** mundo exterior, piense en **un** pato cubierto de **ø** hormigas o en esos golfos del estrecho de Magallanes en los que no entra **ø** gente, nunca.

Llegado **el** llanto, se tapará con **las** manos **el** rostro, con **la** palma hacia dentro. **Los** niños llorarán con **la** manga del saco contra **la** cara, y de preferencia en **un** rincón del cuarto. Duración media **del** llanto, tres minutos.

Maravillosas ocupaciones

Qué maravillosa ocupación entrar en **un** café y pedir **ø** azúcar, otra vez **ø** azúcar, tres o cuatro veces **ø** azúcar, e ir formando **un** montón en **el** centro de **la** mesa, mientras crece **la** ira en **los** mostradores y debajo de **los** delantales blancos.

11.

Posible respuesta

Tras nueve días de viaje, llegaron a la Tierra. El aterrizaje tuvo lugar en Sardanyola a las 0.01 y se realizó sin dificultad.

Por órdenes del comandante de la nave, Gurb se dispuso a salir para tomar contacto con los terrestres. Con el objetivo de no llamar la atención, adoptó la apariencia de un ser humano (en concreto, la apariencia de Marta Sánchez), puesto que ellos viajaban como inteligencia pura.

Gurb salió por la escotilla 4. En ese momento había una temperatura algo fría y el mar estaba tranquilo.

Seis minutos después de abandonar la nave, Gurb mantuvo su primer contacto, del que informó inmediatamente. Se trataba de un hombre llamado Lluc Puig i Roig, catedrático de la Universidad Autónoma de Bellaterra, que lo invitó a subir a su coche. En opinión de Gurb, el lenguaje de los humanos es de escasa conceptualización, de estructura muy simple pero de compleja sonorización, ya que se trata de un lenguaje articulado. También le pareció de gran simplicidad el vehículo en el que viajaba, un Ford Fiesta, aunque de manejo complejo.

12.

1. Pedro Vicario le preguntó a Clotilde Armenta si había visto luz en esa ventana, y ella le contestó que no, pero le pareció un interés extraño.

–¿Le pasó algo? –preguntó.

–Nada –le contestó Pedro Vicario–. No más que lo andamos buscando para matarlo.

Fue una respuesta tan espontánea que ella no pudo creer que fuera cierta. Pero se fijó en que los gemelos llevaban dos cuchillos de matarife envueltos en trapos de cocina.

–¿Y se puede saber por qué quieren matarlo tan temprano? –preguntó.

–Él sabe por qué –contestó Pedro Vicario.

***

Clotilde Armenta me contó que habían perdido las últimas esperanzas cuando el párroco pasó de largo frente a su casa. "Pensé que no había recibido mi recado", me dijo. Sin embargo, el padre Amador me confesó muchos años después [...], que en efecto había recibido el mensaje. "La verdad es que no supe qué hacer", me dijo. "Lo primero que pensé fue que no era asunto mío sino de la autoridad civil, pero después resolví decirle algo de pasada a Plácida Linero". Sin embargo, cuando atravesó la plaza lo había olvidado por completo.

2. Durante siglos, se ha supuesto equivocadamente que el catalán era una variedad dialectal del provenzal (lengua que se habla en la vecina región francesa de Provenza); y tanto al provenzal como al catalán se les aplicó el nombre de "lemosín", es decir, el del dialecto provenzal de Limoges, por el prestigio que este había alcanzado al ser el idioma de los famosos trovadores medievales —muchos poetas catalanes escribieron, efectivamente, en lemosín—. Pero se trata, insistimos, de un error: el catalán es el resultado de la evolución del latín en el territorio del antiguo Principado de Cataluña. No es una lengua importada, ni dialecto de ninguna otra (salvo del latín, como todos los idiomas románicos, que son sus "hermanos"). Al contrario, es ella la que ha dado lugar a dialectos, al extenderse fuera de su territorio originario como consecuencia de la Reconquista.

13.

1. crear un archivo: utilizar un programa para guardar los datos computados de forma permanente.

2. buscar y reemplazar: localizar una cadena de caracteres y sustituirla por otra diferente dentro de un texto.

3. insertar tabla: colocar una estructura en forma de tabla en un lugar determinado dentro de un documento.

4. configurar: establecer en un dispositivo o programa unos valores distintos a los iniciales.

5. guardar: actualizar un archivo con las últimas modificaciones efectuadas.

14.

1. CPU
2. monitor
3. teclado
4. ratón
5. escáner
6. impresora

• Posible respuesta

Para que el ordenador comience a funcionar lo primero que hay que hacer es conectar los diferentes elementos que lo componen entre sí y a la red eléctrica. En la parte posterior de la CPU o caja central existe una serie de conectores en los que se enchufan los cables de los periféricos: el monitor, el teclado, el ratón, el escáner y la impresora. Algunas de estas conexiones se llaman puertos, para indicar que sirven como puertos de entrada y salida.

Detrás de cada conector hay un circuito en una tarjeta de extensión. Se llaman controladoras, pues regulan el tráfico entre el exterior y el cerebro del ordenador, situado en el interior de la CPU. El mayor o menor número de conexiones dependerá de la cantidad de controladoras de que dispongamos. Los puertos y conexiones mínimos necesarios son los que se utilizan para los periféricos básicos: monitor, teclado, ratón e impresora. La CPU se conecta, a su vez, a la red eléctrica; la impresora, a la CPU y a la red; ratón, teclado, pantalla y escáner, solo a la CPU.

Una vez conectados entre sí y a la red los componentes, puede ya encenderse el ordenador: hay que pulsar el botón de *power*, que se encuentra normalmente en el panel frontal de la caja, y el interruptor del monitor, con frecuencia situado en la parte inferior del frontal.

15.

1.

Meditaciones de un **astrónomo**

24 de marzo de 2007

Desde que he decidido dedicarme al estudio del **firmamento** soy más consciente de mi insignificancia. Paso largas horas observando el **universo** con mi **telescopio** y, aunque estoy seguro de la existencia de vida extraterrestre, todavía no he conseguido divisar ningún **ovni.**

2.

15 de mayo de 2007

Anoche tuve un sueño: extraños **cuerpos celestes** se posaban en mi azotea y, tras un largo viaje interestelar, me dejaban en el **planeta rojo (Marte).** Allí era recibido con grandes honores porque era el primer **terrícola** que los visitaba.

3.

7 de julio de 2007

Solo ha pasado un mes desde mi metamorfosis, pero desde que soy **estrella fugaz** he participado ya en varias **lluvias de estrellas** —experiencia alucinante—, he visto diversas **constelaciones.**

4.

9 de octubre de 2007

Estoy preocupadísimo: mis últimos cálculos revelan que un gran **meteorito** entrará próximamente en la misma **órbita** en la que me encuentro y, salvo que de forma inesperada cambie su dirección, impactaremos irremediablemente.

5.
Respuesta libre.

16.

lunático: que ha perdido la razón; loco.

ser de otro planeta: tener un comportamiento extraño; persona que presenta este comportamiento.

celestial: que causa placer por su belleza o perfección.

astronómico: que es exagerado, especialmente un precio.

ser una estrella: ser una persona destacada del mundo del espectáculo; gozar de gran éxito.

ir de estrella: querer ser el centro de atención de los demás; hacerse el interesante.

nacer con estrella: tener siempre suerte.

desorbitado: exagerado, que se le ha concedido demasiada importancia.

ser un sol: ser muy amable, encantador.

Respuesta libre.

17.

1. aconsejar, sugerir
2. convencer
3. quejarse
4. felicitar
5. presentar excusas, justificarse

18.

1. A advierte a B que ya no debe llegar nunca más tan tarde. B intenta presentar excusas para justificarse, pero A no quiere oírlas y lo amenaza y advierte. B tampoco tiene interés en escuchar nuevamente.

2. A y B se saludan y se despiden.

3. A dice a B que tiene algo que decirle a Juan. B cree que será alguna grosería, pero A le aclara que le dirá que han terminado. B se interesa por saber si le dará alguna explicación. A se queja de que no ha tenido ninguna consideración con ella, y por tanto opina que no se merece explicaciones. B le sugiere que le dé otra oportunidad, pero A dice que ella no es tonta, que ya está harta y que ya le dio una oportunidad, por lo que cree que lo mejor es hacer las cosas con decisión. B prefiere no seguir aconsejándola y le dice que haga lo que ella quiera.

19.

Posibles respuestas

Rubén Darío
Octavio Paz
Sor Juana Inés de la Cruz
Pablo Neruda
César Vallejo

• Respuesta libre.

20.

Respuesta libre.

21.

Respuesta libre.

LECCIÓN 9

1.

1. anocheceremos / se anochecerá
2. llovió
3. relampagueaban
4. se nevará / nevaré / nevaremos
5. Amanecimos

2.

1. Su primer biografía estaba publicada desde hacía cuatro años.
2. La fiesta sorpresa para el cumpleaños del jefe está preparada desde esta mañana.
3. Las calificaciones de los exámenes finales estarán expuestas el día 15 (a partir del día 15).
4. Las redacciones están leídas por los miembros del tribunal desde el fin de semana pasado.
5. El candidato al puesto estaba seleccionado desde hacía unos dos o tres días.

3.

1. serán / estarán / estuvieron / …
2. esté
3. está
4. son
5. está / ha sido / fue
6. fue
7. ha sido
8. fue
9. está
10. fue / ha sido
11. están
12. fueron / han sido
13. está
14. han sido / están
15. ser

4.

Posibles respuestas

- La reforma de las zonas infantiles de los parques **ha sido realizada** este verano…
- También **ha sido acabado / fue acabado** en el plazo previsto, finales de agosto, el aparcamiento de la zona centro.
- La reforma en las carreteras de acceso a la ciudad **ha podido ser comprobada** por todos los automovilistas que han regresado ya de sus lugares de recreo.
- Y todos estos trabajos **han sido hechos / fueron hechos** mientras la mayoría de los ciudadanos disfrutaba de sus vacaciones.
- **Ha sido expuesta / Está expuesta** gran parte de su obra y no he tenido tiempo de verla.

5.

1. *Este programa de radio ha sido escuchado por multitud de españoles durante varias décadas.* Expresa acción o actividad que se puede interrumpir sin que se haya producido la culminación de un proceso, por lo que no se puede construir con *estar*.
2. *Un avión había sido secuestrado por un grupo terrorista / Un avión estaba secuestrado por un grupo terrorista*, frase en la que la presencia del agente es posible por ser este el responsable del mantenimiento de ese estado.
3. *A estas alturas el problema ya está solucionado completamente / A estas alturas el problema ya ha sido solucionado completamente.*

4. *La decisión de no aceptar más miembros en el club fue tomada hace varios meses / La decisión de no aceptar más miembros en el club está tomada desde hace varios meses* (si añadimos la marca temporal *desde*).

5. *Todavía no ha sido concedido el permiso de obras por el Ayuntamiento.* Al no ser el agente el responsable del mantenimiento del estado expresado por el verbo, no puede utilizarse la construcción con *estar* a no ser que el agente se suprima: *Todavía no está concedido el permiso de obras.*

6.

El presidente Álvarez anuncia que la nueva carretera de acceso a la ciudad estará terminada a primeros de año.

Las obras serán financiadas por las empresas privadas que tienen a su cargo la construcción de la nueva vía.

El presidente de nuestra Comunidad aseguró el pasado jueves, tras una visita a las obras, que la nueva carretera **habrá sido / estará** terminada con toda seguridad antes de que comience el nuevo proceso electoral. En la actualidad ya **está / ha sido** ejecutada alrededor de la cuarta parte de la vía, que a petición de los futuros usuarios **estará** formada por dos carriles por sentido de la marcha que **serán / estarán** separados por una mediana de unos 10 metros aproximadamente.

La nueva calzada se **está** ejecutando teniendo en cuenta los proyectos residenciales e industriales que la Comunidad tiene previstos para toda la zona.

7.

1. Un amplio sector de la empresa criticó duramente las decisiones del antiguo presidente.
2. Todos los ciudadanos estiman mucho a este alcalde.
3. Los estudiantes conocían muy bien la película de la que estaban hablando sus profesores.
4. Toda nuestra civilización ha considerado el azafrán uno de los más preciados condimentos para las comidas.
5. Los profesores de los antiguos sistemas educativos educaban de forma diferente a los niños y a las niñas.
6. El Ayuntamiento demuele el edificio a finales del siglo pasado tras varios siglos de abandono.
7. La policía detiene a cuatro jóvenes por los incidentes ocurridos en una discoteca de Atocha la pasada madrugada.
8. Nuestra empresa ampliará el número de contratos eventuales.

8.

1. Se dieron las instrucciones de forma poco clara. / Dieron las instrucciones…
2. Se han prohibido los concursos de mus en los centros educativos. / Han prohibido los concursos de mus…
3. Se ha vendido la fruta fácilmente en el extranjero. / Han vendido la fruta…
4. Se ha recibido muy bien a nuestro ministro en vuestro país. / Han recibido muy bien a nuestro…
5. Hoy se han leído los periódicos con mucho interés. / Hoy han leído los periódicos…
6. Se ha programado y presupuestado el itinerario de la excursión.
7. Se ha galardonado a tu profesor en el acto de apertura del curso académico. / Han galardonado a tu profesor…

8. Ayer se me multó por no llevar el cinturón de seguridad. / Ayer me multaron por no llevar…

9.

1. Se vio que Luis no lo tenía terminado.
2. En su casa se leen las revistas del corazón.
3. En nuestro nuevo empleo se gana más, pero también se tiene mucho más trabajo.
4. Al terminar la clase se habló de lo importante que es poder viajar para practicar las lenguas.
5. Se comenta que va a subir el precio de la gasolina.
6. Se vende piso amueblado en zona ajardinada.
7. En el norte de España se comen platos más fuertes.

10.

1.- Dicen que el primer abanico fue la mano de Eva.
  - También se cuenta la leyenda de la bella Kam-Si.
  - En Andalucía se desarrolló un peculiar y críptico lenguaje del abanico.

2.- La paella más grande del mundo fue realizada por José Grugués – oración pasiva con *ser* en la que el sujeto agente es José Grugués y la paella es sujeto paciente (complemento directo si fuera una oración activa) de tipo material.
  - Este hecho está registrado – oración pasiva con *estar* cuyo sujeto paciente (CD en la activa) es este hecho y que expresa una acción terminada.

	ejemplo	agente
pasiva con *ser*	- La paella más grande del mundo fue realizada por José Grugués…	- concreto, pero pasa a un segundo término
pasiva con *estar*	- Este hecho está registrado…	- concreto, pero no interesa
construcción con *se*	- También se cuenta la leyenda de la bella Kam-Si… - En Andalucía se desarrolló un peculiar y críptico lenguaje del abanico…	- concreto, pero no interesa; valor de repetición - concreto, pero no interesa
3.ª pers. plural	- Dicen que el primer abanico fue la mano de Eva…	- no concreto (= *se dice que el primer…*)

11.

Durante este año **se producirá** una gran novedad en el mercado de la telefonía móvil: la llegada de un nuevo operador que **competirá** o **se aliará,** aún es pronto para saberlo, con el líder actual. La incorporación al mercado de este nuevo operador **evitará** la saturación previsible de las redes a finales de año a causa del crecimiento del número de clientes. **Se espera** que la telefonía móvil siga creciendo en España a un ritmo acelerado.

12.

1. se habla. Generalización.
2. se hallaron. Agente concreto.
3. se prohibieron. Agente concreto.
4. se divisan. Generalización.
5. Se ha detectado. Agente concreto.

13.

1. modestia
2. orden suavizada
3. crítica suavizada
4. orden suavizada
5. crítica suavizada

14.

1. Agente concreto: la persona o el grupo de personas que se encargan de gestionar el empleo y comunicarlo por teléfono.
2. Generalización dentro de un grupo.
3. Agente concreto: desconocido.
4. Agente concreto: hace referencia al seleccionador, examinador, tribunal, etc. que se encarga de las pruebas.
5. Agente concreto: las oposiciones o pruebas de acceso suelen ser convocadas por el jefe de personal de una empresa o entidad.

15.

- La pasiva y las construcciones con *se* se emplean generalmente en registros más formales.
- Las construcciones con *tú / uno* y *todo el mundo / la gente* son propias de la conversación informal.
- La 3.ª persona del plural es bastante neutra.

formal (viñeta 2)
Pasiva con *ser*: *que las obras de acondicionamiento de la zona centro hayan sido terminadas.*
Construcción con *se*: *pese a los rumores que se han estado escuchando por las calles…; las clases se suspenderán.*

formal / informal (viñeta 3)
Construcción en 3.ª personal del plural: *Están comentando…, pero no especifican la causa.*

informal (viñeta 1)
Construcción con *uno*: *Uno no sabe cómo actuar.*
Construcción en 2.ª persona del singular. Utiliza elementos para apoyar y fortalecer el carácter genérico de la 2.ª persona: el adverbio de localización *(aquí)*, la construcción condicional y el verbo *querer (si quieres…).*
Construcción con *todo el mundo*: *Todo mundo lo sabe.*

16.

1. <u>Cada vez que ves estos programas de televisión</u>, tiendes a deprimirte.
2. <u>Si quieres conseguir algo</u>, tienes que espabilarte.
3. <u>A menudo</u> te encuentras en lugares que no quieres visitar, haciendo cosas que no te apetecen.
4. <u>A estas horas</u> se suele salir en mangas de camisa.
5. Se vive bien <u>aquí</u>.

17.

Posible respuesta

EDITOR AGREDIDO POR DOS JÓVENES ESCRITORAS

El jueves pasado, en la librería Cruzados de esta ciudad, se produjo una espectacular agresión de la que fue objeto el editor Benito Rodríguez. Según pudo recoger este periódico, en esta céntrica librería Benito Rodríguez charlaba animadamente con su buen amigo el librero Juan Cruzados, cuando dos jóvenes desconocidas se acercaron por la espalda y le arrojaron a la cara, después de llamarlo por su nombre para que volviera la cabeza, un cubo de tinta verde. Acto seguido ambas jóvenes gritaron al unísono: "Toma capítulo V".

Según las declaraciones efectuadas por el editor Rodríguez a la policía y al corresponsal de sucesos de este periódico, desplazado al lugar de los hechos, las delgadas jóvenes se han identificado como Alicia Benítez, de 30 años, y M.ª José Tárrega, de 29, autoras de una famosa serie de 40 novelas policíacas dedicadas a un público juvenil.

Al parecer, Alicia y M.ª José habían sido requeridas en numerosas ocasiones por el editor y sus colaboradoras (que se turnaban en esta labor) para que entregaran el capítulo V del manuscrito de su última novela, titulada *Sueños metódicos*, esencial —según el editor— para comprender la trama de una truculenta historia que transcurría en diversas ciudades de España e Hispanoamérica. Las repetidas llamadas y los reiterados mensajes en el contestador y en el correo electrónico durante los últimos meses, para animar a las jóvenes a que acabaran el brillante trabajo, nunca habían sido contestadas por estas.

Las reiteradas y lógicas solicitudes del editor han acabado produciendo —al parecer de la representante de las autoras, M.ª Antonia Abad— una extraña alienación en las dos jóvenes, que, incapaces de redactar ese capítulo V, tomaron al editor como objeto de una obsesión paranoica. Esta información está siendo contrastada por la policía, que continúa buscando a Alicia y M.ª José, en paradero desconocido desde el jueves, con el fin de esclarecer los hechos.

18.

1.

Titular: *El Atlético arrasa en Chamartín* (presentado en un cuerpo de letra mayor y en negrita).
Subtitular: *La afición madridista se amotinó contra el presidente, entrenador y jugadores después de una bochornosa derrota* (presentado en un cuerpo de letra algo menor que el titular).
A modo de entrada o encabezamiento se presenta un cuadro en el que se especifica de forma esquemática el resultado del partido, las alineaciones, los minutos de ejecución de los goles, los protagonistas, etc.
Fotografía representativa del partido con su pie de foto.
Cuerpo de la noticia (presentado en una letra más pequeña) y dividido en dos partes; la segunda estaría bajo la foto en cuatro columnas e introducida por el encabezamiento (en en mayor cuerpo de letra) *Sin Molina no habría sucedido.*

2.

Características lingüísticas propias del lenguaje periodístico de los deportes reflejadas en los titulares: empleo del léxico de la guerra en *arrasa, se amotinó, derrota.* De la misma manera, en el cuerpo de la noticia destaca el uso de expresiones como *motín de consecuencias incalculables, su equipo ha entrado en barrena, la gente se ha levantado en armas y cargó de lo lindo, dispuesto a machacar, no hizo sangre, a pesar de disfrutar de una oportunidad histórica, materia de irritación para el madridismo, amotinado y harto de todo, la afición abrió la veda contra el presidente, el entrenador y los jugadores, conquistando la pelota,* etc.

Destaca también como característico del periodismo deportivo la utilización de léxico especializado como *zurdazo, directo, regates, medio campo, pase, media punta, hinchada,* etc., así como la utilización de modismos y frases hechas de gran difusión como *equipo largo donde los haya, padeció un calvario, distancia sideral entre la defensa y la delantera, desconfianza visible, les salió la vena amable,* etc.

3.

El autor de esta noticia parece imparcial, mientras que el redactor de *La Razón* demuestra ser un forofo del Real Madrid y por eso se encuentra molesto con el entrenador y su técnica de juego.

19.

- café cortado: con crema, con leche, pintado, marroncito
- carné de conducir: licencia, pase, brevete/a, libreta, registro
- conducir: manejar, guiar
- falda: pollera, nagua, saya
- faros / luces: faroles, fanales, focos
- heladería: nevería, sorbetería
- judías verdes: habichuelas, ejetes, frijol verde, vainicas, porotos (verdes)
- limpiar los zapatos con crema: lustrar, bolear, dar grasa, betunar, crillar, embolar, pulir
- sello: estampilla, timbre
- suéter / jersey: chompa, chomba, buzo, pulóver
- tapas: botanas, bocas, boquitas, saladitos, bocadillos, bocaditos, picadera, entremeses, pasabocas, picadas, pasapalos, piqueo, picada, picadillo, ensaladas
- volante: timón, guía, dirección, manubrio, rueda, manivela
- vomitar: volver (al estómago), deponer, devolver, arrojar
- zumo: jugo

20.

Respuesta libre.

21.

Respuesta libre.

22.

Respuesta libre.

LECCIÓN 10

1.

1. Recogí en Correos una caja **que contenía** juguetes.
2. El profesor nos mandó leer un libro **que explicaba** el uso de las formas verbales.
3. Me he encontrado un bolígrafo **que escribía** muy bien.
4. Se busca asistenta **que sepa** guisar.
5. Tengo un perro **que es** cojo.
6. Le gustan los pasteles **que son** de chocolate.
7. Nos subimos a un tren **que se dirigía** a Madrid.
8. Fuimos de excursión a un lugar **que era** muy bonito.
9. Le dio su bocadillo a un niño del colegio **que se puso** muy contento.
10. Nos arreglamos **y salimos** a dar una vuelta por la ciudad.
11. Se fueron de vacaciones **y volvieron** a los tres días porque todo les iba mal.
12. Sacaron las entradas **y entraron** en seguida al cine.
13. Detuvieron un camión en la frontera **que transportaba** mercancía robada.
14. Nos juntamos en la misma clase tres personas **que nos llamábamos** igual.
15. Me caí por la escalera **y me rompí** la pierna.

2.

absorber	absorbido	absorto
atender	atendido	**atento**
confesar	**confesado**	confeso
confundir	**confundido**	**confuso**
convencer	convencido	**convicto**
corromper	**corrompido**	corrupto
despertar	**despertado**	despierto
difundir	difundido	**difuso**
elegir	**elegido**	electo
expresar	**expresado**	**expreso**
freír	**freído**	frito
imprimir	imprimido	**impreso**
invertir	invertido	**inverso**
manifestar	**manifestado**	**manifiesto**
presumir	**presumido**	**presunto**
prender	**prendido**	**preso**
proveer	**proveído**	provisto
recluir	recluido	**recluso**
soltar	**soltado**	suelto
sujetar	**sujetado**	**sujeto**
suspender	suspendido	**suspenso**

3.

1. invertido
2. absorto
3. atento
4. corruptos
5. fijado
6. despierto; despertado
7. elegidas
8. provisto

9. recluidos
10. confusa

4.

1. fingidos, pasivo
2. callado, activo
3. esforzada, activo
4. entendido, activo
5. precavido, activo

• Los participios que no han sido utilizados en las oraciones anteriores son *moderado* y *cansado*.

Respuesta libre.

5.

1. Terminados los aplausos, le entregaron un ramo de flores.
2. Superada la primera prueba con éxito, creía que iba a aprobar la oposición.
3. Llegado el momento, todos acudieron a la cita.
4. Conocida la noticia, habrá que dar explicaciones.
5. Terminada la película, nos pusimos a cenar.
6. Aun querida por todos, ella se sentía desgraciada.
7. Terminado el trabajo, podrías tomarte unos días de vacaciones.
8. Comenzado el espectáculo, no podrán entrar ni salir de la sala.
9. Acabado el dinero, volvieron a casa.
10. Aun aprobado el examen, seguía estudiando.

6.

1. Condicional o modal.
2. Modal o causal.
3. Temporal.
4. Condicional, modal, causal.
5. Concesivo.
6. Causal.
7. Causal.
8. Concesivo.
9. Modal o causal.
10. Temporal o modal.
11. Modal.
12. Condicional.
13. Temporal.
14. Concesivo.
15. Causal.

7.

1. Gerundio: Fregando las copas, se dio cuenta de que faltaba una.
   Participio: Fregadas las copas, se dio cuenta de que faltaba una.
2. Gerundio: Viniendo con nosotros, te habrías divertido.
3. Gerundio: Aun trabajando mucho, no consigue ganar suficiente para pagar el alquiler.
4. Gerundio: Encontrándose mejor, volvió a trabajar.
5. Gerundio: Habiendo leche en casa, prepararíamos café.
6. Gerundio: Aun siendo alto, no llega a coger los vasos del armario.
7. Gerundio: Pensándolo mejor, no iría.

8. Gerundio: Viniendo tan deprisa, pasa algo.
9. Gerundio: Aun siendo muy simpático, no tiene amigos.
10. Gerundio: Habiendo establecido las reglas, empezaron el concurso.
    Participio: Establecidas las reglas, empezaron el concurso.

8.

Posibles respuestas

1. Habiendo terminado los deberes, irá a buscarte (temporal).
   (Una vez) Terminados los deberes, irá a buscarte (temporal).
2. Antonio fuma tragándose el humo (modal).
   Antonio se traga el humo fumando (temporal).
3. Habiendo terminado las clases, comenzaron los exámenes (temporal).
   (Una vez) Terminadas las clases, comenzaron los exámenes (temporal).
4. Aun lloviendo tanto, no se inundará el patio (concesivo).
5. Mintiendo de ese modo, no llegarás lejos (condicional, modal).
6. Intentándolo otra vez, quizá lo logre (condicional).
7. Aprendida bien la lección, no será necesario que nadie te ayude (temporal, condicional, causal).
   Aprendiendo bien la lección, no será necesario que nadie te ayude (temporal, condicional, causal).
8. Cantando y bailando animaron la reunión (modal).
9. Diciéndolo él, será verdad (condicional).
   Dicho por él, será verdad (condicional).
10. Terminado el examen, cada candidato realizará una entrevista personal con el tribunal (temporal).
    Cada candidato, habiendo terminado el examen, realizará una entrevista personal con el tribunal (temporal).

9.

Posibles respuestas

1. Cuando / en cuanto / una vez que termine los deberes, irá a buscarte.
2. (Con valor modal no es posible el empleo de otra estructura.)
   Se traga el humo cuando fuma.
3. Los exámenes comenzaron después de que terminaran las clases.
   Los exámenes comenzaron cuando / en cuanto terminaron las clases.
4. Aunque / a pesar de que / pese a que llueva tanto, no se inundará el patio.
5. Si mientes de ese modo, no llegarás lejos.
   Como mientas de ese modo, no llegarás lejos.
6. Si lo intenta otra vez, quizá lo logre.
7. Cuando aprendas bien la lección, no será necesario que nadie te ayude.
   Si aprendes bien la lección, no será necesario que nadie te ayude.
   No será necesario que nadie te ayude, ya que te aprenderás bien la lección.
8. (Con valor modal no es posible el empleo de otra estructura.)
9. Si él lo dice, será verdad.
   Cuando él lo dice, será verdad.
10. Cuando termine el examen, cada candidato realizará una entrevista personal con el tribunal.

Una vez haya terminado el examen, cada candidato realizará una entrevista personal con el tribunal.

10.

1.

Construcciones con gerundio:

- *Agachándose* y *poniendo* la mano izquierda en una de las partes verticales, (…) se está en posesión momentánea de un peldaño o escalón (modal).
- La actitud natural consiste en mantenerse de pie, los brazos *colgando* sin esfuerzo (modal).
- (…) y *respirando* lenta y regularmente (modal).
- (…) y *llevándola* a la altura del pie, se le hace seguir hasta colocarla en el segundo peldaño (modal).

Construcciones con participio:

- Cada uno de estos peldaños, *formados* como se ve por dos elementos, se sitúa… – El participio funciona como un adjetivo que modifica a *peldaños* (= que están formados por dos elementos).
- Para subir una escalera se comienza por levantar esa parte del cuerpo *situada* a la derecha abajo, *envuelta* casi siempre en cuero o gamuza, … – Estos dos participios funcionan como adjetivos que modifican *a esa parte del cuerpo* (= que está situada a la derecha abajo y que está envuelta en cuero o gamuza).
- *Puesta* en el primer peldaño dicha parte, se recoge la parte equivalente de la izquierda… – Oración introducida por un participio con valor temporal (= una vez *puesta* en el primer peldaño dicha parte… / Una vez que se *ha puesto*…).
- (…) la parte equivalente de la izquierda (también *llamada* pie, …). – Este participio funciona como adjetivo explicativo que modifica a la parte.
- *Llegado* en esta forma al segundo peldaño, basta repetir alternadamente los movimientos hasta encontrarse con el final de la escalera. – Oración introducida con participio con valor temporal (Una vez que se *ha llegado* al segundo peldaño).

Agrupaciones verbales:

- Nadie *habrá dejado de observar* que con frecuencia el suelo se pliega. – *Dejar de* + infinitivo en este caso expresa una acción (la de observar que el suelo se pliega) ya acabada, pero con cierto grado de recomendación para el que no la ha realizado todavía.
- (…) la cabeza erguida aunque no tanto que los ojos *dejen de ver* los peldaños inmediatamente superiores… – Se trata de una consecutiva con intensificador en forma negativa, por lo que lleva subjuntivo.
- (…) también llamada pie, pero que *no ha de confundirse* con el pie antes citado. – *Haber de* + infinitivo expresa en este contexto necesidad u obligación.
- (…) *llevándola* a la altura del pie, se le *hace seguir* hasta colocarla en el segundo peldaño. No se puede considerar agrupación verbal la combinación *hace seguir,* puesto que *seguir* es el CD del impersonal *hace* sin que juntas adopten una significación especial.

2. Respuesta libre.

11.

1. tuve que   3. debió   5. debió
2. tuvo que   4. debieron

12.

1. tengo   3. tiene   5. Tengo / Llevo
2. lleva / tiene   4. Van / Se llevan

13.

Nuestro Ayuntamiento **está llevando** a cabo un plan de rehabilitación de espacios públicos y edificios de gran interés arquitectónico. Ha comenzado por las fachadas de las iglesias y los conventos de la ciudad y ya **lleva restauradas** tres de las siete que **tiene previsto** arreglar. Para finales de la primavera se cree que **tendrán terminadas** estas obras. Respecto a los monumentos y edificios públicos, José González afirmaba lo siguiente:

"A la vista del estricto cumplimiento de los plazos de entrega de las obras de restauración que **tenemos terminadas,** todas ellas de carácter religioso, podemos afirmar que para finales del próximo año **estará restaurada** la totalidad de los edificios incluidos en el plan de rehabilitación, salvo, y no es casualidad, nuestro Ayuntamiento. **Llevamos estudiados** más de diez proyectos de acondicionamiento del edificio y ninguno de ellos coincide con nuestros planteamientos; por eso ya **tenemos preparada** una nueva oferta de contratación que sacaremos a concurso a primeros de mes y que **está pensada** para que puedan presentarse todos los expertos que así lo deseen".

14.

1. vuelve a   3. deberías   5. Debe de
2. viene   4. viene a

15.

1. Cuando salimos del cine **se puso / rompió** a llover a cántaros.
2. En cuanto le dieron la noticia **se puso** a gritar y a dar saltos de alegría.
3. Le cambió las pilas y **se puso / echó** a andar.
4. Todos **comenzamos** a golpear la mesa con los cubiertos para que nos sirvieran ya la comida.
5. Al final de la película **se puso / rompió / se echó** a llorar desconsoladamente.

16.

Posibles respuestas

Bueno, verás; ayer, cuando salimos de clase, se me acercó Lucía y se puso a **llorar** como desesperada, de verdad; y yo, lógicamente, comencé a **consolarla,** pero no dio resultado. De pronto, empezó a **sentirse mal,** así que tuvimos que **irnos** y, andando, llegamos al parque, el lugar donde Eugenio y ella comenzaron a **salir.** Y, ¿qué crees que pasó? Empezó a **dar vueltas y vueltas** hasta que **se mareó** y **se cayó** sobre la hierba. De repente, se echó a **reír,** y en un momento, sin saber cómo, comenzamos a **hablar** de esto y de lo otro, ya sabes. El caso es que nos dimos cuenta de que nos **entendemos** muy bien. Bueno, no creo que sea necesario darte más detalles.
Respuesta libre.

17.

1. estudiando
2. andando
3. analizadas
4. venir
5. aprendidas

18.

1. a) estás; b) andas
2. c) ir
3. a) está; c) va (preferible)
4. c) id
5. c) ve
6. a) está; c) va (preferible)
7. a) estar; b) andar; c) ir
   (preferibles las dos últimas)
8. a) están; c) van
9. a) está; b) anda
10. a) está; c) va (preferible)

19.

1. Al contarle lo que habíamos pensado **echaste a perder** la sorpresa que queríamos darle.
2. —¿Está ya Alberto en casa?
   —No, pero **está al llegar / está al venir.**
3. Hemos llamado a la policía hace diez minutos, o sea que **está al llegar.**
4. Es una lástima que **se haya echado a perder** toda esa comida.
5. Cuando Alicia estaba de parto, su marido estuvo **venga a fumar.**
6. Ya se lo he advertido cincuenta veces, pero él **no se da por enterado.**
7. A todos les ocurre lo mismo. Tras **llegar a ser** jefes, no se acuerdan de nadie.
8. La verdad es que **estoy hecho un lío.**
9. Aunque no ha conseguido ganarlo ni una sola vez, **no se da por vencido.**
10. —¿Se sabe quién va a ser el nuevo presidente?
    —**¡Vete tú a saber!**

20.

1. fianza
2. inventario
3. rescindir
4. finiquitar
5. indemnización
6. incoar
7. onerosamente
8. desahucio
9. minuta
10. contribución

```
T F I N I Q U I T A R T U I R
M I S A H U I N O B E U Q M E
I A B R O I R A T N E V N I T
E T N E M A S O R E N O E N R
N A D S I N E R I B I U R D E
T R E C D I N D F C N A H E B
S U S I I T D O U H I T Z M U
F I A N Z A Q B Q O V O I N C
E N H D O M I N U T A Z N I I
V N U I T R N H I N V O R Z O
O I C R T U V E B U E N Q A N
R A I N B N E N Z T N I A C I
I T O I C U T T R A O C N I V
O C D E M N I Z A U R U V O F
N O R S E I R A R Q U E A N O
```

21.

hecho	persona	verbo
atraco	atracador	atracar
secuestro	secuestrador	secuestrar
allanamiento	allanador	allanar
contrabando	contrabandista	contrabandear
chantaje	chantajista	chantajear
asesinato	asesino	asesinar
malversación	malversador	malversar
soborno	sobornador	sobornar
calumnia	calumniador	calumniar
espionaje	espía	espiar
atentado	terrorista	atentar
violación	violador	violar
estafa	estafador	estafar
hurto	ladrón	hurtar
acoso	X	acosar
amenaza	X	amenazar
fraude	defraudador	defraudar

22.

1. amenaza
2. espiando
3. calumniar
4. defraudado
5. chantaje
6. sobornar
7. atraco
8. violación

23.

Posibles respuestas

Aparecen entre paréntesis las palabras de escaso uso.

jud-: (judicación; judicante; judicar; judicativo, -a); judicatura; judicial; judicialmente; judiciario, -a.

juic-: (juiciero, -a); juicio; juiciosamente; juicioso, -a.

jur- [juris-]: jura; (juradería; juradero, -a); jurado, -a; (jurador, -a; juradoría; juraduría; juramentar; juramentarse); juramento; juramiento; (jurante); jurar; (juratoria; juratorio; jurero, -a); jurídicamente; (juridicial; juridicidad); jurídico, -a; (jurio); jurista.

just-: justamente; (justedad); justicia; (justiciable; justiciador; justiciar; justiciazgo); justiciero, -a; justificable; justificación; justificadamente; justificado, -a; justificador, -a; justificante; justificar; justificarse; justificativo, -a; justo, -a.

juzg-: juzgar; juzgado (sust.); juzgado, -a; juzgador, -a; (juzgamiento; juzgante).

24.

Los **juristas** se muestran divididos ante la institución del **Jurado,** cuya implantación en España no ha sido todo lo feliz que pudiera esperarse. Los partidarios de tal institución consideran que la aplicación de la **justicia** por los propios ciudadanos es la fórmula más democrática y garantizadora de un **juicio justo.**

Miembros de diversos órganos **judiciales,** sin embargo, opinan que el **juez** ha de ser el que siga encargándose de administrar **justicia,** pues solo el conocimiento profundo de las leyes garantiza su aplicación ecuánime.

25.

Posibles respuestas

a. 5	c. 8	e. 9	g. 2	i. 10
b. 3	d. 4	f. 1	h. 7	j. 6

26.

Respuesta libre.

27.

Martín (Hache)	*Como agua para chocolate*	*Fresa y chocolate*
Año: 1997	**Año:** 1991	**Año:** 1993
Director: – Adolfo Aristaráin.	**Director:** – Alfonso Arau.	**Director:** – Tomás Gutiérrez Alea y Juan Carlos Tabío.
Guión: – Adolfo Aristaráin y Kathy Saavedra.	**Guión:** – Laura Esquivel.	**Guión:** – Senel Paz.
Intérpretes: – Federico Luppi, Juan Diego Botto, Cecilia Roth, Eusebio Poncela.	**Intérpretes:** – Lumi Cavazos, Marco Leonardi.	**Intérpretes:** – Jorge Perugorría, Vladimir Cruz, Mirtha Ibarra, Francisco Gattorno.
Argumento: – Mundo de drogas y alcohol. – Círculo problemático de adultos en torno a un joven.	**Argumento:** – Excelentes dotes culinarias. Rígidas costumbres.	**Argumento:** – Joven revolucionario e intelectual maduro. Formación, ideales y preferencias sexuales enfrentadas.
Escenario: – Argentina-Madrid.	**Escenario:** – Siglo XIX, norte de México.	**Escenario:** – En la Cuba actual.
Personajes: – Martín, Hache, Dante, Alicia.	**Personajes:** – Pedro Múzquiz y Tita de la Garza.	**Personajes:** – David y Diego.